LES LEÇONS DE SILVANOS

(NH VII, 4)

BIBLIOTHÈQUE COPTE DE NAG HAMMADI

Collection éditée par

JACQUES-É. MÉNARD — PAUL-HUBERT POIRIER
MICHEL ROBERGE

En collaboration avec

BERNARD BARC — PAUL CLAUDE
JEAN-PIERRE MAHÉ — LOUIS PAINCHAUD
ANNE PASQUIER

Section « Textes »

1. – *La Lettre de Pierre à Philippe*, Jacques-É. MÉNARD, 1977.

2. – *L'Authentikos Logos*, Jacques-É. MÉNARD, 1977.

3. – *Hermès en Haute-Égypte* (t. I), Les textes hermétiques de Nag Hammadi et leurs parallèles grecs et latins, Jean-Pierre MAHÉ, 1978.

4. – *La Prôtennoia Trimorphe*, Yvonne JANSSENS, 1978.

5. – *L'Hypostase des Archontes*, Traité gnostique sur l'origine de l'Homme, du Monde et des Archontes, Bernard BARC, suivi de *Noréa*, Michel ROBERGE, 1980.

6. – *Le Deuxième Traité du Grand Seth*, Louis PAINCHAUD, 1982.

7. – *Hermès en Haute-Égypte* (t. II), Le fragment du *Discours parfait* et les *Définitions* hermétiques arméniennes, Jean-Pierre MAHÉ, 1982.

8. – *Les Trois Stèles de Seth*, Hymne gnostique à la Triade, Paul CLAUDE, 1983.

9. – *L'Exégèse de l'Âme*, Jean-Marie SEVRIN, 1983.

10. – *L'Évangile selon Marie*, Anne PASQUIER, 1983.

11. – *Les Sentences de Sextus*, Paul-Hubert POIRIER, suivi du *Fragment de la République de Platon*, Louis PAINCHAUD, 1983.

12. – *Le Traité sur la Résurrection*, Jacques-É. MÉNARD, 1983.

Section « Études »

1. – *Colloque international sur les textes de Nag Hammadi* (Québec, 22-25 août 1978), Bernard BARC, éditeur, 1981.

BIBLIOTHÈQUE COPTE DE NAG HAMMADI

SECTION « TEXTES »

— 13 —

LES LEÇONS DE SILVANOS

(NH VII, 4)

TEXTE ÉTABLI ET PRÉSENTÉ

PAR

Yvonne JANSSENS

LES PRESSES
DE L'UNIVERSITÉ LAVAL
QUÉBEC, CANADA
1983

Cet ouvrage a été publié grâce à une subvention du Conseil de recherches en sciences humaines du Canada, accordée dans le cadre de son programme d'aide aux grands travaux d'édition.

AVANT-PROPOS

Lorsque, vers 1972, le Professeur J. ZANDEE m'envoya ce qui était, je crois, son premier article sur Silvanos (NHS 3), le caractère particulier de ce 4e écrit de Nag Hammadi VII m'incita vivement à le traduire. Dans la suite, J. Zandee m'envoya régulièrement tous les articles qu'il publia encore (v. Bibliographie). On verra que le présent travail lui doit beaucoup.

Vers la même époque, au cours supérieur de copte à l'Université de Louvain, le Professeur G. GARITTE nous faisait lire la «Catéchèse à propos d'un moine rancunier» de Pachôme (CSCO 159-160). Intriguée par les contacts textuels entre Pachôme et Silvanos, je fus d'autant plus désireuse de découvrir ce dernier. Le Prof. Garitte m'aida plus d'une fois à résoudre l'un ou l'autre problème de traduction.

Entretemps, le Professeur J.-É. MÉNARD m'invita à faire partie d'une équipe qui entreprenait, à l'Université des Sciences humaines de Strasbourg et à l'Université Laval de Québec, une édition et une traduction française complète des textes de Nag Hammadi. Il me proposa aussi de collationner ma transcription du texte copte avec l'original conservé au Caire (je ne pouvais m'y rendre moi-même). Ce qu'il fit avec une attention minutieuse.

Au cours d'un séjour prolongé à l'Université Laval, en 1978 — où je fus accueillie avec une grande générosité par l'équipe canadienne et en particulier par le Professeur H. GAGNÉ — je pus discuter honguement avec le Professeur J.-É. MÉNARD.

Je n'oublierai pas non plus B. BARC qui consacra de longues heures à revoir mes «Index». Anne Pasquier le revit une dernière fois avec soin et relut aussi le texte copte. Enfin — «last but not least» — P.-H. Poirier se chargea de la toilette définitive de mon manuscrit, ajoutant scrupuleusement tous les signes d'écriture du texte copte (ⲧ ailés, demi-lunes sur le ϩ, etc.). Il normalisa aussi la Bibliographie, et apporta quelques retouches à mon propre texte.

Que tous ces collaborateurs veuillent bien trouver ici l'expression de ma gratitude.

BIBLIOGRAPHIE

ARAI (S.), *Die Christologie des Evangelium Veritatis. Eine religionsgeschichtliche Untersuchung*, Leiden, 1964.

AUBINEAU (M.), «Le thème du "bourbier" dans la littérature grecque profane et chrétienne», *Recherches de Sciences religieuses* 47 (1959), 185-214.

BARC (B.), *L'Hypostase des Archontes* (*BCNH*, Section «Textes», 5), Québec-Louvain, 1980.

BETZ (H.D.) (ed.), *Plutarch's Ethical Writings and Early Christian Literature* (*Studia ad Corpus hellenisticum Novi Testamenti*, 4), Leiden, 1978.

BRÉHIER (E.), *Plotin. Ennéades* (*Collection des Universités de France*), Paris, 1924-1938.

—, *La Philosophie de Plotin*, Paris, 1961.

COLPE (C.), «Heidnische, Jüdische und Christliche Überlieferung in den Schriften aus Nag Hammadi», II, in *Jahrbuch für Antike und Christentum*, 16 (1973), 106-126 (spécialement 121-123).

COPLESTON (Fr.), *Histoire de la Philosophie*, I, La Grèce et Rome, Tournai, 1964.

CROISET (M.), *Platon. Œuvres complètes* (*Collection des Universités de France*), Paris, I, 5ᵉ éd., 1949.

CRUM (W.E.), *A Coptic Dictionary*, Oxford, 1939.

FUNK (W.P.), «Bemerkungen zu den Lehren des Silvanus», in *Essays in Honour of Pahor* LABIB, ed. M. KRAUSE (*NHS* 6), Leiden, 1975, 286-290.

—, (Federführend), «"Die Lehren des Silvanus". Die vierte Schrift aus Nag Hammadi-Codex VII (eingeleitet und übersetzt vom Berliner Arbeitskreis für koptisch-gnostische Schriften)», *TLZ* 100 (1975), 7-23.

—, "Ein doppelt überliefertes Stück spätägyptischer Weisheit», *ZÄS* 103, 1 (1976), 8-21.

GARITTE (G.), Sancti Antonii Vita Sahidica. Texte sahidique et version latine (*CSCO* 117 et 118, *Scriptores coptici*, 13 et 14), Louvain, 1949.

GUILLAUMONT (A.), «Christianismes orientaux», *Annuaire de l'EPHE* 82, 3 (1975), 197-204.

GUY (J.C.), *Paroles des anciens*. Apophtegmes des pères du désert, Paris, 1976.

HOFFMAN (R.J.), "Confluence in Early Christian and Gnostic Literature. The Descensus Christi ad Inferos (Acta Pilati XVII-XXVII)», *Journal for the Study of the New Testament* 10 (1981), 47-60.

JANSSENS (Y.), «L'Apocryphon de Jean», *Le Muséon* 83 (1970), 157-165; 84 (1971), 43-64 et 403-432.

—, *La Prôtennoia Trimorphe* (*BCNH*, Section «Textes», 4), Québec, 1978.

—, «Les Leçons de Silvanos et le monachisme», in *Colloque International sur les Textes de Nag Hammadi*, ed. B. BARC (*BCNH*, Section «Études», 1), Québec-Louvain, 1981, 352-361.

KASSER (R.), *Compléments au Dictionnaire copte de Crum* (*Bibliothèque d'études coptes*, 7), Le Caire, 1964.

KRAUSE (M.), LABIB (Pahor), *Gnostische und hermetische Schriften aus Codex II und Codex VI* (*ADAIK*, Koptische Reihe, 2), Glückstadt, 1971.

LAMPE (G.W.H.), *A Patristic Greek Lexicon*, Oxford, 1968.

LAVAUD (G.), *Vies des Pères du Désert* (*Lettres chrétiennes*, 4), Paris, 1961.

LEFORT (L.Th.), *Œuvres de S. Pachôme et de ses disciples* (*CSCO* 159, *Scriptores coptici* 23), Louvain, 1956.

—, *Id.*, traduction française (*CSCO* 160, *Scriptores coptici* 24).

LÉTOURNEAU (L.), «Mythe ou réalité? La descente du Christ aux enfers aux 2e et 3e s.», in *Studies in Religion/Sciences Religieuses* 3 (1973/74), 249-259.

MacRAE (G.W.), «A Nag Hammadi Tractate on the Soul», in *Ex Orbe religionum*. Studia Geo WIDENGREN. Pars prior (*Supplements to Numen*, 21), Leiden, 1972.

MALININE (M.), PUECH (H.Ch.), QUISPEL (G.), *Evangelium Veritatis*, Codex Jung (*Studien aus dem C.G. Jung-Institut*, 6), Zurich, 1956 (*Supplementum* en 1961).

MÉNARD (J.-É.), *L'Évangile selon Philippe*. Introduction, texte, traduction, commentaire, Paris, 1967.

—, «La Sagesse et le Logion 3 de l'Évangile selon Thomas», in *Studia Patristica*, X (= *TU* 107,1), Berlin, 1970, 137-140.

—, «Le Descensus ad Inferos», in *Ex Orbe religionum*. Studia Geo WIDENGREN. Pars altera (*Supplements to Numen*, 22), Leiden, 1972.

—, *L'Évangile de Vérité* (*NHS* 2), Leiden, 1972.

—, *L'Évangile selon Thomas* (*NHS* 5), Leiden, 1975.

—, «La gnose à l'époque du syncrétisme gréco-romain», in *Mystères et syncrétisme*, ed. M. PHILONENKO, Paris, 1975, 95-113.

—, «Le repos, salut du gnostique», in *RevScRel* 51 (1977), 71-88.

—, *L'Authentikos Logos* (*BCNH*, Section «Textes», 2), Québec, 1977.

—, «Gnose païenne et gnose chrétienne : l'"Authentikos Logos" et "les Enseigne-ments de Silvain" de Nag Hammadi», in *Paganisme, judaïsme, christianisme*. Mélanges offerts à Marcel SIMON, Paris, 1978, 287-294.

MIGNE (J.P.), *Patrologia*, series graeca, t. 26 : *Athanase. Vita Antonii* (825-976). T. 65 : *Apophthegmata Patrum* (71-440).

ORLANDI (T.), *Elementi di Lingua e Letteratura Copta*, Milan, 1970.

PAINCHAUD (L.), *Le Deuxième Traité du Grand Seth* (*BCNH*, Section «Textes», 6), Québec, 1982.

PEEL (M.L.), «The "Descensus ad Inferos" in the "Teachings of Silvanus" (CG VII, 4)», *Numen* 26 (1979), 23-49.

PEEL (M.L.), ZANDEE (J.), «"The Teachings of Silvanus" from the Library of Nag Hammadi», *Novum Testamentum* 14 (1972), 294-311.

ROBINSON (J.M.), *The Facsimile Edition of the Nag Hammadi Codices*. Published under the Auspices of the Department of Antiquities of the Arab Republic of Egypt in Conjunction with the UNESCO, Codex VII, Leiden, 1972.

—, (Director), *The Nag Hammadi Library in English*. Translated by members of the Coptic Gnostic Library project of the Institute for Antiquity and Christianity, Leiden, 1977.

ROUSSEAU (A.), DOUTRELEAU (L.) *et al.*, Irénée de Lyon. *Contre les hérésies*, Paris, SC 263 et 264 (I); 293 et 294 (II); 210 et 211 (III); 100 (IV); 152 et 153 (V).

RUDOLPH (K.), *Die Gnosis. Wesen und Geschichte einer spätantike Religion*, Göttingen, 1980².

SAGNARD (Fr.), *Clément d'Alexandrie, Extraits de Théodote* (*SC* 23), Paris, 1970².

SCHENKE (H.M.), «Zur Faksimile-Ausgabe der Nag-Hammadi-Schriften. Die Schriften des Codex VII», *ZÄS* 102, 2 (1975), 123-138.

SCHOEDEL (W.R.), «'Topological" Theology and some monistic tendencies in Gnosticism», in *Essays on the Nag Hammadi Texts in Honour* of Alexander BÖHLIG, ed. M. KRAUSE (NHS 3), Leiden, 1972, 88-108.

SCHWANZ (P.), *IMAGO DEI als christologisch-anthropologisches Problem in der Geschichte der Alten Kirche von Paulus bis Clemens von Alexandrien (Arbeiten zur Kirchengeschichte und Religionswissenschaft*, II), Halle, 1970.

SEVRIN (J.M.), «Les noces spirituelles dans l'Évangile selon Philippe», *Le Muséon* 87 (1974), 143-193.

SOUILHÉ (J.), *Épictète. Entretiens (Collection des Universités de France)*, Paris, 1948 ss.

STEPHANUS (H.), *Thesaurus linguae graecae*, Paris, 1831 ss.

STERN (L.), *Koptische Grammatik*, Osnabrück, 1971.

TILL (W.C.), *Koptische Grammatik (Saïdischer Dialekt)*. Mit Bibliographie, Lese-stücken und Wörterverzeichnissen, Leipzig, 1955.

—, *Koptische Dialektgrammatik*, Munich, 1961².

—, *Das Evangelium nach Philippos* (herausgegeben und übersetzt) (*PTS* 2), Berlin, 1963.

TRANNOY (A.I.), *Marc-Aurèle. Pensées (Collection des Universités de France)*, Paris, 1953².

TRÖGER (K.W., ed.), *Gnosis und Neues Testament*, Gütersloh, 1973.

VERBEKE (G), *L'évolution de la doctrine du Pneuma du stoïcisme à saint Augustin*, Paris, 1945.

VIELHAUER (P.), «ΑΝΑΠΑΥΣΙΣ. Zum gnostischen Hintergrund des Thomas-evangelium», in *APOPHORETA (Festschrift für Ernst Haenchen = BZNW* 30), Berlin 1964, 281-299.

VÖLKER (W.), *Quellen zur Geschichte der christlichen Gnosis (Sammlung ausge-wählter Kirchen- und Dogmengeschichtlicher Quellenschriften*, N.F., 5), Tübingen, 1932.

WERNER (Ch.), *La Philosophie grecque (Bibliothèque scientifique Payot)*, Paris, 1946.

ZANDEE (J.), «'Die Lehren des Silvanus", Stoïscher Rationalismus und Chris-tentum im Zeitalter der frühkatholischen Kirche», in *Essays on the Nag Hammadi Texts in Honour* of Alexander BÖHLIG, ed. M. KRAUSE (*NHS* 3), Leiden, 1972, 144-155.

—, «'Les Enseignements de Silvanos" et Philon d'Alexandrie», in *Mélanges d'Histoire des Religions offerts à Henri-Charles Puech*, Paris, 1974, 335-345.

—, «'Die Lehren des Silvanus" als Teil der Schriften von Nag Hammadi und der Gnostizismus», in *Essays on the Nag Hammadi Texts in Honour* of Pahor LABIB, ed. M. KRAUSE (*NHS* 6), Leiden, 1975, 239-252.

—, «God and Man in "The Teachings of Silvanus" (Nag Hammadi Codex VII, 4)», in *Proceedings of the XIIth International Congress of the International Association for the History of Religions* (Stockolm, 1970), ed. C.J. BLEEKER, G. WIDENGREN, E.J. SHARPE (*Supplements to Numen*, 31), Leiden, 1975, 209-220.

—, «"Les Enseignements de Silvain" et le Platonisme», in *Les Textes de Nag Hammadi* (Colloque du Centre de Recherches d'Histoire des religions, Strasbourg, 23-25 octobre 1974), ed. J.-É. MÉNARD (*NHS* 7), Leiden, 1975, 158-179.

—, «La morale des "Enseignements de Silvain"», in *Miscellanea J. Vergote, Orientalia Lovaniensia periodica*, 6/7 (1975/1976), 616-630.

—, «Deviations from Standardized Sahidic in "The Teachings of Silvanus"», *Le Muséon* 89 (1976), 367-381.

—, «L'Anthentikos Logos», *Bibliotheca Orientalis* 35 (1978), 3-21.

—, «*The Teachings of Silvanus*» and Clement of Alexandria, (*Ex Oriente Lux*), Leiden, 1979.

—, «Eine Crux Interpretatum in den "Lehren des Silvanus" (Nag Hammadi, Codex VII, 4 : 87, 31-32)», *Göttinger Miszellen* 44 (1981), 79-80.

—, «"The Teachings of Silvanus" (NHC VII, 4) and Jewish Chritianity», in *Studies in Gnosticism and Hellenistic Religions*, ed. R. VAN DEN BROEK and M.J. VERMASEREN (*EPROER*, 91), Leiden, 1981, 498-584.

—, «"Die Lehren des Silvanus" und drei andere Schriften von Nag Hammadi (Nag Hammadi-Codices VII, 4 und II, 6; II, 7; VI, 3)», in *MDAIK* 37 (1981), 515-531.

SIGLES

ADAIK	=	Abhandlungen des Deutschen Archäologischen Instituts Kairo
AT	=	Ancient Testament
BCNH	=	Bibliothèque copte de Nag Hammadi
BG	=	Papyrus de Berlin 8502
BM	=	(manuscrit du) British Museum
BZNW	=	Beihefte zur Zeitschrift fur die neutestamentliche Wissenschaft
CSCO	=	Corpus Scriptorum Christianorum Orientalium
EPHE	=	École Pratique des Hautes Études
EPROER	=	Études préliminaires aux religions orientales dans l'Empire romain
GM	=	Göttinger Miszellen
JAC	=	Jahrbuch für Antike und Christentum
MDAIK	=	Mitteilungen des Deutschen Archäologischen Instituts Abteilung Kairo
NH	=	(manuscrit de) Nag Hammadi
NHS	=	Nag Hammadi Studies
NT	=	Nouveau Testament
OLZ	=	Orientalische Literaturzeitung
PG	=	Patrologia Graeca
PTS	=	Patristische Texte und Studien
RevScRel	=	Revue des Sciences Religieuses
SC	=	Sources Chrétiennes
SVF	=	Stoïcorum Vetera Fragmenta
TLZ	=	Theologische Literaturzeitung
TOB	=	Traduction Oecuménique de la Bible
TU	=	Texte und Untersuchungen
ZÄS	=	Zeitschrift für Aegyptische Sprache

Les abréviations des titres des différents traités de Nag Hammadi sont celles de la collection *BCNH* et les sigles des livres bibliques sont ceux de la *Traduction Œcuménique de la Bible* (Paris, éd. du Cerf/Les Bergers et les Mages).

INTRODUCTION

Le quatrième traité du Codex VII de Nag Hammadi est essentiellement un écrit sapiential, dans le style des «Sagesses» égyptiennes et des
livres sapientiaux bibliques. D'intéressants rapprochements ont pu être
faits aussi avec le monachisme. Comme tous ces écrits, Silv s'adresse à
«mon fils». Mais il ne s'agit pas ici de conseils d'un roi à son fils comme
ceux d'Amenemhat I à son fils Sésostris I, ou d'un vizir au jeune
prince, comme la Sagesse de Ptahhotep, ni non plus d'exhortations
d'un supérieur à l'un de ses moines, comme c'est le cas de Pachôme
dans la «Catéchèse à propos d'un moine rancunier» (aucune trace
de vie communautaire). Silv est génétalement plus proche du livre des
Proverbes — d'ailleurs lui-même proche de la «Sagesse d'Amenem-
Opé» — et dont l'auteur s'adresse comme lui à un disciple sans doute
imaginaire, qu'il appelle «Mon fils». Silv et *Pr* veulent tous deux
enseigner la sagesse et le font dans des termes parfois très voisins,
ou même identiques. Ainsi : «N'accorde pas de sommeil à tes yeux,
ni d'assoupissement à tes paupières, afin d'échapper comme une gazelle
à des filets, et comme un oiseau à un piège» (Silv p. 113), est une
citation à peu près textuelle des *Proverbes* (6,4s). Silv cite encore
d'autres livres de la Bible, mais les citations du Nouveau Testament
sont généralement moins littérales. Ajoutons encore que Silv est indubitablement un ouvrage chrétien, comme il appert dans le résumé
que nous proposons ci-dessous. Dans sa présentation, on verra que
nous nous sommes largement inspirée des divisions déjà proposées
par J. ZANDEE (*NHS* 3), PEEL-ZANDEE (*Novum Testamentum* 299),
C. COLPE (*JAC* 121s), et W. P. FUNK (*TLZ* col. 10s).

A. Résumé

1) Titre (84,15).
2) Protège ton camp ou ta ville, c'est-à-dire ton âme, contre les
   ennemis (les passions) en prenant comme guide le Noûs et comme
   maître le Logos (84,16-87,4).
3) Accueille l'éducation et la sagesse (l'intellect est le pilote et le
   Logos est le cocher) (87,5-90,32).
4) Prends le Christ comme vrai ami et maître. Retourne à ton premier
   père, Dieu, et à la Sagesse, ta mère, afin de lutter contre les

Puissances de l'Adversaire. Suis le divin qui est en toi et tu seras intime avec Dieu (90,33-92,10).

5) Connais-toi. Trichotomie classique : le corps issu de la terre, le modelé (l'âme) issu de la pensée divine, l'intellect (créé) né à l'image de Dieu. L'âme participe du divin et du charnel et penche tantôt d'un côté, tantôt de l'autre. Si tu rejettes tout divin, tu deviens animal. Vis selon l'intellect. Si tu es né dans la chambre nuptiale, sois illuminé par l'intellect (92,10 - 94,29).

6) Ne te laisse pas égarer par des gnoses étrangères et par les machinations de l'Adversaire. Reçois en toi le Christ : c'est Lui le roi invincible (94,29 - 97,3).

7) Exhortation à la sagesse (97,3 - 98,22).

8) Le Christ illumine l'intellect et l'intellect illumine le lieu et toutes les parties de l'âme. Mais selon la pensée, l'Intellect, pas plus que Dieu, n'est dans un lieu (98,22 - 100,13).

9) Difficulté d'atteindre Dieu : on ne peut le connaître que par le Christ, image du Père. Que ton intellect considère les choses d'en haut, dans la lumière céleste, afin de te convertir à elle (100,13 - 103,11).

10) Frappe à la porte du Logos et suis le chemin étroit, celui du Christ qui s'est fait homme et est descendu dans l'Hadès pour délivrer les générations de la mort (103,11 - 104,24).

11) Ne laisse pas l'Esprit du mal te précipiter au fond de la fosse du bourbier. Ne te laisse pas séduire par les Puissances de l'Adversaire. Sois un temple et non un tombeau, repaire de bêtes sauvages. N'éteins pas la lumière qui est en toi (104,24 - 106,21).

12) C'est le Christ qui est la Vie, la Sagesse, le Logos, la Porte, la Lumière, le Bon Pasteur, la vraie vigne. Abandonne-toi à Lui (106,21 - 108,3).

13) L'homme raisonnable est celui qui craint Dieu. Fais ce qui plaît à Dieu. L'âme qui revêt le Christ, c'est elle qui est pure. Qu'Il entre dans le temple qui est en toi ! Si tu le rejettes, tu tomberas dans les griffes des bêtes (108,3 - 110,14).

14) Connais le Christ, qui est l'ami fidèle, qui est devenu homme pour toi. Adresse directe au Christ comme Roi et appel à son pardon (110,14 - 111,20).

15) La sagesse du Christ a déjoué les plans rusés des hommes. O Dieu miséricordieux, c'est toi qui as glorifié ton Verbe, sorti de ta bouche, lumière de la lumière éternelle, seul engendré par le bon plaisir du Père, Parole insaisissable, commencement et fin de toutes choses (111,21 - 113,31).

16) Exhortation à la vigilance contre toutes les Puissances de l'Adversaire. Crains Dieu et rends-lui gloire (113,31 - 114,26).

17) Patience de Dieu, qui veut que tous soient sauvés, qui est éternel et tout puissant, qui a tout créé par sa main qu'est le Logos. Dieu n'est pas un Démiurge ignorant. Il est à la fois proche et caché. Si tu te connais toi-même, le Logos, qui est en toi, t'ouvrira la porte pour connaître Celui qui est (114,26 - 117,13).

18) Dernières exhortations. Si tu possèdes le Christ, tu vaincras les puissances des ténèbres. Adopte la sagesse du Christ : la voie de Dieu est toujours profitable (117,13 - 118,7).

19) Colophon (118,8-9).

B. Titre

La traduction «leçons» nous a paru préférable à «enseignements» qui nous semblait un peu lourd en français. Il est vrai que la traduction «enseignements» prévaut dans plusieurs livres sapientiaux égyptiens. Le sens des deux mots ne diffère pas tellement, mais «leçons» me paraît plus «élégant», si je puis m'exprimer ainsi. J'y vois davantage la nuance de «leçons de morale», ou d'écrit doctrinal. En fait, l'auteur donne surtout des préceptes moralisants. C'est toute une «éducation» (παιδεία) qu'il veut faire entendre à son disciple imaginaire (cf. Silv 87,4 à 12).

Quant à Silvanos ou Silvain (nous avons choisi la forme grecque), ce nom ne figure que dans le titre. L'auteur — dont nous ne savons rien — a sans doute voulu rattacher ainsi son traité à une tradition prétendûment apostolique, comme on le faisait souvent pour les Apocryphes des premiers siècles. Le NT nous apprend qu'un compagnon de saint Paul portait ce nom (*Actes* 15,22 par ex.). Paul dit lui-même, au début des deux *Épîtres aux Thessaloniciens*, qu'elles ont été adressées à l'église de Thessalonique par Paul, *Silvain* et Timothée. Et nous croyons pouvoir relever l'une ou l'autre réminiscence de ces Épîtres dans notre traité (p. 84,26ss; 98,18; 108,34; 114,23). Mais on n'y trouve qu'une seule fois le nom de Paul, que l'auteur qualifie de «celui qui est devenu semblable au Christ» (p. 108,30-32). Pour ne rien négliger, ajoutons encore que ce Silvanos est peut-être identique à celui dont Pierre dit : «Je vous ai écrit ces quelques mots par Silvain, que je considère comme un frère fidèle, pour vous exhorter et vous attester que c'est à la véritable grâce de Dieu que vous êtes attachés» (I *P* 5,12). Cette simple petite phrase, qui s'accorde si bien avec Silv, ne pourrait-elle pas être à l'origine des prétentions de notre pseudépigraphe? Silv aurait ainsi attribué au scribe l'enseignement de Pierre lui-même. On a d'ailleurs émis parfois l'hypothèse que la collaboration de Silvain ne se serait pas limitée au travail d'un secrétaire (cf. Introduction de la TOB, p. 713). Voir aussi X. Léon-Dufour qui dans son «Dictionnaire du Nouveau Testament» (p. 497) voit en Silas un «coauteur des Épîtres aux Thessaloniciens et de la Iʳᵉ de Pierre» — ce qui est peut-être contestable!

C. Doctrine

Silv n'est pas un exposé doctrinal systématique. C'est une sorte d'anthologie de préceptes moraux et philosophiques réunis sans ordre bien défini, relevant tantôt des «Sagesses» égyptiennes, tantôt de la Bible, tantôt du judaïsme hellénistique (Philon), tantôt de la philosophie grecque (Platon, Plotin, stoïciens — spécialement Marc Aurèle et Épictète). De plus, sans que le traité soit spécifiquement gnostique, quelques termes peuvent cependant faire penser au gnosticisme. Mais nous y voyons avant tout un ouvrage chrétien hellénistique. Essayons d'en dégager quelques grandes lignes.

Dieu est le Père saint, la vraie vie, la source de la vie, le Seigneur Tout-Puissant ou simplement le Tout-Puissant. Sa puissance apparaît dans la création : c'est la main seule du Seigneur qui a tout créé, qui façonne le Tout : cette main du Père est le Christ (114,30ss, cf. infra). Silv l'appelle aussi «Celui qui est» (101,24). Il est le «spirituel», et c'est de sa substance que l'homme a pris forme (93,25ss).

Il n'est pas dans un lieu, mais Il est en tout lieu. Par cette théologie «topologique» — que Silv n'est pas seul à imaginer — l'auteur veut exprimer l'infinie transcendance de Dieu. Par sa puissance, Il remplit tout lieu, mais par la sublimité de sa divinité, rien ne le contient. Tout est en Dieu et Dieu n'est en rien (105,5ss - cf. 116,26). Car s'Il occupait un lieu, cela supposerait qu'Il est matériel et par conséquent altérable. Or Il est incorruptible. Citant un «écrit» — en réalité le «Pasteur» d'Hermas, *Mand.* 1,1 — Irénée dit : «... il n'y a qu'un seul Dieu ... qui contient tout et seul n'est pas contenu» (*Haer.* IV, 20,2). W. Schoedel (v. Bibliographie) a fort bien montré l'importance capitale de cette formule fondamentale mise en rapport avec d'autres thèmes largement répandus dans l'antiquité. Une telle théologie présuppose une cosmologie non-dualiste, car il n'est pas possible que le Dieu qui contient toutes choses soit limité par une autre réalité. Le trait est à souligner pour déterminer le caractère (gnostique ou non) de Silv.

Dieu est le Créateur, mais Silv ne l'appelle qu'une seule fois «Démiurge», dans un passage visiblement anti-gnostique : «Que personne ne dise jamais que Dieu est ignorant, car il n'est pas juste de jeter le Démiurge de toute créature dans l'ignorance» (116,5 ss).

Il est caché, et même très caché, mais Il se manifeste. On peut connaître le créateur (ⲣⲉϥⲥⲱⲛⲧ) de toute créature. Mais même pour les anges et les archanges il est difficile d'atteindre Dieu lui-même. Il est pourtant nécessaire de connaître Dieu tel qu'Il est. Mais cela n'est possible que par le Christ, qui possède l'image du Père (p. 100).

Dieu est miséricordieux (112,33) et patient : Il veut que soient sauvés tous ceux qui sont tombés dans le péché (114,26 ss). Il est proche (115,20). Ceci n'est pas sans rappeler la *Lettre* XLI, 1 de Sénèque : *prope est a te deus, tecum est, intus est* (cité par J.-É. MÉNARD, Syncrétisme, p. 100). Telle est aussi la position de Silv, qui parle du «divin» (θεῖον) qui est en toi» (91,34) : nous y reviendrons.

* *
*

Silv ne mentionne pas la Trinité comme telle, mais il connaît le Fils et l'Esprit Saint. Ceci nous amène à parler du Fils — plus souvent appelé Logos ou Christ — qui occupe une grande place dans notre traité.

Une des difficultés — et non des moindres ! — c'est qu'on ne voit pas toujours clairement si le λόγος est pris au sens chrétien de «Verbe» ou au sens philosophique de «Raison», ou signifie simplement «parole». Ce qui complique encore la situation, c'est la place et le rôle du Νοῦς — que nous avons généralement traduit par «Intellect». Un autre terme qui peut prêter à équivoque est celui de σοφία : personne divine? ou simple vertu? ...

Commençons par le terme le plus fréquent (pas moins de 39 fois!) et aussi le plus simple : celui de x̄c̄ (Christ) qui désigne indubitablement le Logos incarné, appelé *une* seule fois «Jésus le Christ» : «Observe les commandements de Jésus le Christ» (91,25 s) (Je ne tiens pas compte du «colophon» qui ne semble pas faire partie de Silv).

Nous ne trouvons nulle part explicitement chez Silv l'appellation «Fils de Dieu» (sauf, encore une fois, dans le symbole chrétien ΙΧΘΥΣ du colophon). Mais à la p. 115,10, le Christ est le «Fils du Père». Quelques lignes plus bas, il est encore le «Fils divin». De plus, à la p. 99, nous lisons : «le Christ, c'est-à-dire le Logos». Et à la p. 106,

Silv identifie le Christ à la Sagesse et au Logos : «l'arbre de la vie, c'est le Christ, il est la Sagesse. Il est en effet la Sagesse, et aussi le Logos». Nous pouvons donc rapporter au Christ ce qui est dit du Logos et de la Sagesse. Avec cette nuance cependant que Silv emploie de préférence — et beaucoup plus souvent — Χριστός quand il s'agit de l'œuvre salvifique du Fils. Notons que le mot λόγος n'est employé que vingt fois (dont trois fois au pluriel, au sens évident de «paroles»), et σοφία n'apparaît que seize fois (dont quelques fois — ce n'est pas toujours clair! — au sens de «vertu de sagesse»). Or, toujours à la p. 115, il est question de «ce qui est né par le Logos, c'est-à-dire par le Fils, l'image du Père» (1,17ss).

À la p. 91,24ss, Silv disait : «range-toi du côté de la *divinité* du Logos. Observe les commandements de Jésus le Christ». Ceci souligne le caractère divin du Logos-Christ-Jésus. Un autre passage l'exprime plus nettement encore : un long paragraphe christologique (110,14 à 111,19 — ou même jusqu'à 111,32) sur lequel nous aurons à revenir. Nous ne citerons momentanément que ceci : «Qui est le Christ? Connais-le et fais de lui ton ami ... c'est lui qui, étant Dieu, est devenu homme pour toi ... C'est lui qui revêtit l'homme et il est Dieu, le divin Logos». Silv exprime donc clairement la divinité et l'incarnation du Logos-Christ.

Nous venons de voir que le Logos, c'est-à-dire le Fils, est l'image du Père. P. Schwanz (*op. cit.*) a étudié en détail ce thème de l'*Imago Dei* chez saint Paul et chez les Pères de l'Église jusqu'à Clément d'Alexandrie. Nous en retiendrons principalement que ce thème est généralement mis en rapport avec la Révélation. Chez Paul déjà : «Le Christ est l'image du Dieu invisible» (*Col* 1,15). Schwanz explique que : «Eikon hier Ebenbild, also die Wesensgleichheit Christi mit Gott bedeutet» (p. 51). De même chez Irénée (II, 30,9) : «... par son Verbe, qui est son Fils, il est révélé et manifesté à tous ceux à qui il est révélé, car il est connu de ceux à qui le Fils le révèle». Et encore (en IV, 6,4) : «... nous ne pouvons sans l'aide de Dieu connaître Dieu; mais que nous le connaissions, c'est la volonté même du Père, puisque ceux-là le connaîtront auxquels le Fils le révélera». Cette dernière phrase est très proche du passage de Silv auquel nous avons déjà fait allusion ci-dessus : il n'est «possible de connaître Dieu par personne si ce n'est par le Christ, qui possède l'image du Père. Cette image manifeste en effet la ressemblance véritable, correspondant à ce qui est manifesté» (Silv p. 100). Relevons en passant la distinction que Silv semble faire entre l'image et la ressemblance. Cf. *Gn* I, 26 (l'homme créé à l'image et à la ressemblance de Dieu). Schwanz développe amplement ce point aussi, nous le reprendrons plus loin.

Voulant montrer la puissance divine dans la création, Silv dit encore (115,3ss) : «c'est la *main* seule du Seigneur qui a créé tout cela. Car celle-ci est le Christ, la main du Père, et elle façonne le Tout. C'est par elle que le Tout est né, elle est devenue la mère du Tout». Irénée parle également — et plus concrètement peut-être — des «mains» créatrices de Dieu. Au livre IV, 20,1, se référant à *Gn* 2,7 («Dieu modela l'homme...»), il commente : «Ce ne sont donc pas des anges qui l'ont fait ni modelé — car des anges n'auraient pu faire une image de Dieu ... Car Dieu n'avait pas besoin d'eux pour faire ce qu'en lui-même il avait d'avance décrété de faire. Comme s'il n'avait pas ses Mains à lui! Depuis toujours, en effet, il y a auprès de lui le Verbe (Logos) et la Sagesse, le Fils et l'Esprit. C'est par eux et en eux qu'il a fait toutes choses». Et en V, 6,1, il dit encore que l'homme a été créé «par les Mains du Père, c'est-à-dire par le Fils et l'Esprit». Irénée semble donc distinguer la Sagesse du Logos (et l'identifier à l'Esprit!). Ce qui n'est pas le cas pour Silv comme nous l'avons vu ci-dessus (p. 106 : «(le Christ) est en effet la Sagesse et aussi le Logos»). Dans un seul cas, il les différencie, mais là, il s'agit assez visiblement de la vertu de sagesse : «Adopte la sagesse du Christ, patient et aimable» (118,2 ss). Sagesse «du Christ» pourrait cependant aussi être compris comme un complément d'identité.

Quelle est à présent l'œuvre du Christ? Plusieurs passages christologiques sont plus particulièrement éloquents à ce sujet : le Christ a avant tout le pouvoir de délivrer du péché. Se faisant homme parmi les hommes, il n'a pas hésité à adopter les manœuvres de l'Adversaire et est mort en rançon du péché (104,13). Même s'il a été engendré (en tant qu'homme), il est inengendré (en tant que Dieu). Lumière du Père, il brille et éclaire — comme le soleil — sans être souillé. Citons ici une phrase de M. AUBINEAU — qui n'avait rien à voir avec Silv, mais qui illustre fort bien ce trait — : «Qu'advient-il du rayon de soleil qui plonge dans un bourbier? ... Reprenant le vieux thème du *Sol Intaminatus*, Origène l'utilise pour exprimer la transcendance du Verbe en son Incarnation» (*art. cité*, p. 210).

Comme le soleil aussi, il est impossible de le contempler (101). Comme le Père, il est en tout lieu, et n'est en aucun lieu. Roi toujours vainqueur, il est constamment présent comme aide (βοηθός 97,1) et couronne les vainqueurs du mal.

À la p. 106 (25ss), Silv reprend quelques images johanniques : le Christ est la Vie, la Porte, la Lumière, le Bon Pasteur (+ la vraie Vigne, 107, 26s). Il anéantit le péché et toutes les puissances, chasse les marchands du temple (109).

Par deux fois, Silv revient sur la descente du Christ dans l'Hadès (ⲀⲘⲚⲦⲈ, p. 104 et 110). Je ne pense pas — comme certains en ont émis l'hypothèse — que le mot désigne ici le monde matériel qui, chez Silv comme chez les gnostiques, serait ainsi déprécié. Sans doute, il y a chez Silv un certain mépris du monde, par ex. aux pp. 97 et 98, dans un passage qui pourrait d'ailleurs remonter à une source égyptienne, comme nous le verrons. On y lit en effet que « ce monde entier est dans la ruse ». Ou encore que « tous les hommes se conduisent faussement » et que « la terre entière est remplie de peine et de souffrance inutiles ». Mais je n'y vois pas autre chose qu'une mise en garde contre les conséquences du péché et non d'un monde qui aurait été mauvais dans sa création même. Le *Descensus ad Inferos* est un thème tellement courant dans l'Antiquité ! (v. les articles de HOFFMAN, de LÉTOUR-NEAU, de MÉNARD et de PEEL à ce sujet). Il est vrai qu'il n'est pas spécifiquement chrétien et figure entre autres dans la mythologie grecque (la descente d'Orphée en est sans doute l'exemple le plus fameux). Mais il est présent aussi dans le christianisme et se trouve même dans le « Symbole des Apôtres ». Le « Symbole de Nicée » l'a évité à cause de sa couleur trop mythologique. Mais il est resté vivace et est brillamment illustré par des icônes remontant vraisemblablement à une icône célèbre, datée du XIe siècle et figurant au Musée de Recklinghausen. Le Christ y apparaît solidement campé sur les remparts ébranlés de l'Enfer et tendant la main à Adam et Ève. Car c'est bien pour cela que le Christ est descendu aux Enfers : pour en délivrer « les générations de la mort » comme le dit bien Silv (104,2s). « Toutes les puissances s'enfuirent lorsqu'elles le virent », écrit-il encore. Et « il t'a sauvé de la main puissante de l'Hadès ». On peut penser aussi à une homélie anonyme, datée du IVe siècle et qu'on lit dans la *Patrologie Grecque* (t. 43, 439-463), ou encore à l'*Évangile* apocryphe *de Nicodème*, dont toute la seconde partie est consacrée au *Descensus ad Inferos*. Dans les deux cas, la libération d'Adam et Ève est racontée avec force détails. Mais je ne puis tout citer !... Tout cela est d'ailleurs sans doute postérieur à Silv, mais les motifs sont plus anciens, et on en trouve même des traces dans la Bible. Si l'on pouvait dater Silv d'une manière certaine, on aurait peut-être une preuve de plus de l'ancienneté du motif. Citons seulement encore les *Odes de Salomon* 17, 22 et 42 :

le parallélisme entre les détails donnés par ces *Odes* et par Silv sont réellement frappants (cf. notre commentaire des p. 104 et 111 de Silv).

Un autre thème — connexe — que je ne puis passer sous silence est celui du «bourbier» (βόρβορος). À la p. 85, il est dit que le «Méchant, qui est tyran», gouverne les «bêtes sauvages», règne dans l'âme si elle ne suit plus son «guide intérieur» (l'ἡγεμονικόν) et «est dans le grand bourbier». Cela seul suffirait déjà à montrer que ce «grand bourbier» est l'enfer. À la p. 97, nous lisons que lorsque les flatteurs ont réussi à tromper l'âme, ils la «renversent dans la boue». Ici, on pourrait comprendre évidemment qu'il s'agit d'un bourbier moral. Mais à la p. 103, «ceux qui marchent sur la voie large, descendront finalement vers la corruption du bourbier. Car l'Hadès est largement ouvert à l'âme» : l'équivoque me paraît peu probable. Et à la p. 104 encore, Silv exhorte son disciple à se garder de «l'Esprit du mal» qui «précipite tout le monde au fond de la fosse du bourbier» : l'image est même renforcée !

Mais Silv n'est pas le seul à y recourir. Comme le montre M. Aubineau (art. cité), le thème est fréquent dans la littérature grecque profane et chrétienne. Dans cette dernière, il est en rapport avec les horreurs de l'enfer (p. 188). «Les Gnostiques usent de la même image pour exprimer ... leur mépris à l'égard du corps ... l'or plongé dans un bourbier demeure éternellement de l'or» (p. 191 — Aubineau cite Irénée I, 6,2. J'ajouterai l'*Évangile selon Philippe* 62,18 ; J.-É. Ménard le relève également dans l'*Authentikos Logos* 29,16). Aubineau résume (p. 194s) : «Platon, Plutarque, les Gnostiques et Plotin ont ceci de commun qu'ils utilisent l'image du bourbier pour désigner le corps humain dans sa matérialité ... Comment les écrivains chrétiens ont-ils usé de la même image?» Clément d'Alexandrie parle de l'«âme ensevelie dans un bourbier *de vices*» (*Stromates* II, XX). Ce qui marque «un tournant important dans l'histoire de notre thème» (Aubineau, p. 195). «Le thème du bourbier a inspiré aux Pères grecs des pages austères sur les peines de l'enfer, sur le sort des âmes enlisées dans leurs passions» (p. 210). C'est bien ainsi, je crois, qu'il faut comprendre aussi le «bourbier» de Silv (dont Aubineau ne pouvait pas encore avoir connaissance). Il s'agit à la fois du bourbier des vices et de l'enfer auquel mène leur pratique. Quand Silv place le «Méchant» (c'est-à-dire le Diable) dans «le grand bourbier» (p. 85), le sens est clair. À la p. 103, il est mis directement en rapport avec l'Hadès. Dans les deux autres cas, on peut hésiter : les pécheurs «s'enlisent» dans le mal mais ils sont en même temps précipités dans «la fosse du bourbier».

En quoi consiste l'action libératrice du Christ? Il anéantit le péché et en détruit les effets : il a rendu l'âme *semblable à Dieu*. L'homme a été créé «à l'image et à la ressemblance de Dieu» (*Gn* I,26). Et nous avons vu déjà que le Christ a été l'instrument de cette création puisqu'il est la Main qui a façonné le Tout (115,3 ss). Nous avons dit aussi que Silv semblait faire une distinction entre l'image et la ressemblance (p. 100) : le Christ possède l'image du Père, image qui manifeste la ressemblance véritable. L'âme a été façonnée par Dieu-le Christ, dès le commencement. Mais «l'âme qui revêt le Christ, c'est elle qui est pure... et là où est le Christ, le péché est anéanti... le Christ anéantit toutes les puissances» (p. 109). Tandis que celui qui le rejette prend la «ressemblance de l'animal» et devient «charnel» (p. 93). Il faut que l'homme donne son «adhésion» (προαίρεσις). Toutefois cette «adhésion» elle-même «est le don du Christ, et c'est l'humilité de cœur» (p. 104). Et «celui qui a élevé l'homme est devenu semblable à Dieu ... pour que l'homme devienne semblable à Dieu (ϵϥⲧⲛ̄ⲧⲱⲛ ⲉⲡⲛⲟⲩⲧⲉ)» (p. 111). Passage un peu obscur peut-être, qu'on peut cependant comprendre ainsi : par son Incarnation, «le divin Logos» a rendu semblable à Dieu l'homme qu'il «revêtait» et, «nouvel Adam» (j'emprunte bien entendu, le mot à Paul, 1 *Co* 15, 45 — Silv ne l'emploie pas), a rendu ainsi à l'homme en général la ressemblance à Dieu qu'il avait perdue par le péché — il n'en avait gardé que l'image.

Mais comment *chaque* homme doit-il ainsi «revêtir le Christ»? Nous venons de voir que l'*adhésion* (προαίρεσις) de l'homme était nécessaire, adhésion qui est elle-même un don de Dieu, il est vrai, mais qui requiert cependant un geste de l'homme, si faible soit-il : ἴχνος, une «trace de pas» (p. 104). Silv ne parle jamais du baptême comme tel, mais c'est bien à lui, je crois, qu'il est fait allusion dans le fameux νυμφών (94,28) qui, à première vue, peut suggérer le gnosticisme (cf. notre commentaire). Or Silv met la chambre nuptiale en rapport avec l'illumination du Νοῦς. Faut-il donc identifier le Νοῦς au Christ? C'est peu vraisemblable : à la p. 85, 24 ss, Silv semble bien les distinguer : «Fais entrer en toi le guide (et) le maître : le guide, c'est l'intellect (νοῦς), et le maître, c'est le Logos». Arrêtons-nous un moment à ce titre de «maître» (ⲥⲁϩ, équivalent copte de διδάσκαλος — cf. commentaire). Les évangiles canoniques l'appliquent régulièrement au Christ (cf. p. ex. *Lc* 22,11 etc.) et il peut évidemment désigner le maître qui enseigne, mais il signifie aussi «maître» dans un sens plus général. C'est le cas chez Silv qui ne décrit généralement pas le Christ proclamant la «bonne nouvelle». À la p. 90,33 s, lorsque Silv exhorte son disciple à prendre le Christ comme ami et comme bon maître, on peut, bien sûr, le prendre dans le sens d'«instructeur» ou «conseiller». Mais à la p. 96, 32s, lorsqu'il parle du «maître divin» qui «est avec toi à tout moment» et qui «est un aide (βοηθός)», et plus encore peut-être à la p. 110,16 ss, «l'ami fidèle» et «maître... qui, étant Dieu, est devenu homme pour toi», on songe davantage au Sauveur. Il faut noter cependant que Silv ne lui donne jamais ce nom (exception faite, une fois de plus, pour le colophon).

Un point important cependant : «Reçois *en toi* le Christ qui a le pouvoir de te délivrer» (96,19ss); «le maître divin est *avec* toi» (96,32); «vis *avec* le Christ et il te sauvera» (98,20ss); «l'âme qui *revêt* le Christ, c'est elle qui est pure... là où *est* le Christ, le péché est anéanti» (109,6 ss); «si les ennemis ne voient pas le Christ *en* toi, alors ils entreront en toi pour t'écraser» (109,30ss); «si tu *possèdes* le Christ, tu vaincras le monde tout entier» (117,17ss). Tout ceci me paraît bien indiquer une action intérieure du Christ. Il s'est fait homme et est même descendu aux Enfers, mais son action salvifique s'exerce d'une manière continue à l'intérieur de l'homme (à condition de ne pas le rejeter !).

*
* *

Nous avons vu déjà que Silv connaît l'Esprit Saint. Mais il en parle fort peu. Le terme π̄ν̄ᾱ apparaît six fois en tout dont quatre fois seulement à propos de l'Esprit Saint. Dans les deux autres cas, il s'agit de l'«Esprit du mal» (104,26) et des «Trônes *des* Esprits» (117,1). Le seul passage où Silv dit explicitement «l'Esprit Saint» (avec l'épithète) est celui de la p. 112,25 ss où nous lisons : «C'est par l'Esprit Saint et l'Intellect que tout a été renouvelé». Ce renouvellement universel rappelle l'*Apocalypse* de Jean 21,5 : «Voici, je fais toutes choses nouvelles». On peut rapprocher aussi 2 *Co* 5,17 et *Rm* 6,4 (cf. notre commentaire). Mais il convient avant tout, je crois, de situer cette phrase dans son contexte. Dans les §§14 et 15 de notre résumé, Silv rappelle en quelque sorte tous les bienfaits du «Dieu miséricordieux» (cf. 112,33). À la p. 112,10 ss, nous lisons : «Et la vie du ciel veut tout renouveler... pour manifester l'ordre du Père... Le Christ... s'est manifesté en éclairant chacun. Et c'est par l'Esprit Saint et l'Intellect que tout a été renouvelé». Comme on le voit, la Trinité divine — Père, Christ, Esprit Saint — est complète. Mais il y a une entité supplémentaire : le Νοῦς! C'est dans des passages de ce genre qu'on voit l'embarras de notre auteur à concilier ses concepts philosophiques (ou ceux de son temps!) avec sa foi chrétienne. L'Esprit Saint n'aurait-il pas été ajouté après coup?

À la p. 86,16 ss. nous lisons: «Que Dieu réside dans ton camp et que son Esprit garde tes portes et que l'intellect de la piété garde les murs! Que le Logos saint devienne la torche de ton intellect!» (je cite à dessein le contexte). Nouvelle confusion! Cet «intellect *de la piété*» me paraît assez suspect... Ne s'agissait-il pas, à l'origine, de l'Intellect (avec majuscule!) — sans plus?... Et si les murs sont gardés par l'Intellect, faut-il encore faire intervenir l'Esprit pour garder les portes? On a l'impression, une fois de plus, que Silv a cherché à christianiser sa philosophie.

Autre intervention de l'Esprit: «Jouis de la vraie vigne du Christ, rassasie-toi du vrai vin... ayant en lui de quoi réjouir l'âme et l'intellect par l'Esprit de Dieu» (107,26 ss). Le cas est moins frappant. Observons cependant que, s'il s'agit du vrai vin, celui de la vigne du Christ, le sens était complet sans le «par l'Esprit de Dieu»! Il est assez curieux de noter aussi que, dans ces trois cas, la mention de l'Esprit voisine avec celle de l'Intellect.

Dernière mention de l'Esprit (Saint): «Personne ... ne pourrait connaître Dieu tel qu'Il est, ni le Christ, ni l'Esprit, ni le chœur des anges ni encore les archanges ainsi que les Trônes des Esprits et les Dominations élevées, et le Grand Intellect» (116,27 ss). Cette fois, c'est l'Intellect (même le Grand Intellect!) qui semble être surajouté: Silv a vraiment voulu être complet dans son énumération des êtres divins!

* *
*

Nous n'avons sans doute plus besoin de dire que le *Noûs* occupe une place beaucoup plus importante que l'Esprit Saint dans l'œuvre étudiée ici. Avec 26 mentions (dont quelques-unes se rapportant à l'intellect de l'homme en particulier), il suit de près le Christ (39 fois)-Logos (20 fois).

Dans la plupart des cas, il est difficile de distinguer s'il s'agit du grand Noûs en tant qu'Être divin, ou de l'intellect individuel présent en tant qu'intelligence particulière de l'homme. Le cas le plus net est évidemment celui de la p. 116 que nous venons de citer: «Personne ... ne pourrait connaître Dieu tel qu'Il est, ni... les Dominations élevées et le Grand Intellect». Ce qui est peut-être étonnant, c'est qu'il soit placé tout à la fin de l'énumération des êtres surnaturels, après les anges, archanges, Trônes et Dominations, comme s'il était inférieur à tous ceux-là. Il est vrai qu'il y a cependant une gradation entre les anges et les archanges par exemple... Comme on le voit, la pensée de notre auteur n'est vraiment pas claire à ce sujet. Nous ne pouvons pas tirer grand'chose non plus d'une autre mention du Grand Intellect (96,8 ss) où c'est l'Adversaire (c'est-à-dire le diable) qui *passe* pour le «Grand Intellect» aux yeux de «ceux qui veulent le prendre comme roi».

En revanche, en deux passages au moins, il est clair qu'il s'agit de l'intellect individuel: «Celui qui n'a pas son intellect sain ne se réjouit pas d'acquérir la lumière du Christ, c'est-à-dire le Logos» (99, 1 ss). Remarquons en passant que cette lumière *s'acquiert*: elle semble donc supposer un effort personnel. D'ailleurs, à la page 103,1 à 11: «Ne permets pas à ton intellect de regarder vers le bas... Éclaire ton intellect dans la lumière céleste, afin de te convertir à la lumière céleste».

Car l'intellect illumine (94,28 s). Et le Christ, dit Silv (99,16 ss), «parle de notre intellect comme d'une lampe... qui éclaire le lieu». Mais c'est le Christ qui «illumine tout intellect» (98,26 s). Et nous venons de voir que l'intellect pourrait «regarder vers le bas» et doit être éclairé dans la lumière céleste (p. 103).

Cependant, cet intellect «est né à l'image de Dieu». Et «l'intellect divin possède une substance issue du divin» (92,23 ss). Cette substance est l'intellection (νόησις). Celui qui la rejette perd l'élément mâle et devient «psychique» (93,9 ss — cf. commentaire). Selon la substance, l'Intellect est dans un lieu mais selon la pensée, il n'est pas en un lieu (99,22 ss). Ceci souligne le caractère divin (transcendant) de l'intellect.

Silv mentionne aussi sa force: «Acquiers la force de l'intellect» (84,17 s) et surtout: «Vis selon l'intellect... acquiers la force, car il est fort, l'intellect» (93,3 ss).

Enfin, Logos et Intellect sont souvent présentés conjointement. Rappelons: «le guide, c'est l'intellect, et le maître, c'est le Logos» (85,25 ss). «Livre-toi à cette paire d'amis (que sont) le Logos et l'Intellect... Que le Logos saint devienne la torche de ton intellect, brûlant le bois qu'est tout le péché» (86,13 ss). Tout ceci me paraît suggérer que l'intellect est comme une prédisposition divine dans l'âme au moment de la création à recevoir le Logos dans le νυμφών — à condition de vivre *selon* cet intellect et de ne pas s'égarer dans «les chemins du désir de toute passion» (p. 90). Et nous citerons un dernier passage montrant l'action conjointe de l'intellect et du λόγος (qui est plutôt la «raison» ici) : cehui qui «nage dans les désirs (ἐπιθυμία) de la vie... mourra parce qu'il ne possède pas l'intellect, le pilote... (il est) comme un cheval qui s'est échappé sans cocher; car il a été privé du cocher qu'est la raison (λόγος)» (90,5 ss). Silv soulignera encore que «le Logos et l'Intellect, c'est un nom masculin» (102,15 s cf. commentaire).

Celui qui vit selon l'Intellect est νοερός, tend vers la nature «noétique» (94,14 ss).

* *
*

Nous n'avons pas traité à part la question de la Sagesse. Mais nous avons vu que Silv identifiait le Christ à la Sagesse — du moins quand il s'agit de la Personne divine : «Il (le Christ) est en effet la Sagesse, et aussi le Logos» (p. 106). Quand Silv écrit : «La Sagesse t'appelle» (88,35 et 89,5), il s'agit évidemment du Logos. On songe au livre des *Proverbes* : «Sagesse... a crié son invitation sur les hauteurs de la ville» (*Pr* 9,3). De même à la p. 107,3 ss : «... étant Sagesse, il (sc. le Christ) rend l'insensé sage»; et cette allusion à l'Incarnation : «La Sagesse de Dieu est devenue pour toi une forme de fou, pour que toi, insensé, elle t'élève et te rende sage». Ou encore, à la p. 112,33 ss, à propos du Logos : «C'est lui... le Premier-né, la Sagesse, le Prototype, la Première Lumière!» Et à la p. 113,13 ss : «Car il est une Parole (Λόγος) insaisissable, et il est la Sagesse et la Vie». Soulignons une phrase un peu équivoque : «Retourne à ton premier Père, Dieu, et (à) la Sagesse, ta Mère, dont tu es issu depuis le commencement» (91,14 ss). La présence de la Sagesse «depuis le commencement» figure également dans la Bible et n'offre donc pas de problème. Mais «la Sagesse, ta Mère» évoque un peu trop le rôle de Sophia qui est aussi la Mère dans la Gnose! Elle est pourtant présente aussi dans la Bible comme nous le verrons ci-dessous.

Quand Silv parle d'un habit tissé de sagesse (89,10 ss) et compare la sagesse à un vêtement (89,20) ou à une robe brillante (107,6 ss), il s'agit sans doute (?) de la vertu de sagesse. De même à la p. 110,10 ss : «celui qui est vil dans la vertu et la sagesse fuit généralement le Christ». Mais on ne voit pas fort clair dans une phrase comme celle de la p. 111, 24 ss, où l'auteur exhorte — ironiquement! — «l'homme qui s'entend

à toute sorte de sagesse», à parler «de la sagesse» (ou «de la Sagesse»?)...
Le fait qu'il considère cela comme une vantardise ou une folie me fait
cependant pencher pour la seconde interprétation.

* * *

Il faut noter aussi que le texte copte emploie parfois le mot copte
ⲥⲃⲱ au sens de «sagesse» (87,4 ss; 88,22 ss; 113,27 ss). Etant donné le
sens premier de ⲥⲃⲱ — «enseignement» — et parfois le rapprochement
avec l'éducation (p. 87 : «accueille l'éducation et la sagesse»), il s'agit
probablement plutôt de la vertu de sagesse. Mais quelle est dans ce cas
la part du traducteur copte?... (si traducteur il y a!).

* * *

Le monde divin comprend aussi des anges et des archanges, que le
disciple «acquerra comme amis et co-serviteurs» (91,29 ss). Mais même
pour eux, il est difficile d'atteindre Dieu (100,17 ss). Exception pour le
Christ qui est l'Ange par excellence (106,27). Et «grâce à Lui, tous les
hommes deviennent supérieurs à tous les anges et archanges» (115,
32 ss). À la p. 116,27 ss, Silv déclare cependant que personne ne
pourrait connaître non seulement «Dieu tel qu'Il est» mais «ni le
Christ, ni l'Esprit, ni le chœur des anges et des archanges, ainsi que
les trônes des Esprits et les Dominations élevées». Silv confirme ainsi
son caractère chrétien. Mais il y ajoute le concept philosophique du
«Grand Intellect» (cf. supra)!

Le monde infernal ne lui est pas inconnu. Nous avons vu plus
haut l'importance qu'il donne à la descente du Christ dans l'Hadès,
qu'il appelle aussi «l'abîme de l'Hadès» (114,26). Il met en garde contre
les ruses et les fourberies de l'Adversaire (Ἀντικείμενος), appelé une
seule fois «le diable» (p. 88), une fois aussi le «Méchant (φαῦλος) qui
est tyran» (85,17 s) et encore l'Esprit du mal (104,26). Il cite les Puissances
de l'Adversaire (91,19 s; 105,34 s; 114,5 s) ou simplement les puissances
(104,8; 109,14; 114,10; 117,16 s). Remarquons cependant que ces «puissances» sont souvent démythologisées en «passions» (spécialement
la prostitution). Et il y a aussi des «puissances saintes» (114,3 ss),
qui n'ont plus rien à voir avec l'Enfer. Le Christ est d'ailleurs lui-même
la Puissance par excellence (106,25).

* * *

Abandonnons ce monde surnaturel et venons en à l'homme. Le passage le plus important à ce sujet est sans aucun doute celui de la page 92 où apparaît nettement la trichotomie classique. L'origine de l'homme est triple : 1) le corps est né de la terre; sa substance (οὐσία) est la matière (ὕλη); 2) l'âme est ce qui a modelé (πλάσσειν) le cœur humain; ce modelé est issu de la pensée du divin; 3) enfin l'intellect (νοῦς) est né à l'image (εἰκών) de Dieu et possède une substance issue du divin.

Cette trichotomie a fait penser au gnosticisme. Comme chez les gnostiques, en effet, le «psychique» est inférieur, parce que la ψυχή n'est que la «femme» de ce qui est né selon l'image — et Silv soulignera son infériorité. Mais pour le reste, la position de notre auteur est toute différente. Les gnostiques distinguent trois *classes* d'hommes par naissance. Tandis que chez Silv, ce cloisonnement n'existe pas. *Chaque* homme peut passer d'un état dans l'autre. Celui qui ne *vit* pas selon l'intellect et n'en *acquiert* pas la force, tombe et devient psychique, ayant reçu la substance du modelé (p. 93). Celui qui «rejette encore un peu de cela» tombe dans l'animalité et devient «charnel» (σαρκικός).

On remarquera que, dans tout ceci, Silv n'a pas encore employé le mot «spirituel». Il y arrive à la p. 93,25 (seul emploi du mot πνευματικός dans notre texte) : «Dieu est le spirituel» et «c'est de la substance de Dieu que l'homme a pris forme (μορφή)». L'âme divine participe en partie de Dieu et en partie de la chair. Mais l'âme médiocre penche habituellement de côté et d'autre.

Je crois pouvoir distinguer en quelque sorte un quatrième stade: celui que l'âme n'atteint que par la réception du Logos-Christ. Créé par Dieu, l'homme a déjà du «divin en lui». Il est à l'image de Dieu mais reste noétique (νοερός). «L'âme qui revêt le Christ, c'est elle que est pure... là où est le Christ, le péché est anéanti» (p. 109). Dans le νυμφών — c'est-à-dire dans le baptême (cf. *supra*) — a lieu en somme une nouvelle naissance: «Es-tu *née* dans la chambre nuptiale» demande Silv s'adressant à l'âme (94,27 s). Le Logos rend ainsi à l'homme sa «ressemblance» à Dieu (cf. *Gn* 1,26), perdue par le péché: il n'avait plus que l'image. L'image du Père que possède le Christ peut seule manifester la «ressemblance véritable» (p. 100) (cf. *supra*). Et notre Silv ne manque pas d'exhorter le disciple à «vivre dans le Christ» (88,15 s) et «avec le Christ» (98,19 s). On ne peut connaître le Père que par Lui.

D. Morale

La morale de Silv tient à la fois de la morale stoïcienne et de la morale chrétienne — qui en est d'ailleurs proche par certains aspects. Ainsi, lorsque Silv exhorte à lutter contre les passions, cela peut aussi bien être chrétien que stoïcien. Mais, comme le note J. Zandee (Miscellanea Vergote 626), les vices que relève Silv sont précisément les vices principaux de la Stoa: le plaisir (ἡδονή, 105,25 et 108,6), le chagrin (λύπη, 92,1) la convoitise ou le désir (ἐπιθυμία, 90,4+5 et 105,23) et la crainte (88,10). Ils ne sont cependant pas rangés systématiquement. Et Silv exhorte son disciple à la «crainte *de Dieu*» («Ne crains personne si ce n'est Dieu seul» 88,9 ss). D'ailleurs, l'homme «raisonnable» (λογικός) «est celui qui craint Dieu». Silv apparaît ainsi comme un chrétien marqué par le stoïcisme. Même équivoque aussi à la p. 110,10 ss: «Celui qui est vil dans la vertu et la sagesse fuit généralement le Christ». Ou encore à la p. 114,1 s: «Combats le grand combat» (bien qu'ici le contexte des «puissances saintes» et des «puissances de l'Adversaire» qui observent le combattant fasse pencher la balance vers le christianisme!). Citons peut-être aussi la p. 117,26 ss: «Purifie-toi d'abord dans la vie extérieure, afin de pouvoir purifier celle de l'intérieur». Notons au passage que les nuances chrétiennes sont beaucoup plus marquées dans la seconde moitié du texte.

Ce qui est plus spécifiquement stoïcien — et même stoïcien tardif — c'est la présence de l'ἡγεμονικόν (guide intérieur) et du νοῦς (intellect): «Arme-toi ... de ton intellect comme guide intérieur» (84,28 ss).

À la p. 87,5 ss, Silv la joint à deux autres thèmes bien stoïciens: l'éducation et la sagesse: «Accueille l'éducation et la sagesse, ne fuis pas l'éducation et la sagesse, mais si on t'instruit, accepte avec joie, et si on t'éduque... fais ce qui est bien: tu tresseras une couronne d'éducation pour ton guide intérieur». À la même page apparaît aussi «l'austérité»: «Acquiers l'austérité» (87,16 s). Toute cette page serait d'ailleurs à citer. Et même toute la première partie de Silv: le lecteur pourra en juger. L'ἡγεμονικόν revient encore à la page 108, mais cette fois dans un contexte plus chrétien: «Celui qui craint Dieu ne fait rien de téméraire. Et celui qui se garde de rien faire de téméraire est celui qui garde son ἡγεμονικόν. C'est un homme qui, tout en étant sur la terre, se rend semblable à Dieu» (108,20 ss). Nous avons vu plus haut que c'était le Christ qui rendait à l'homme cette ressemblance avec Dieu perdue par le péché originel. Il me semble que, dans un passage comme celui-ci, on sent assez nettement la tentative de conciliation de la philosophie avec le christianisme.

Autre thème stoïcien : celui du νοῦς (intellect). Nous en avons longuement parlé déjà à propos de la doctrine. D'un point de vue moral, rappelons plus spécialement : «acquiers la force de l'intellect» (84,17 s). De même : «Vis selon l'intellect; ne pense pas aux choses de la chair : acquiers la force, car il est fort, l'intellect» (93,3 ss). Celui qui «suit les chemins du désir de toute passion, nage dans les désirs de la vie... mourra parce qu'il ne possède pas l'intellect, le pilote» (90,3 ss).

Nous avons vu précédemment que le νοῦς était souvent joint au λόγος. Mais nous avons dit aussi qu'il n'était pas toujours facile de distinguer si notre auteur avait en vue le Logos divin ou la raison humaine (même difficulté pour le νοῦς). Dans l'un ou l'autre cas, les deux termes apparaissent ensemble dans un sens peut-être plus stoïcien. Ainsi, à la p. 85, dans un contexte assez stoïcien, on pourrait comprendre : «Fais entrer en toi le guide et le maître; le guide c'est l'intellect, et le maître, c'est la raison» (mais plus haut dans notre exposé, nous avions pris l'Intellect et le Logos comme entités divines... Nous croyons devoir laisser la porte ouverte!).

Par ailleurs, Silv emploie l'adjectif λογικός au sens de «raisonnable», dans un contexte où apparaît aussi le «raisonnement» (λογισμός). À la p. 108, Silv a comparé les passions à des «bêtes sauvages» (autre thème que nous devrions reprendre!...) «Il t'est possible par le raisonnement de l'emporter sur elles. Mais l'homme qui ne fait pas cela n'est pas digne d'(être appelé) raisonnable» (108,15 ss). Cependant nous avons vu tout à l'heure que Silv ajoutait immédiatement la «nuance» chrétienne : «l'homme raisonnable est celui qui craint Dieu» (lignes 18 ss).

Celui qui est privé de raison est comparé à un animal : «rejette la nature animale qui est en toi» (87,27 s). Et encore : «Abandonne-toi au Logos (à la raison?), éloigne-toi de l'animalité; car il se manifeste, l'animal qui ne possède pas de raison» (107,17 ss).

Je voudrais terminer ce point de vue stoïcien par une citation de Marc Aurèle qui renferme à peu près tout ce que nous venons de relever chez Silv : «Le caractère qui prédomine dans la constitution de l'homme, c'est la sociabilité. Le second, c'est la faculté de ne pas s'abandonner aux passions qui affectent le corps. Le propre du mouvement raisonnable et intelligent (λογικῆς καὶ νοερᾶς) est ... de ne jamais être vaincu par les mouvements provenant des sens ou de l'instinct, car ces deux sortes de mouvements sont de nature animale» (*Pensées* VII, 55). Citons encore : νοῦν ἡγεμόνα ἔχειν, «prendre l'intelligence pour guide» (*Pensées* III,16 : cf. Silv 85,25 s : ἡγούμενος μὲν ... νοῦς). Et cette définition de l'ἡγεμονικόν: «Le guide intérieur est cette partie qui s'éveille d'elle-même, qui se modifie et se façonne elle-même telle qu'elle veut, et qui veut que tout événement lui apparaisse tel qu'elle veut» (*Pensées* VI,8).

Pour de plus amples détails, nous renvoyons au très bon article de J. ZANDEE sur la morale de Silv.

Comme trait plus spécifiquement biblique chez Silv, nous noterons spécialement la façon de présenter le *péché*. L'auteur exhorte son disciple à acquérir la liberté, en rejetant la convoitise et les péchés du plaisir (105,21 ss). À noter cependant que la convoitise (ἐπιθυμία) est présentée comme une puissance «dont les manœuvres sont nombreuses» (*ibid.*). Mais dans sa lutte contre les passions et le péché, l'âme est aidée par le Christ: «l'âme qui revêt le Christ, c'est elle qui est pure, et il n'est pas possible qu'elle commette le péché. Et là où est le Christ, le péché est anéanti» (109,6 ss). Aussi les exhortations à vivre du Christ sont-elles nombreuses. «Jouis de la vraie vigne du Christ, rassasie-toi du vrai vin» (p. 107). Et une fois de plus, christianisme et philosophie vont de pair: car ce vrai vin a «en lui de quoi réjouir l'âme et l'*intellect* par l'*Esprit de Dieu*» (*ibid.*). Celui qui marque son adhésion, sa prédilection (προαίρεσις) au Christ, par un simple signe (ἴχνος) devra le faire dans «l'humilité», qui est d'ailleurs elle-même un «don du Christ» (104,15 ss). On pourrait citer aussi toutes les allusions au diable — appelé plus souvent «l'Adversaire», comme nous l'avons vu, ou encore l'Esprit du mal: «Ne laisse pas l'Esprit du mal te précipiter au fond de l'abîme ... au fond de la fosse du bourbier» (104,26 ss). Dans une ligne bien biblique encore, Silv compare le disciple à un temple: «Tu étais un temple: tu as fait de toi un tombeau... (re)deviens un temple, afin que la droiture et la divinité demeurent en toi» (106,9 ss). Il l'exhorte à craindre Dieu et à «faire ce qui plaît à Dieu» (p. 108). Comme le disait un jour le Pape Jean-Paul II (commentant 1 *Co* 7,32 — audience générale du 7-7-82), «Plaire au Seigneur a l'amour comme toile de fond... et est un effort de l'homme qui tend vers Dieu et cherche le moyen de lui plaire, c'est-à-dire d'exprimer activement son amour... tout chrétien qui vit de la foi y prend part». (cité d'après l'*Osservatore Romano* du 13 juillet 1982, p. 12). Mais je citerai pour finir ce qui me paraît le mieux caractériser cette morale chrétienne: «Vis dans le Christ» (88,15 s); «Observe les commandements sacrés de Jésus le Christ» (91,25 s); «Vis avec le Christ et il te sauvera» (98,20 s).

E. Parallèles

Nous avons déjà parlé, au début de cette Introduction, des rapprochements possibles avec les «Sagesses» égyptiennes, et aussi avec la Bible (spécialement le livre des *Proverbes*) ainsi qu'avec le monachisme. Nous n'y insisterons plus. Citons seulement cette petite phrase d'Amenemhat I pour son fils : «N'aie pas confiance en un frère, ne connais pas d'amis ... cela ne sert à rien». Elle nous rappelle les conseils désabusés des p. 97,9 à 98,22 : «... Ne te fie à personne comme ami... Il n'y a pas (d'ami) et il n'y a pas de frère, car chacun cherche son profit... La terre entière est remplie de peine et de souffrance qui ne servent à rien». Mais ce passage de Silv a une histoire particulière. Dans son article de la *ZÄS*, W.-P. Funk a attiré l'attention sur une feuille de palimpseste (conservée au British Museum et cataloguée BM 979), portant, en langue copte, la copie d'un petit texte attribué à Antoine l'Ermite. Ce texte se retrouve encore dans les prétendus *Spiritualia documenta regulis adjuncta* de saint Antoine, qui nous sont parvenus dans un manuscrit arabe, et dont une traduction latine est reproduite dans le t. 40 de la PG, 1073-1080. Or le texte, visiblement complet, du parchemin copte est substantiellement identique à notre passage de Silv. D'autres parallèles entre Silv et la littérature monastique ont pu être établis. Dans mon exposé présenté au «Colloque International sur les Textes de Nag Hammadi» (Québec, 22-25 août 1978), j'ai moi-même tenté des rapprochements avec le monachisme, par exemple avec la «Catéchèse à propos d'un moine rancunier» de Pachôme, et avec la *Vita* d'Antoine l'Ermite. Il ne me paraît pas impossible que Silv, ou au moins un recueil très proche, ait existé dès le début du monachisme égyptien. (Pour plus de détails, cf. notre commentaire des p. 97,3 à 98,22).

Le Prof. J. Zandee, dans une série d'articles (cf. Bibliographie), a relevé de nombreux parallèles avec Philon d'Alexandrie, avec le stoïcisme (Épictète — Marc Aurèle), avec le platonisme (surtout le platonisme moyen — Albinus — et le néo-platonisme — Plotin), avec l'Hermétisme, avec Justin, avec Clément d'Alexandrie. Je ne m'y attarderai pas et me bornerai à souligner l'un ou l'autre point.

Nous avons vu déjà que la morale de Silv s'inspirait largement de la morale stoïcienne. Outre Marc Aurèle — que nous avons cité également — J. Zandee cite aussi Épictète. Mais si l'ἡγεμονικόν est plus spécifiquement stoïcien, il n'est cependant pas totalement absent du Platonisme. Et le thème de la transcendance rapproche nettement Silv de Platon. Νοῦς, Christ et Dieu ne sont «pas en un lieu». Toutefois, le Dieu de Silv est en même temps «proche» et se manifeste par le Christ qui est son «image». Et ici nous rejoignons le judéo-christianisme. Mais l'image du «cocher» (ἡνίοχος) que Silv applique au Νοῦς est très probablement empruntée à Platon (*Phèdre*). De même, le thème de l'ignorance ramenée à l'oubli (88,25 s) — qui fait penser aussi au gnosticisme! — n'est pas sans rappeler le thème platonicien de l'oubli et de l'ἀνάμνησις.

Chez Philon, je relèverai surtout que la Sagesse est une mère : «la Sagesse ... la mère et la nourrice de l'univers» (*Ebr.* 31). «Elle est une mère ... pour ceux qui sont dans le monde» (*Quod Deterius* 116). Et chez Philon comme chez Silv, «le Logos divin et la Sagesse sont identifiés» (ZANDEE, Mélanges Puech, 340 s).

Chez Justin comme chez Silv, on retrouve l'ambiguïté caractéristique de la théologie alexandrine dans l'emploi du terme λόγος — et surtout la préoccupation de concilier le christianisme avec la philosophie grecque.

Je ne m'arrêterai pas à Clément d'Alexandrie, Origène, Plotin ni même Irénée (cités pourtant plus d'une fois dans mon commentaire) : la plupart d'entre eux sont très probablement postérieurs à Silv et n'ont donc pas pu influencer notre auteur. Mon but n'est pas d'établir ici des parallèles mais d'essayer de comprendre Silv en lui-même, tel qu'il nous est parvenu.

À ce point de vue, il nous faut peut-être encore poser la question : Silv, figurant dans une bibliothèque qu'on a crue un moment gnostique, est-il lui-même gnostique ou non? Il *connaît* les gnostiques et utilise leurs termes. Mais dans un cas au moins — nous l'avons vu — il les combat visiblement : «Il n'est pas juste de jeter le *Démiurge* de toute créature dans l'*ignorance*» (116,7 ss — sous-entendu : «comme le font les gnostiques»). Sa trichotomie anthropologique (νοῦς, ψυχή, σῶμα) est l'anthropologie grecque habituelle. Ce qui frise plus dangereusement le gnosticisme est un certain mépris de la femme (qui apparaît spécialement à la p. 93 : la ψυχή, étant du féminin, est inférieure au νοῦς, qui est masculin). On peut relever aussi le νυμφών (p. 94), mais le thème de la «chambre nuptiale» existe également dans le Nouveau Testament. De même, s'il existe un *certain* dualisme dans la lutte contre l'Ἀντικείμενος et les *Puissances* du mal, ce dualisme n'est pas spécifiquement gnostique. En général, notre auteur démythologise d'ailleurs les «Puissances» en y substituant les passions. Lorsque Silv promet au disciple qui suit fidèlement le chemin du Christ de se reposer de ses labeurs (103,15 ss), faut-il y voir une allusion au thème de l'ἀνάπαυσις eschatologique gnostique (cf. les articles de MÉNARD et de VIELHAUER)? Certainement pas plus que dans l'*Apocalypse* de Jean 14,13, dont Silv est ici très proche. Un terme plus dangereux peut-être est celui de «mère» : Sophia, la «mère», joue un si grand rôle dans le gnosticisme! Silv parle de «la Sagesse, ta Mère, dont tu es issu depuis le commencement» (91,16 ss), et plus loin, à propos du «Christ, la main du Père», il précise : «C'est par elle que le Tout est né, elle est devenue la mère du Tout» (115,5 ss). Mais alors que, dans le gnosticisme, la chute de Sophia est à l'origine d'un monde mauvais, la pensée de Silv concorde parfaitement avec celle de la Bible. Dans le livre de la *Sagesse*, par exemple, la Sagesse est l'auteur ou la mère (γενέτιν) de tous les biens (7,12). Et J. ZANDEE (Jewish Christianity, p. 517 ss) cite plusieurs textes judaïques et judéo-chrétiens prouvant que cette conception de Sagesse comme mère est profondément enracinée dans la tradition (nous en avons vu plus haut aussi des exemples chez Philon). Comme nous l'avons déjà dit, Silv connaît le gnosticisme mais le réfute. Tel est aussi, assez nettement, le cas, me semble-t-il, lorsque l'auteur exhorte son disciple à ne pas nager dans n'importe quelle eau et à ne pas se laisser «souiller par des gnoses étrangères» (94,30 ss). Et un peu plus loin (96,3 ss), il le met en garde contre l'Adversaire qui «jette la connaissance (γνῶσις) inexacte dans ton esprit sous forme de paroles secrètes». Ces deux derniers mots sont particulièrement révélateurs : les «paroles secrètes» réservées à un petit nombre d'initiés sont caractéristiques des révélations gnostiques.

Cette «polémique anti-gnostique» — si l'on peut dire! — n'est pourtant pas le but principal de Silv. Son écrit est avant tout sapiential et met l'accent sur l'éducation (παιδεία). Rappelons le passage déjà cité plus haut (87,5 ss) : «Mon fils, accueille l'éducation et la sagesse...».

De tous ces parallèles ressort cependant un certain syncrétisme. Pour en donner encore un exemple, lorsque Silv compare le Christ — Lumière véritable — au soleil qui illumine les yeux de la chair (98,23 ss), ou au soleil qui est dans le ciel et dont les rayons atteignent les lieux qui sont sur la terre (99,10 ss), ou encore au soleil qui est en tout lieu impur sans être souillé (101,29 ss), cette insistance ne présuppose pas un réel culte solaire, mais fait cependant penser par exemple à «Dionysos assimilé au soleil, le νοῦς de Zeus» (v. MÉNARD, Syncrétisme, p. 107). Cf. aussi le *Sol Intaminatus* cité dans notre commentaire.

F. Conclusion

Silv nous paraît être un document fort important pour la connaissance du christianisme des premiers siècles. À ce titre, il intéresse aussi bien les exégètes du Nouveau Testament que les spécialistes de la Gnose. C'est un bel exemple du judéo-christianisme hellénistique. Écrit essentiellement sapiential, il insiste spécialement sur l'éducation et la sagesse, mais réfute aussi — assez discrètement — l'une ou l'autre erreur gnostique. Empreint d'un certain syncrétisme, il semble bien être le reflet d'une époque où les limites entre l'orthodoxie et l'hérésie ne sont pas encore bien établies. La première rédaction pourrait bien se situer vers la fin du IIe siècle, ou peut-être même un peu plus tôt. Vu les contacts avec l'école d'Alexandrie, avec la littérature sapientiale égyptienne et avec le monachisme, on pourrait proposer l'Égypte comme lieu d'origine.

Tout ceci est encore hypothétique, bien entendu, et il reste beaucoup à faire : nous avons bien conscience de n'avoir pas épuisé le sujet. Mais si le présent travail peut en susciter d'autres chez les chercheurs, notre but est pleinement atteint. Pareille recherche est bien enrichissante et comporte en soi sa récompense.

TEXTE
ET
TRADUCTION*

* *Note préliminaire*

Sauf en ce qui concerne la séparation des mots, notre texte copte respecte l'exacte disposition du papyrus. Le signe ^{0} accompagnant un terme dans la traduction française indique que celui-ci est en grec dans le texte copte.

Sigles

[   ] : lettre restituée
⟨   ⟩ : lettre ajoutée
{   } : lettre supprimée
`   ´ : addition du scribe au-dessus de la ligne
(   ) : ajout pour rendre la traduction plus claire

ⲡ̄ⲇ

> — — — — —

15   ⲛ̄ⲥⲃⲟⲩ ⲛ̄ⲥⲓⲗⲟⲩⲁⲛⲟⲥ: > > > >—

ⲃⲱⲗ ⲉⲃⲟⲗ ⲛ̄ϩⲏⲗⲓϭⲓⲁ ⲛⲓⲙ ⲙ̄ⲙⲛ̄ⲧ̇

ϣⲏⲙ· ⲛ̄ⲅ̄ϫⲡⲟ ⲛⲁⲕ ⲛ̄ⲧⲙⲛ̄ⲧ̇

ϫⲱⲣⲉ ⲙ̄ⲡⲛⲟⲩⲥ ⲙⲛ̄ ⲧⲯⲩⲭⲏ

ⲛ̄ⲅ̄ⲧⲁϫⲣⲟ ⲙ̄ⲡ̄ⲡⲟⲗⲉⲙⲟⲥ ⲟⲩⲃⲉ

20   ⲙⲛ̄ⲧⲁⲑⲏⲧ ⲛⲓⲙ ⲛ̄ⲧⲉ ⲙ̄ⲡⲁⲑⲟⲥ

ⲙ̄ⲡⲉⲣⲱⲥ ⲙⲛ̄ ⲧⲡⲟⲛⲏⲣⲓⲁ ⲉⲑⲟ

ⲟⲩ ⲁⲩⲱ ⲧⲙⲛ̄ⲧ̇ⲙⲁⲉⲓⲉⲟⲟⲩ

ⲁⲩⲱ ⲧⲙⲛ̄ⲧ̇ⲙⲁⲉⲓϯⲧⲱⲛ· ⲙⲛ̄

ⲡⲕⲱϩ ⲉⲧϩⲟⲥⲉ ⲙⲛ̄ ⲡϭⲱ ⲛ̄ⲧ̄

25   ⲙⲛ̄ⲧⲟⲣⲅⲏ· ⲙⲛ̄ ⲧⲉⲡⲓⲑⲩⲙⲓⲁ

ⲙ̄ⲙⲛ̄ⲧⲙⲁⲉⲓⲭⲣⲏⲙⲁ· ⲣⲟⲉⲓⲥ ⲉ

ⲧⲉⲧⲛ̄ⲡⲁⲣⲉⲙⲃⲟⲗⲏ ⲙⲛ̄ ϩⲉⲛϩⲟ

ⲡⲗⲟⲛ ⲙⲛ̄ ϩⲉⲛⲃⲉⲣⲏϩ· ϩⲱⲕ ⲙ̄

ⲙⲟⲕ ⲙⲛ̄ ⲙ̄ⲙⲁⲧⲟⲉⲓ ⲧⲏⲣⲟⲩ ⲉ

30   ⲧⲉ ⲛ̄ⲗⲟⲅⲟⲥ ⲛⲉ· ⲙⲛ̄ ⲛ̄ⲁⲣⲭⲱⲛ

.ⲉ[ⲧ]ⲉ ⲛ̄ϣⲟϫⲛⲉ ⲛⲉ ⲙⲛ̄ ⲡⲉⲕ

TRADUCTION

P. 84

15   LES LEÇONS DE SILVANOS

Abolis toute puérilité°
et acquiers la
force de l'intellect° et (de) l'âme°
et renforce la guerre° contre
20   toute folie des passions°
érotiques°, ainsi que la méchanceté° per-
nicieuse et l'amour de la gloire
et des querelles, et
la jalousie pénible et la persistance de la
25   colère° et la convoitise°
de l'argent°. Veille à
votre camp° avec des
boucliers° et des lances. Arme-
toi de tous les soldats que
30   sont les paroles°, et des chefs°
que sont les conseils et de ton

---

p. 84, 28 : ⲃⲉⲣⲏϩ : A² pour ⲙⲉⲣⲉϩ. V. KASSER, Compl., 30a.

ΝΟΥC Ν̄ϩΗΓΕΜΟΝΙΚΟΝ· ΠΑ
ϢΗΡΕ ΝΟΥϪΕ Ν̄ΛΗCΤΗC ΝΙΜ
ΕΒΟΛ ϩ̄Ν ΝΕΚΠΥΛΗ· ΑΡΙΤΗΡΕΙ
Ν̄ΝΕΚΠΥΛΗ ΤΗΡΟΥ ϩ̄Ν ϩΕΝΦΑ
5　ΝΟC ΕΤΕ Ν̄ΛΟΓΟC ΝΕ· ΑΥΩ
ΚΝΑϪΠΟ Ν̄ΝΑΪ ΤΗΡΟΥ Ν̄ΝΟΥΒΙ
ΟC ΕϥCϬΡΑϩ̄Τ· ΠΕΤΝΑΑΡΕϩ ΛΕ
ΕΝΑΪ ΑΝ̄ ϥΝΑϢΩΠΕ Ν̄ΘΕ Ν̄ΟΥ
ΠΟΛΙC ΕCΕΝ̄ΕΡΗΜΟC ΕΑΥΧΙ
10　Τ̄C· ΑΝΘΗΡΙΟΝ ΤΗΡΟΥ ϜΚΑΤΑ
ΠΑΤΕΙ Μ̄ΜΟC· ϩΕΝΘΗΡΙΟΝ
ΓΑΡ ΕΘΟΟΥ ΝΕ Ν̄ΜΕΕΥΕ ΕΤ
ΝΑΝΟΥΟΥ ΑΝ· ΑΥΩ ΤΕΚΠΟ
ΛΙC ΝΑΜΟΥϩ Ν̄ΛΗCΤΗC· Ν̄Γ
15　ΝΑϢϪΠΟ ΝΑΚ ΑΝ Ν̄ΟΥΕΙΡΗΝΗ
ΕΙ ΜΗΤΙ ΑϩΕΝΘΗΡΙΟΝ ΤΗΡΟΥ
Ν̄ΑΓΡΙΟΝ· ΦΑΥΛΟC ΕΤΟ Ν̄ΤΥ
ΡΑΝΝΟC· ϥΟ Ν̄ΧΟΕΙC ΕΝΑΪ· Εϥ
Ρ̄ ϩΜΜΕ Μ̄ΠΑΪ ϥϢΟΟΠ ϩΑ ΠΝΟϬ
20　Ν̄ΒΟΡΒΟΡΟC· ΤΠΟΛΙC ΤΗΡC̄
ΝΑΤΑΚΟ ΕΤΕ ΤΕΚΨΥΧΗ ΤΕ
CΑϩΩ ΕΒΟΛ Ν̄ΝΑΪ ΤΗΡΟΥ Ω̄
ΤΨΥΧΗ Ν̄ΤΑΛΑΙΠΩΡΟC· Α
ΝΙΝΕ ΕϩΟΥΝ ΝΕ Μ̄ΠΕϩΗΓΟΥ
25　ΜΕΝΟC ΠΕCΑϩ ΦΗΓΟΥΜΕ
ΝΟC ΜΕΝ ΠΕ ΠΝΟΥC· ΠCΑϩ ΛΕ
ΠΕ ΠΛΟΓΟC· ΑΥΩ CΕΝΑΝ̄ΤΕ
ΕΒΟΛ ϩΜ ΠΤΑΚΟ ΜΝ Ν̄ϬΙΝΛΥ
ΝΟC· CΩΤΜ ΠΑϢΗΡΕ ΕΤΑ
30　CΥΜΒΟΥΛΙΑ· Μ̄ΠΡ̄Τ ΤΕΚϪΙCΕ
[ΕΝ] ΕΚΧΑϪΕ ΕΚΠΗΤ· ΑΛΛ[Α]ΜΑΛ
[ΛΟ]Ν ΠΩΤ Ν̄CΑ ΝΑΪ ϩΩC [Χ]ϢΡΕ

P. 85

intellect° comme guide intérieur°. Mon
fils, chasse tous les brigands°
loin de tes portes°; garde°
toutes tes portes° avec des
5 torches° que sont les paroles°; et
tu acquerras par tout cela une
vie° tranquille; mais° celui qui ne veillera
pas à cela deviendra comme une
ville° déserte° qui a été
10 prise; toutes les bêtes° l'ont
foulée°; car° ce sont des bêtes°
féroces, les pensées qui
ne sont pas bonnes. Et ta ville°
sera remplie de brigands°; et tu
15 ne pourras pas obtenir la paix°
sinon° avec toutes des bêtes°
sauvages°. (Le) Méchant°, qui est ty-
ran°, est seigneur sur elles. En gou-
vernant cela, il est dans le grand
20 bourbier°; la ville° tout entière,
c'est-à-dire ton âme°, périra.
Écarte tout cela, ô°
malheureuse° âme°!
Fais entrer en toi le guide°
25 (et) le maître; le guide°
(+ μέν), c'est l'intellect°, et° le maître
c'est le Logos°. Et ils t'emmèneront
loin de la perdition et des dan-
gers°. Ecoute, mon fils, mon
30 conseil°: ne présente pas ton dos
[à t]es ennemis en fuyant, mais°
plutôt°, poursuis-les comme° (un) [f]ort.

---

p. 85, 15-16: obtenir la paix «avec», littéralement єι ᴍнτι ᴀ (ᴀ pour є) = «sinon sur»
(exprimant la direction) — 17 ɸᴀγλoc sans article. Le ɸ initial a vraisemblablement été
confondu avec пᴚ, comme il arrive souvent — 18 «sur elles», c'est-à-dire sur les bêtes
sauvages. єNᴀι peut signifier aussi «sur eux», c'est-à-dire sur les brigands — 30 du ᴋ de
τєᴋxιcє, on aperçoit seulement le trait oblique supérieur droit — 31 du ᴍ de ᴍᴀλλon,
on aperçoit la courbe inférieure et la partie de droite — 32 [x]ϣᴘє: la courbe extérieure de
l'ɯ est visible.

ⲡ̅ⲍ̅

ⲙ̅ⲡⲣ̅ϣⲱⲡⲉ ⲛ̅ⲧⲃⲛⲏ ⲉⲣⲉ ⲛ̄ ⲣⲱ
ⲙⲉ ⲡⲏⲧ ⲛ̅ⲥⲱⲕ· ⲁⲗⲗⲁ ϣⲱ
ⲡⲉ ⲛ̄ⲧⲟϥ ⲛ̄ⲣⲱⲙⲉ ⲉⲕⲡⲏⲧ ⲛ̄
ⲥⲁ <ⲛ>ⲛ̄ⲑⲏⲣⲓⲟⲛ ⲉⲑⲟⲟⲩ· ⲙⲏⲡⲱⲥ
5 ⲛ̄ⲥⲉϫⲣⲟ ⲉⲣⲟⲕ ⲁⲩⲱ ⲛ̄ⲥⲉⲣⲕⲁ
ⲧⲁⲡⲁⲧⲉⲓ ⲙ̅ⲙⲟⲕ ϩⲱⲥ ⲣⲉϥⲙⲟ
ⲟⲩⲧ· ⲛ̅ⲅⲱϫ̅ⲛ ⲉⲃⲟⲗ ϩⲓⲧⲟⲟⲧⲥ̄
ⲛ̄ⲧⲟⲩⲙⲛ̄ⲧ̄ⲡⲉⲧϩⲟⲟⲩ· ⲱ̄ ⲡⲧⲁ
ⲗⲁⲓⲡⲱⲣⲟⲥ ⲡⲣⲱⲙⲉ ⲟⲩ ⲡⲉⲧⲕ̄
10 ⲛⲁⲁⲁϥ ⲉⲕϣⲁⲛϩⲉ ⲉϩⲣⲁⲓ̈ ⲉⲛⲟⲩ
ϭⲓϫ· ⲁⲣⲓⲧⲏⲣⲓ ⲙ̅ⲙⲟⲕ ⲟⲩⲁⲁⲕ
ⲙⲏⲡⲟⲧⲉ ⲛ̄ⲥⲉⲧⲁⲁⲕ ⲉⲧⲛ̄ ⲛⲉⲕ
ϫⲁϫⲉ· ⲧⲁⲁⲕ ⲛ̄ⲧⲟⲟⲧⲟⲩ ⲙ̅ⲡⲉⲓ̈
ⲥⲟⲉⲓϣ ⲛ̄ϣⲃⲏⲣ ⲥⲛⲁⲩ· ⲡⲗⲟⲅⲟⲥ
15 ⲙ̅ⲛ ⲡⲛⲟⲩⲥ· ⲁⲩⲱ ⲙ̅ⲙ̅ⲛⲗⲁⲁⲩ
ⲛⲁϫⲣⲟ ⲉⲣⲟⲕ· ⲙⲁⲣⲉⲡⲛⲟⲩⲧⲉ
ϩⲙⲟⲟⲥ ϩ̅ⲛ ⲧⲉⲕⲡⲁⲣⲉⲙⲃⲟⲗ
ⲛ̄ⲧⲉⲡⲉϥⲡ̅ⲛ̅ⲁ̅ ϩⲁⲣⲉϩ ⲉⲛⲉⲕⲡⲩ
ⲗⲏ· ⲡⲛⲟⲩⲥ ⲛ̄ⲧⲙ̅ⲛ̅ⲧ̄ⲛⲟⲩⲧⲉ
20 ⲛ̄ϥ̄ϩⲁⲣⲉϩ ⲉⲛⲥⲟⲃⲉⲧ· ⲡⲗⲟⲅⲟⲥ
ⲉⲧⲟⲩⲁⲁⲃ ⲙⲁⲣⲉϥϣⲱⲡⲉ ⲙ̄
ⲫⲁⲛⲟⲥ ⲙ̄ⲡⲉⲕⲛⲟⲩⲥ ⲉϥⲣ̄ⲱⲕ̅ϩ
ⲛ̄ⲛ̄ϣⲉ ⲉⲧⲉ ⲡⲛⲟⲃⲉ ⲧⲏⲣϥ̄ ⲡⲉ·
ⲉⲕϣⲁⲛⲣ̄ ⲛⲁⲓ̈ ⲇⲉ ⲱ̄ ⲡⲁϣⲏⲣⲉ
25 ⲕⲛⲁϫⲣⲟ ⲉⲛⲉⲕϫⲁϫⲉ ⲧⲏⲣⲟⲩ
ⲁⲩⲱ ⲛ̄ⲥⲉⲛⲁϣ ⲣ̄ ⲡⲟⲗⲉⲙⲟⲥ
ⲁⲛ ⲉϩⲏⲧ̅ⲕ· ⲟⲩⲇⲉ ⲛ̄ⲥⲉⲛⲁϣ
ⲱϩⲉ ⲁⲛ ⲉⲣⲁⲧⲟⲩ· ⲟⲩⲇⲉ ⲛ̄ⲥⲉ
ⲛⲁϣ ⲉⲓ ⲁⲛ ⲉⲧⲉⲕϩⲓⲏ ⲉⲕϣⲁⲛ
30 ϭⲛ ⲛⲁⲓ̈ ⲅⲁⲣ ⲕⲛⲁⲣ̄ⲕⲁⲧⲁⲫⲣⲟⲛⲓ
ⲙ̅ⲙⲟⲟⲩ ⲛ̄ⲑⲉ ⲛ̄ⲛⲓϭⲁⲗⲙⲉ<ⲥ>
ⲥ[ⲉ]ⲛⲁϣⲁϫⲉ ⲛ̄ⲙⲙⲁⲕ ⲉⲩ[ⲕⲱ]
ⲣ̄ϣ ⲉⲣⲟⲕ ⲉⲩⲥⲟⲡ̄ⲥ̄ⲡ ⲉⲩⲣ̄[ϩⲟ]

P. 86

    Ne deviens pas (un) animal poursuivi
    par les hommes; mais° de-
    viens au contraire (un) homme poursui-
    vant les bêtes° féroces, de crainte°
  5 qu'elles ne l'emportent sur toi et qu'elles ne
    te piétinent° comme° (un)
    mort, et que tu ne périsses par
    leur cruauté. Ô° mal-
    heureux° homme, que
10 feras-tu si tu tombes en leur
    pouvoir? Garde°-toi toi-même,
    de peur° qu'on ne te livre à tes
    ennemis; livre-toi à cette
    paire d'amis (que sont) le Logos°
15 et l'intellect°; et personne ne
    l'emportera sur toi. Que Dieu
    réside dans ton camp°
    et que son Esprit° garde tes
    portes° et que l'intellect° de la piété
20 garde les murs! Que le Logos°
    saint devienne la
    torche° de ton intellect°, brûlant
    le bois qu'est tout le péché.
    Et° si tu fais cela, ô° mon fils,
25 tu l'emporteras sur tous tes ennemis
    et ils ne pourront plus faire la guerre°
    contre toi, ni° ne pourront
    résister, ni° ne
    pourront marcher dans ton chemin. Car°
30 si tu les rencontres, tu les mépriseras°
    comme les moucherons.
    Ils te parleront en te [sup-]
    pliant, en priant, en ayant p[eur]

---

p. 86, 31 ⲃⲁⲗⲙⲉⲥ, forme nouvelle. Sans doute = ⲱⲁⲗⲙⲉⲥ, B ⲃⲟⲗⲙⲉⲥ — 33 on
aperçoit la courbe gauche du ⲱ.

π̄ζ̄

ⲧⲉ ⲁⲛ ϩⲏⲧⲕ̄ ⲁⲗⲗⲁ ⲉⲩⲣ̄ϩⲟⲧⲉ ϩⲏ
ⲧⲟⲩ ⲛ̄ⲛⲉⲧⲟⲩⲏϩ ϩⲣⲁⲓ̈ ⲛ̄ϩⲏⲧⲕ̄
ⲉⲧⲉ ⲛ̄ⲣⲉϥⲣⲟⲉⲓⲥ ⲛⲉ ⲛ̄ⲧⲙⲛ̄ⲧ̇
ⲛⲟⲩⲧⲉ ⲙ̄ⲛ ⲧⲉⲥⲃⲱ · ⲡⲁϣⲏⲣⲉ
5 ϫⲓ ⲉⲣⲟⲕ ⲛ̄ⲧⲡⲁⲓⲇⲓⲁ ⲙ̄ⲛ ⲧⲉⲥⲃⲱ
ⲙ̄ⲡ̄ⲣ̄ⲡⲱⲧ̇ ⲉⲃⲟⲗ ⲛ̄ⲧⲡⲁⲓⲇⲓⲁ ⲙ̄ⲛ
ⲧⲉⲥⲃⲱ · ⲁⲗⲗⲁ ⲉⲩϣⲁⲛ†ⲥⲃⲱ
ⲛⲁⲕ ϫⲓ ⲉⲣⲟⲕ ⲙ̄ⲡⲣⲁϣⲉ · ⲁⲩⲱ ⲉⲩ
ϣⲁⲛⲡⲁⲓⲇⲉⲩⲉ ⲙ̄ⲙⲟⲕ ϩⲛ̄ ϩⲱⲃ
10 ⲛⲓⲙ ϣⲱⲡⲉ ⲉⲕⲣ̄ ⲡⲉⲧⲛⲁⲛⲟⲩϥ ·
ⲕⲛⲁϣⲱⲛⲧ̇ ⲛ̄ⲟⲩⲕⲗⲟⲙ ⲙ̄ⲡⲁⲓ
ⲇⲉⲓⲁ ⲙ̄ⲡⲉⲕϩⲏⲅⲉⲙⲟⲛⲓⲕⲟⲛ ·
ⲧⲉⲥⲃⲱ ⲉⲧⲟⲩⲁⲁⲃ ⲧⲁⲁⲥ ϩⲓⲱⲱⲕ
ϩⲱⲥ ⲥⲧⲟⲗⲏ · ⲁⲁⲕ ⲛ̄ⲉⲩⲅⲉⲛⲏⲥ
15 ϩⲛ̄ ⲧⲡⲟⲗⲓⲧⲉⲓⲁ ⲉⲧⲛⲁⲛⲟⲩⲥ ·
ⲕⲱ ⲛⲁⲕ ⲛ̄ⲧ̇ⲥⲧⲩⲫⲏ ⲛ̄ⲧⲙⲛ̄ⲧ̇
ⲉⲩⲧⲁⲕⲧⲟⲥ · ⲁⲣⲓⲕⲣⲓⲛⲉ ⲙ̄ⲙⲟⲕ
ⲟⲩⲁⲁⲕ · ϩⲱⲥ ⲣⲉϥ† ϩⲁⲡ ⲛ̄ⲥⲟ
ⲫⲟⲥ · ⲙ̄ⲡ̄ⲣⲥⲱⲣ̄ⲙ ⲛ̄ⲧⲁⲥⲃⲱ
20 ⲛ̄ⲅϫⲡⲟ ⲛⲁⲕ ⲛ̄ⲟⲩⲙⲛ̄ⲧ̄ⲁⲧⲥⲃⲱ
ⲙⲏⲡⲱⲥ ⲛ̄ⲅⲥⲱⲣ̄ⲙ ⲙ̄ⲡⲉⲕⲗⲁ
ⲟⲥ · ⲙ̄ⲡ̄ⲣ̄ⲡⲱⲧ̇ ⲉⲃⲟⲗ ⲙ̄ⲡⲑⲉⲓ
ⲟⲛ ⲙ̄ⲛ ⲧⲉⲥⲃⲱ ⲉⲧ̇ϣⲟⲟⲡ ϩⲣⲁⲓ̈
ⲛ̄ϩⲏⲧⲕ̄ · ⲛ̄ⲧⲟϥ ⲅⲁⲣ ⲉⲧ̇ⲧⲥⲁⲃⲟ
25 ⲙ̄ⲙⲟⲕ ϥⲙⲉ ⲙ̄ⲙⲟⲕ ⲉⲙⲁⲧⲉ
ϥⲛⲁⲕⲱ ⲅⲁⲣ ⲛⲁⲕ ⲛ̄ⲛⲟⲩⲥⲧⲩⲫⲏ
ⲉⲥⲙ̄ⲡϣⲁ · ⲧⲫⲩⲥⲓⲥ ⲛ̄ⲧⲃⲛⲏ
ⲉⲧ̄ⲛ̄ϩⲣⲁⲓ̈ ⲛ̄ϩⲏⲧⲕ̄ ⲛⲟϫⲥ̄ ⲉⲃⲟⲗ
ⲙ̄ⲙⲟⲕ · ⲁⲩⲱ ⲡⲗⲟⲅⲓⲥⲙⲟⲥ ⲙ̄
30 ⲫⲁⲩⲗⲟⲥ ⲙ̄ⲡ̄ⲣⲕⲁⲁϥ ⲉϩⲟⲩⲛ
ⲉⲣⲟⲕ · ⲉⲛⲉⲥⲟⲩ ⲡⲱϩ ⲅⲁⲣ ⲉⲕ
ⲥⲟⲟⲩⲛ ⲛ̄ⲑⲉ ⲉⲧ̇ⲧⲥⲃⲱ ⲛ̄ⲁⲕ
ⲉϣϫⲉ ⲛⲁⲛⲟⲩⲥ ⲉⲁⲣⲭⲉⲓ ϩⲛ̄ϩⲟ
[ⲣⲁⲧ]ⲟⲛ ⲛ̄ⲑⲉ ⲉⲧ̄ⲕⲛⲁⲩ ⲉⲣ[ⲟ]ⲥ
35 [ⲡⲟⲥ]ⲱ̄ ⲙⲁⲗⲗⲟⲛ ϥⲥⲟⲧⲡ̄ [ⲉⲧ]ⲣⲉⲕ

---

p. 87, 16 et 26 στυφή. Le grec classique connaît στυφή seulement comme féminin de
l'adjectif στυφός, «âcre, acerbe». Le substantif féminin στυφή, «sévérité, austérité», n'est
attesté que dans la littérature patristique. Cf. Lexique de Lampe (p. 1265b) qui cite
Grégoire de Nysse, hom. 9 in Cant. (PG 44, 969c): ὁ τῆς ἀρετῆς καρπός τῇ στυφῇ καὶ τῇ

P. 87

non pas de toi, mais⁰ en ayant peur de
ceux qui habitent en toi,
c'est-à-dire les gardiens de la piété et de la sagesse. Mon fils,
5   accueille l'éducation⁰ et la sagesse,
ne fuis pas l'éducation⁰ et
la sagesse, mais⁰ si on t'instruit,
accepte avec joie, et si
on t'éduque⁰ en quelque
10 chose, fais ce qui est bien :
tu tresseras une couronne d'éducation⁰ pour ton guide intérieur⁰.
La sainte sagesse, revêts-la
comme (une) robe⁰ ; rends-toi noble⁰
15 par la bonne conduite⁰.
Acquiers l'austérité⁰ de la
discipline⁰ ; juge⁰-toi toi-
même, comme⁰ (un) juge sa-
ge⁰. Ne néglige pas mon enseignement
20 et n'acquiers pas de l'ignorance,
de crainte que⁰ tu n'égares ton
peuple⁰. Ne fuis pas le divin⁰ et la sagesse qui sont
en toi ; car⁰ celui qui t'instruit
25 t'aime beaucoup :
il t'imposera en effet⁰ une austérité⁰
convenable. La nature⁰ animale
qui est en toi, rejette-la loin
de toi. Et le raisonnement⁰
30 pervers⁰, ne le laisse pas entrer en
toi. Car⁰ il est beau (?) d'arriver à ce que tu
saches comment je t'instruis.
S'il est bon de gouverner⁰ les choses vi-
[sibles]⁰, comme tu le vois,
35 [combien]⁰ vaut-il mieux⁰ que tu

τῆς ἐγκρατείας περιβολῇ πεφραγμένος. Nous retrouverons le mot à la p. 95, 31 —
31 ΝΕϹΟΥ : non attesté jusqu'ici. Peut-être une forme nominale de ΝΕϹΕ-, ΝΕϹΟ= «être
beau»? Mais cf. ZANDEE, G.M. 44.

π̄Η

ⲁⲣⲭⲉⲓ ⲉⲟⲩⲟⲛ ⲛⲓⲙ ⲉⲕⲟ ⲛ̄ⲛⲟϭ
ⲉϫ̄ⲛ ⲥⲟⲟⲩϩⲥ̄ ⲛⲓⲙ ⲁⲩⲱ ⲗⲁⲟⲥ
ⲛⲓⲙ· ⲁⲩⲱ ⲛ̄<ⲅ>ϫⲓⲥⲉ ⲙ̄ⲙⲓⲛⲉ ⲛⲓⲙ
ⲙ̄ⲛ ⲟⲩⲗⲟⲅⲟⲥ ⲛ̄ⲑⲉⲓⲟⲥ· ⲉⲁⲕ
5 ϣⲱⲡⲉ ⲛ̄ϫⲟⲉⲓⲥ ⲉϫ̄ⲛ ⲇⲩⲛⲁⲙⲓⲥ
ⲛⲓⲙ ⲛ̄ϩⲁⲧ̄ⲃⲯⲩⲭⲏ· ⲡⲁϣⲏⲣⲉ ⲙⲏ
ϣⲁⲣⲉⲗⲁⲁⲩ ⲣ̄ⲉⲡⲓⲑⲩⲙⲉⲓ ⲉⲣ̄ ϩ̄ⲙ
ϩⲁⲗ· ⲡⲱⲥ ⲛ̄ⲧⲟⲕ ⲕϣⲧⲟⲣⲧⲣ̄ ⲙ̄
ⲙⲟⲕ ⲕⲁⲕⲱⲥ· ⲡⲁϣⲏⲣⲉ ⲙ̄ⲡⲣ̄
10 ⲣ̄ϩⲟⲧⲉ ϩⲏⲧϥ̄ ⲛ̄ⲗⲁⲁⲩ ⲉⲓ ⲙⲏⲧⲓ ⲉ
ⲡⲛⲟⲩⲧⲉ ⲙⲁⲩⲁⲁϥ ⲡⲉⲧϫⲟⲥⲉ·
ⲧⲙ̄ⲛ̄ⲧ̄ⲡⲁⲛⲟⲩⲣⲅⲟⲥ ⲙ̄ⲡⲇⲓⲁⲃⲟⲗⲟⲥ
ⲛⲟϫ̄ⲥ ⲥⲁⲃⲟⲗ ⲙ̄ⲙⲟⲕ· ϫⲓ ⲙ̄ⲡⲟⲩ
ⲟⲉⲓⲛ ⲛ̄ⲛⲉⲕⲃⲁⲗ· ⲛ̄ⲅⲛⲟⲩϫⲉ ⲉⲃⲟⲗ
15 ⲙ̄ⲙⲟⲕ ⲙ̄ⲡⲕⲁⲕⲉ· ⲁⲣⲓⲡⲟⲗⲓⲧⲉⲩⲉ
ϩ̄ⲙ ⲡⲉⲭⲥ̄· ⲁⲩⲱ ⲕⲛⲁϫⲡⲟ ⲛⲁⲕ
ⲛ̄ⲛⲟⲩⲁϩⲟ ϩ̄ⲛ ⲧⲡⲉ· ⲙ̄ⲡⲣ̄ϣⲱ
ⲡⲉ ⲙ̄ⲙⲟⲛⲑⲩⲗⲟⲥ ⲛ̄ϩⲁϩ ⲛ̄ϩⲱⲃ
ⲉⲙ̄ⲛ ϩⲏⲩ ⲛ̄ϩⲏⲧⲟⲩ· ⲁⲩⲱ ⲙ̄ⲡⲣ̄
20 ϣⲱⲡⲉ ⲛ̄ⲣⲉϥϫⲓⲙⲟⲉⲓⲧ̄ ϩⲏⲧⲥ̄
ⲛ̄ⲧⲉⲕⲙ̄ⲛ̄ⲧ̄ⲁⲧ̄ⲥⲟⲟⲩⲛ ⲉⲧⲟ ⲛ̄
ⲃⲗ̄ⲗⲏ· ⲡⲁϣⲏⲣⲉ ⲥⲱⲧ̄ⲙ ⲉⲧⲁ
ⲥⲃⲱ ⲉⲧⲛⲁⲛⲟⲩⲥ ⲉⲧⲟ ⲛ̄ⲭⲣⲥ̄·
ⲁⲩⲱ ⲛ̄ⲅⲗⲁϭⲉ ⲉϥⲓⲛⲏⲃ ⲉⲧϩⲟ
25 ⲣ̄ϣ ⲉϫⲱⲕ· ⲁⲙⲟⲩ ⲉⲃⲟⲗ ϩ̄ⲛ ⲧⲃ̄
ϣⲉ ⲧⲁⲓ̈ ⲉⲧⲙⲟⲩϩ ⲙ̄ⲙⲟⲕ ⲛ̄ⲕⲁ
ⲕⲉ· ⲛ̄ⲑⲉ ⲉⲛⲉⲙ̄ⲙ̄ⲛ ϭⲟⲙ ⲙ̄ⲙⲟⲕ
ⲉⲣ̄ ϩⲱⲃ ⲛⲓⲙ ⲛⲉⲓ̈ⲛⲁϫⲟⲟⲩ ⲁⲛ
ⲛⲁⲕ ⲡⲉ· ⲁⲡⲉⲭⲥ̄ ⲇⲉ ⲉ̄ⲓ ⲉⲧ̄ ⲛⲁⲕ
30 ⲛ̄ⲧⲉⲉⲓ ⲇⲱⲣⲉⲁ ⲉⲧⲃⲉⲟⲩ ⲉⲕ
ⲡⲏⲧ̄ ⲛ̄ⲥⲁ ⲡⲕⲁⲕⲉ ⲉⲣⲉⲡⲟⲩⲟ
ⲉⲓⲛ ⲕⲏ ⲛⲁⲕ ⲉϩⲣⲁⲓ̈· ⲉⲧⲃⲉⲟⲩ
ⲉⲕⲥⲱ ⲛ̄ⲟⲩⲙⲟⲟⲩ ⲉϥϩⲟⲟⲩ
ⲉ[ⲣ]ⲉⲡⲉⲧϩⲟⲗϭ ⲕⲏ ⲛⲁⲕ ⲉ[ϩⲣⲁⲓ̈]·
35 ⲧⲥ[ⲟ]ⲫⲓⲁ ⲣ̄ⲡⲁⲣⲁⲕⲁⲗⲉⲓ ⲙ̄[ⲙⲟⲕ]

p. 88, 4-5 ϣⲱⲡⲉ ⲛ̄ϫⲟⲉⲓⲥ ⲉϫ̄ⲛ nous paraît être l'équivalent de κυριεύειν + gén. Cf. ⲣ
ⲛ̄ϫⲟⲉⲓⲥ ⲉϫⲛ, Dict. de CRUM, p. 788a — 18 μονθυλος: mot inconnu. Mais μονθυλεύω ou
ὀνθυλεύω «farcir», est attesté. Cf. *Thesaurus* de STEPHANUS, t. 6, col. 1166. H. M. SCHENKE
(ZÄS 136) explique: «ⲙ̄ⲡⲣ̄ϣⲱⲡⲉ ⲙ̄ⲙⲟⲛⲑⲩⲗⲟⲥ ist vielleicht — wenn man nicht einfach
ⲙ̄ⲙⲟⲛⲑⲩⲗ<ⲉⲩⲧ>ⲟⲥ lesen will — eine (mit ihrer fälschlichen «Normalisierung» im

P. 88

   gouvernes⁰ toutes choses, en étant grand

   sur toute assemblée et tout peuple⁰,

   et que ⟨tu t'⟩élèves de toute manière

   par un Logos⁰ divin⁰, en ayant

5 dominé toute puissance⁰

   tueuse d'âme⁰. Mon fils, est-ce que⁰

   quelqu'un désire⁰ habituellement devenir

   esclave? Comment⁰ toi te troubles-

   tu sans raison⁰? Mon fils, ne

10 crains personne si ce n'est⁰

   Dieu seul, le Très-Haut.

   La fourberie⁰ du diable⁰,

   rejette-la loin de toi. Reçois la lu-

   mière dans tes yeux, et bannis de

15 toi les ténèbres. Vis⁰

   dans le Christ⁰ et tu acquerras

   un trésor dans le ciel. Ne deviens

   pas farci⁰ d'un tas de choses

   qui n'ont pas d'utilité, et ne

20 deviens pas (le) guide

   de ton ignorance qui est

   aveugle. Mon fils, écoute mon

   enseignement, qui est bon, qui est utile⁰,

   et mets fin au sommeil qui

25 pèse sur toi. Sors de l'ou-

   bli qui te remplit de té-

   nèbres; car s'il n'y avait pas possibilité pour toi

   de faire n'importe quoi, je ne te dirais pas

   cela. Mais⁰ le Christ⁰ est venu te faire

30 ce don⁰. Pourquoi pour-

   suis-tu les ténèbres alors que la lu-

   mière est à ta disposition? Pourquoi

   bois-tu de l'eau trouble

   alors que la bonne (eau) est à ta dispo[sition]?

35 La Sagesse⁰ [t']appelle⁰

Rahmen koptischer Übersetzungspraxis nicht analogielose) Wiedergabe eines zugrunde liegenden μὴ μεμονθύλευσθε, das im hiesigen Zusammenhang (wie μονθύλευσις bei Pollux 6,60 [μονθύλευσεις = «übermässige Aufwendungen»]) metaphorisch gebraucht wäre: «Seid nicht angefüllt (mit vielen Dingen)».

ⲀⲨⲰ ⲔⲞⲨⲰϢ ⲦⲘⲚⲦⲀⲐⲎⲦ
ϨⲘ ⲠⲈⲔⲞⲨⲰϢ ⲀⲚ ⲈⲔⲈⲒⲢⲈ
ⲚⲚⲀⲒ· ⲀⲖⲖⲀ ⲦⲪⲨⲤⲒⲤ ⲚⲦⲂⲚⲎ
ⲈⲦⲚϨⲎⲦⲔ ⲠⲈⲦⲈⲒⲢⲈ ⲚⲚⲀⲒ·
5 ⲦⲤⲞⲪⲒⲀ ⲢⲠⲀⲢⲀⲔⲀⲖⲈⲒ ⲘⲘⲞⲔ
ϨⲚ ⲦⲈⲤⲘⲚⲦⲬⲤ ⲈⲤⲬⲰ ⲘⲘⲞⲤ
ϪⲈ ⲀⲘⲎⲈⲒⲦⲚ ϢⲀⲢⲞⲒ ⲦⲎⲢⲦⲚ
Ⲱ̄ ⲚⲀⲐⲎⲦ ⲚⲦⲈⲦⲚ ϪⲒ ⲚⲞⲨ
ⲀⲰⲢⲈⲀ ⲦⲘⲚⲦⲢⲘⲚϨⲎⲦ ⲈⲦ
10 ⲚⲀⲚⲞⲨⲤ ⲈⲦⲤⲞⲦⲠ· ⲦⲦ ⲚⲀⲔ
ⲚⲞⲨⲤⲬⲎⲘⲀ ⲚⲀⲢⲬⲒⲈⲢⲈⲨⲤ
ⲈϤⲤⲀϨⲦ ϨⲚ ⲤⲞⲪⲒⲀ ⲚⲒⲘ· ⲀϢ
ⲠⲈ ⲠⲘⲞⲨ ⲈⲐⲞⲞⲨ ⲈⲒ ⲘⲎⲦⲒ ⲀⲦ
ⲘⲚⲦⲀⲦⲤⲞⲞⲨⲚ· ⲀϢ ⲠⲈ ⲠⲔⲀ
15 ⲔⲈ ⲈⲐⲞⲞⲨ ⲈⲒ ⲘⲎⲦⲒ ⲈⲠⲤⲞⲞⲨⲚ
ⲚⲦⲂϢⲈ· ⲚⲞⲨϪⲈ ⲘⲠⲈⲔⲢⲞⲞⲨϢ
ⲈⲠⲚⲞⲨⲦⲈ ⲞⲨⲀⲀϤ· ⲘⲠⲢϢⲰ
ⲠⲈ ⲈⲔⲘⲈ ⲘⲠⲚⲞⲨⲂ ⲘⲚ ⲠϨⲀⲦ
ⲚⲀⲒ ⲈⲘⲚ ϨⲎⲨ ⲚϨⲎⲦⲞⲨ· ⲀⲖⲖⲀ
20 ⲂⲰⲖⲈ ⲘⲘⲞⲔ ⲚⲦⲤⲞⲪⲒⲀ ⲚⲐⲈ
ⲚⲚⲒⲤⲦⲞⲖⲎ· ⲀⲨⲰ ⲦⲈⲠⲒⲤⲦⲎ
ⲘⲎ ⲚⲦⲀⲀⲤ ⲈϪⲰⲔ ⲚⲐⲈ ⲚⲚⲒ
ⲔⲖⲞⲘ· ϨⲘⲞⲞⲤ ϨⲒϪⲚ ⲞⲨⲐⲢⲞ
ⲚⲞⲤ ⲚⲀⲒⲤⲐⲎⲤⲒⲤ· ϪⲈ ⲚⲀⲒ ⲚⲞⲨⲔ
25 ⲚⲈ ⲈⲔⲚⲀϪⲒⲦⲞⲨ ⲞⲚ ⲘⲠⲤⲀⲚ
ϨⲢⲈ ⲚⲔⲈⲤⲞⲠ· ⲞⲨⲢⲰⲘⲈ ⲄⲀⲢ
ⲚⲀⲐⲎⲦ ϢⲀϤⲦ ϨⲒⲰⲰϤ ⲚⲦⲘⲚⲦ
ⲀⲐⲎⲦ ⲚⲐⲈ ⲚⲚⲒⲤⲦⲞⲖⲎ· ⲀⲨⲰ
ⲚⲐⲈ ⲚⲚⲒϢⲦⲎⲚ ⲘⲠⲈⲚⲐⲞⲤ
30 ⲈϤⲦ ϨⲒⲰⲰϤ ⲘⲠϢⲒⲠⲈ· ⲀⲨⲰ
ϢⲀϤⲦ ⲔⲖⲞⲘ ⲈⲬⲰϤ ϨⲚ ⲞⲨⲘⲚⲦ
ⲀⲦⲤⲞⲞⲨⲚ· ⲀⲨⲰ ⲚϤϨⲘⲞⲞⲤ
ϨⲒϪⲚ ⲞⲨⲐⲢⲞⲚⲞⲤ ⲘⲘⲚⲦⲀⲦ
[ⲈⲒⲘⲈ] ⲈϤϢⲞⲞⲠ ⲄⲀⲢ Ⲛ[ⲀⲖⲞ]ⲅⲞⲤ

P. 89

et tu veux la folie.
Ce n'est pas par ta volonté que tu fais
cela, mais[o] c'est la nature[o] animale
qui est en toi qui le fait.
5 La Sagesse[o] t'appelle[o]
dans sa bonté[o], en disant :
Venez à moi, vous tous,
Ô[o] insensés ! Recevez en
cadeau[o] l'intelligence qui est
10 bonne, qui est excellente. Je te donne
un habit[o] de grand-prêtre[o],
tissé de toute sagesse[o]. Qu'est-
ce que la male mort, sinon[o]
l'ignorance ? Qu'est-ce que les té-
15 nèbres pernicieuses, sinon[o] la connaissance
de l'oubli ? Jette ton souci
en Dieu seul. Ne deviens
pas épris de l'or et de l'argent :
tout cela n'a pas d'utilité. Mais[o]
20 revêts-toi de la sagesse[o] comme
d'une robe[o] ; et la scien-
ce[o], mets-la sur toi comme une
couronne. Assieds-toi sur un trône[o]
de perception[o] ; car ce sont là tes
25 (biens) : tu les recevras encore en
haut une autre fois ; car[o] un homme
sot revêt habituellement la
sottise comme robe[o] ; et
comme vêtement de deuil[o],
30 il revêt la honte ; et
il se couronne d'
ignorance ; et il est assis
sur un trône[o] de stu-
[pidité]. Étant en effet[o] [privé de rai]son[o],

p. 89,34 Nous proposons ⲉⲓⲙⲉ (plutôt que ⲥⲟⲟⲩⲛ) en tenant compte du fait que l'ⲉ en début de ligne est souvent très large (c'est le cas à la l. 30 p. ex.). L'adjectif ⲁⲧⲉⲓⲙⲉ correspond précisément à ἀναισθητός (CRUM, Dict., p. 78a). Cf. commentaire. De [ⲁⲗⲟ]ⲣⲟ̣ⲥ on aperçoit la barre horizontale et la partie supérieure de la hampe du ⲣ, ainsi que la courbe supérieure du ⲥ.

ϥ̄

ϥⲥⲱⲣⲙ̄ ⲙ̄ⲙⲟϥ ⲟⲩⲁⲁϥ· ⲥⲉⲣ̄
ϩⲙⲙⲉ ⲅⲁⲣ ⲙ̄ⲙⲟϥ ϩⲓⲧⲛ̄ ⲧⲙⲛ̄ⲧ·
ⲁⲧⲥⲟⲟⲩⲛ· ⲁⲩⲱ ϣⲁϥⲣ̄ ⲛⲉϩⲓ
ⲟⲟⲩⲉ ⲛ̄ⲧⲉⲡⲓⲑⲩⲙⲓⲁ ⲙ̄ⲡⲁⲑⲟⲥ
5 ⲛⲓⲙ· ϥⲛⲏⲃⲉ ϩⲛ̄ ⲛⲉⲡⲓⲑⲩⲙⲓⲁ
ⲙ̄ⲡⲃⲓⲟⲥ· ⲁⲩⲱ ⲁϥⲃⲱⲕ ⲛ̄ⲛⲙ̄ⲧⲱ
ⲉϥⲙⲉⲉⲩⲉ ⲙⲉⲛ ϫⲉ ϥⲟⲛ ϩⲟⲩ
ⲉϥⲉⲓⲣⲉ ⲛ̄ⲛⲉϩⲃⲏⲩⲉ ⲧⲏⲣⲟⲩ
ⲉⲧⲉ ⲙ̄ⲙⲛ̄ ϩⲏⲩ ⲛ̄ϩⲏⲧⲟⲩ· ⲡⲣⲱ
10 ⲙⲉ ⲛ̄ⲧⲁⲗⲁⲓⲡⲱⲣⲟⲥ ⲉⲧⲃⲏⲕ
ϩⲛ̄ ⲛⲁⲓ̈ ⲧⲏⲣⲟⲩ ϥⲛⲁⲙⲟⲩ· ⲉⲃⲟⲗ
ϫⲉ ⲙ̄ⲙⲛ̄ⲧⲁϥ ⲙ̄ⲙⲁⲩ ⲙ̄ⲡⲛⲟⲩⲥ
ⲡⲣⲉϥⲣ̄ϩⲙⲙⲉ· ⲁⲗⲗⲁ ⲉϥⲧⲛ̄ⲧⲱⲛ
ⲉⲩϫⲟⲉⲓ· ⲉⲣⲉⲡⲧⲏⲩ ⲛⲟⲩϫⲉ
15 ⲙ̄ⲙⲟϥ ⲛ̄ⲥⲁ ⲉⲥⲁ· ⲁⲩⲱ ⲛ̄ⲑⲉ ⲛ̄
ⲟⲩϩⲧⲟ ⲉⲁϥⲣ̄ⲃⲟⲗ· ⲉⲙⲛ̄ⲧⲁϥ ⲏ̄
ⲛⲓⲟⲭⲟⲥ ⲙ̄ⲙⲁⲩ· ⲁⲡⲁⲓ̈ ⲅⲁⲣ ⲣ̄
ϣⲧⲁ ⲙ̄ⲡⲏⲛⲓⲟⲭⲟⲥ ⲉⲧⲉ ⲡⲗⲟ
ⲅⲟⲥ ⲡⲉ· ⲁϥⲥⲱⲣⲙ̄ ⲅⲁⲣ ⲛ̄ϭⲓ ⲡⲧⲁ
20 ⲗⲁⲓⲡⲱⲣⲟⲥ ϫⲉ ⲙ̄ⲡⲉϥⲟⲩⲱϣ
ⲥⲩⲙⲃⲟⲩⲗⲓⲁ· ⲁⲩⲛⲟϫϥ̄ ⲉⲡⲓⲥⲁ
ⲉⲡⲁⲓ̈ ϩⲓⲧⲙ̄ ⲡⲓϣⲟⲙⲉⲧ̀ ⲛ̄ⲥⲟⲩ
ⲃⲱⲱⲛ· ⲁϥϫⲡⲉ ⲡⲙⲟⲩ ⲛⲁϥ ⲛ̄
ⲉⲓⲱⲧ· ⲁⲩⲱ ⲧⲙ̄ⲛ̄ⲧ̀ⲁⲧⲥⲟⲟⲩⲛ
25 ⲙ̄ⲙⲁⲁⲩ ⲛⲁϥ ⲁⲩⲱ ⲛ̄ⲥⲩⲙ
ⲃⲟⲩⲗⲓⲁ ⲉⲑⲟⲟⲩ ⲁϥϫⲡⲟⲟⲩ
ⲛⲁϥ ⲙ̄ϣⲃⲏⲣ ϩⲓ ⲥⲟⲛ· ϫⲉⲕⲁⲁⲥ
ⲛ̄ⲧⲟⲕ ⲡⲁⲑⲏⲧ̀ ⲉⲕⲛⲁⲣⲓⲙⲉ ⲛⲁⲕ·
ϫⲓⲛⲧ̀ⲛⲟⲩ ϭⲉ ⲡⲁϣⲏⲣⲉ ⲛⲟ
30 ⲟⲩϩ̄ⲕ ⲉϩⲟⲩⲛ ⲉⲧⲉⲕⲙⲛ̄ⲧ̀ⲛⲟⲩ
ⲧⲉ· ⲛⲓϣⲃⲏⲣ ⲉⲑⲟⲟⲩ ⲛ̄ⲣⲙⲛ
ⲕ̣[ⲣⲟ]ϥ ⲛⲟϫⲟⲩ ⲉⲃⲟⲗ ⲙ̄[ⲙⲟⲕ]
[ϫⲓ ⲉⲣ]ⲟⲕ ⲙ̄ⲡⲉⲭⲥ̄ [ⲛ̄]ϣ[ⲃⲏⲣ ⲙ̄ⲙⲉ]

P. 90

il s'égare lui-même, car[0] il
est guidé par l'
ignorance, et il suit les chemins du désir[0] de toute passion[0].
5   Il nage dans les désirs[0]
de la vie[0], et il a sombré,
pensant (+ μέν) gagner
à faire toutes les œuvres
qui n'ont pas d'utilité. Le
10 malheureux[0] qui passe
par tout cela mourra parce
qu'il ne possède pas l'intellect[0],
le pilote. Mais[0] il est semblable
à un bateau que le vent ballotte
15 de côté et d'autre, et (il est) comme
un cheval qui s'est échappé sans
cocher[0]; car[0] cet (homme) a été
privé du cocher[0] qu'est la raison[0]. Car[0] il s'est égaré, le mal-
20 heureux[0], parce qu'il n'a pas voulu
de conseil[0]. Il a été ballotté de côté
et d'autre par ces trois mi-
sères : il a acquis la mort comme
père, et l'ignorance
25 comme mère, et les mauvais
conseils[0], il les a pris
comme ami et comme frère.
Toi, insensé, pleure sur toi!
Désormais donc, mon fils,
30 retourne à ta nature divine.
Ces mauvais compagnons
[ru]sés, rejette-les loin de [toi].
[Prends] le Christ[0], (ce) [vrai] a[mi],

p. 90, 33 ⲱ[ⲃⲏⲣ ⲙ̄ⲙⲉ]. Cf. p. 95, 14 et 20.

ⲛ̄ⲥⲁϩ ⲉⲛⲁⲛⲟⲩϥ· ⲛⲟⲩⲭⲉ ⲙ̄
ⲡⲙⲟⲩ ⲉⲃⲟⲗ ⲙ̄ⲙⲟⲕ ⲡⲉⲛⲧⲁϥ
ϣⲱⲡⲉ ⲛⲁⲕ ⲛ̄ⲉⲓⲱⲧ· ⲛⲉⲣⲉ
ⲡⲙⲟⲩ ⲅⲁⲣ ϣⲟⲟⲡ ⲁⲛ· ⲟⲩⲧⲉ
5   ⲛ̄ϥⲛⲁϣⲱⲡⲉ ⲁⲛ ϩⲛ̄ ⲑⲁⲏ· ⲁⲗⲗⲁ
ⲉⲡⲓⲇⲏ ⲁⲕⲛⲟⲩⲭⲉ ⲉⲃⲟⲗ ⲙ̄ⲙⲟⲕ
ⲙ̄ⲡⲛⲟⲩⲧⲉ ⲡⲓⲱⲧ· <ⲉⲧ> ⲟⲩⲁⲁⲃ·
ⲡⲱⲛ̄ϩ ⲛ̄ⲁⲗⲏⲑⲉⲓⲛⲟⲛ· ⲧⲡⲏ
ⲅⲏ ⲙ̄ⲡⲱⲛ̄ϩ· ⲉⲧⲃⲉ ⲡⲁⲓ̈ ⲁⲕⲣ̄
10   ⲕⲗⲏⲣⲟⲩ ⲉⲡⲙⲟⲩ ⲛ̄ⲉⲓⲱⲧ· ⲛⲁⲕ
ⲁⲩⲱ ⲧⲙⲛ̄ⲧⲁⲧⲥⲟⲟⲩⲛ ⲁⲕ·
ϫⲡⲟⲥ ⲙ̄ⲙⲁⲁⲩ ⲛⲁⲕ· ⲁⲩⲣ̄ⲁⲡⲟⲥ
ⲧⲉⲣⲓ ⲙ̄ⲙⲟⲕ ⲛ̄ⲧⲅⲛⲱⲥⲓⲥ ⲙ̄ⲙⲉ·
ⲡⲁϣⲏⲣⲉ ⲛⲟⲟⲩ̄ⲕ ⲇⲉ ⲉϩⲟⲩⲛ
15   ⲉⲡⲉⲕⲉⲓⲱⲧ· ⲛ̄ϣⲟⲣ̄ⲡ ⲡⲛⲟⲩ
ⲧⲉ· ⲁⲩⲱ ⲧⲥⲟⲫⲓⲁ ⲧⲉⲕⲙⲁⲁⲩ
ⲧⲁⲓ̈ ⲛ̄ⲧⲁⲕϣⲱⲡⲉ ⲉⲃⲟⲗ ⲛ̄ϩⲏⲧⲥ
ϫⲓⲛ ⲛ̄ϣⲟⲣ̄ⲡ ⲉⲧⲣⲉⲕϯ ⲟⲩⲃⲉ
ⲛⲉⲕϫⲁϫⲉ ⲧⲏⲣⲟⲩ ⲛ̄ⲇⲩⲛⲁⲙⲓⲥ
20   ⲙ̄ⲡⲁⲛⲧⲓⲕⲓⲙⲉⲛⲟⲥ· ⲥⲱⲧⲙ̄
ⲡⲁϣⲏⲣⲉ ⲁⲧⲁⲥⲩⲙⲃⲟⲩⲗⲓⲁ·
ⲙ̄ⲡⲣ̄ϣⲱⲡⲉ ⲛ̄ϩⲁⲥⲓϩⲏⲧ· ⲟⲩ
ⲃⲉ ⲅⲛⲱⲙⲏ ⲛⲓⲙ ⲉⲛⲁⲛⲟⲩϥ·
ⲁⲗⲗⲁ ϫⲓ ⲉⲣⲟⲕ ⲙ̄ⲡⲥⲁ ⲛ̄ⲧⲙⲛ̄ⲧ
25   ⲛⲟⲩⲧⲉ ⲙ̄ⲡⲗⲟⲅⲟⲥ· ⲁⲣⲉϩ ⲉⲛⲉⲛ
ⲧⲟⲗⲏ ⲉⲧⲟⲩⲁⲁⲃ ⲛ̄ⲓ̄ⲥ̄ ⲡⲉⲭ̄ⲥ̄· ⲁⲩ
ⲱ ⲕⲛⲁⲣ̄ⲣ̄ⲣⲟ ⲉϫ̄ⲛ ⲧⲟⲡⲟⲥ ⲛⲓⲙ
ⲛ̄ⲧⲉ ⲡⲕⲁϩ· ⲁⲩⲱ ⲕⲛⲁϣⲱⲡⲉ
ⲉⲕⲧⲁⲉⲓⲏⲟⲩ ⲛ̄ⲧⲛ̄ ⲛ̄ⲁⲅⲅⲉⲗⲟⲥ
30   ⲙⲛ̄ ⲛ̄ⲁⲣⲭⲁⲅⲅⲉⲗⲟⲥ· ⲕⲛⲁⲭⲡⲟ
ⲟⲩ ⲇⲉ ⲛⲁⲕ ⲛ̄ϣⲃⲏⲣ· ⲁⲩⲱ ⲛ̄
ϣⲃⲏⲣϩⲙ̄ϩⲁⲗ· ⲕⲛⲁⲭⲡⲟ ⲇⲉ
ⲛ̄[ⲁⲕ ⲛ̄]ϩⲉⲛⲧⲟⲡⲟⲥ ϩⲛ̄ ⲧ[ⲙⲛ̄ⲧ]
[ⲉⲣⲟ ⲛ̄ⲧ]ⲡⲉ ⲡⲑⲉⲓⲟⲛ ⲉ[ⲧϣⲟ]

comme bon maître. Rejette
loin de toi la mort qui est
devenue pour toi un père; car[o]
la mort n'existait pas ni[o]
5 n'existera à la fin; mais[o]
puisque[o] tu as rejeté loin de toi
Dieu, le Père saint,
la vraie[o] vie, la source[o]
de la vie, à cause de cela, tu t'es
10 attribué[o] la mort comme père,
et l'ignorance, tu l'as
acquise comme mère; ils t'ont privé[o] de la connaissance[o] véritable.
Mais[o] retourne, mon fils, à
15 ton premier Père, Dieu,
et (à) la Sagesse[o], ta Mère,
dont tu es issu
depuis le commencement, afin de lutter contre
tous tes ennemis, les Puissances[o]
20 de l'Adversaire[o]. Écoute
mon conseil[o], mon fils :
ne deviens pas arrogant en dépit de
tout bon sens[o],
mais[o] range-toi du côté de la di-
25 vinité du Logos[o]. Observe les commandements[o] sacrés de Jésus le Christ[o]
et tu règneras sur tout lieu[o]
de la terre, et tu seras
honoré des anges[o]
30 et des archanges[o]. Alors[o] tu les
acquerras comme amis et
co-serviteurs. Et[o] tu acquerras
des lieux[o] dans le [roy-
aume cé]leste. Le divin[o] [qui]

p. 91, 23 ⲉⲛⲁⲛⲟⲩϥ, au masc., se rapportant au fém. ⲅⲛⲱⲙⲏ. Cf. note à 106, 33.

ϥⲃ

оп ⲛ̄ϩⲣⲁⲓ̈ ⲛ̄ϩⲏⲧⲕ̄ ⲙ̄ⲡⲣ̄ϯ ⲗⲩⲡⲏ
ⲛⲁϥ ϩⲓ ϩⲓⲥⲉ· ⲁⲗⲗⲁ ⲉⲕⲛⲁⲣⲑⲁⲗ
ⲡⲉⲓ ⲙ̄ⲙⲟϥ ⲛ̄ⲅⲕⲱⲣ̄ϣ̄ ⲉⲣⲟϥ ⲉ
ⲧⲣⲉⲕⲃⲱ ⲉⲕⲟⲩⲁⲁⲃ ⲛ̄ϣⲱⲡⲉ
5 ⲛ̄ⲉⲅⲕⲣⲁⲧⲏⲥ ϩ̄ⲛ ⲧⲉⲕⲯⲩⲭⲏ
ⲙ̄ⲛ ⲡⲉⲕⲥⲱⲙⲁ· ⲁⲩⲱ ⲕⲛⲁϣⲱ
ⲡⲉ ⲛ̄ⲑⲣⲟⲛⲟⲥ ⲛ̄ⲧⲥⲟⲫⲓⲁ· ⲁⲩⲱ
ⲛ̄ⲣⲙ̄ϩⲛⲏⲉⲓ ϩ̄ⲙ ⲡⲛⲟⲩⲧⲉ· ϥⲛⲁ
ϯ ⲛⲁⲕ ⲛ̄ⲟⲩⲛⲟϭ ⲛ̄ⲟⲩⲟⲉⲓⲛ ⲉⲃⲟⲗ
10 ϩⲓⲧⲟⲟⲧⲥ̄· ϩⲁⲧⲉϩⲏ ⲇⲉ ⲛ̄ϣⲁϫⲉ
ⲛⲓⲙ ⲥⲟⲩⲱⲛ ⲡⲉⲕϫⲡⲟ· ⲥⲟⲩ
ⲱⲛ̄ⲅ ϫⲉ ⲛ̄ⲧⲕ ⲟⲩⲉⲃⲟⲗ ϩ̄ⲛ ⲁϣ ⲛ̄
ⲟⲩⲥⲓⲁ· ⲏ̄ ⲛ̄ⲧⲕ ⲟⲩⲉⲃⲟⲗ ϩ̄ⲛ ⲁϣ
ⲛ̄ⲅⲉⲛⲟⲥ· ⲏ̄ ⲉⲃⲟⲗ ϩ̄ⲛ ⲁϣ ⲙ̄ⲫⲩⲗⲏ·
15 ⲙ̄ⲙⲉ ⲙ̄ⲙⲟⲕ ϫⲉ ⲛ̄ⲧⲁⲕϣⲱⲡⲉ
ⲉⲃⲟⲗ ϩ̄ⲛ ϣⲟⲙⲉⲧ̄ ⲛ̄ⲅⲉⲛⲟⲥ· ⲉ
ⲃⲟⲗ ϩ̄ⲙ ⲡⲕⲁϩ· ⲁⲩⲱ ⲉⲃⲟⲗ ϩ̄ⲙ ⲡⲉ
ⲡⲗⲁⲥⲙⲁ· ⲁⲩⲱ ⲉⲃⲟⲗ ϩ̄ⲙ ⲡⲧⲉⲛⲟ·
ⲛ̄ⲧⲁⲡⲥⲱⲙⲁ ϣⲱⲡⲉ ⲉⲃⲟⲗ ϩ̄ⲙ
20 ⲡⲕⲁϩ ϩ̄ⲛ ⲟⲩⲟⲩⲥⲓⲁ ⲛ̄ⲕⲁϩ· ⲡⲉ
ⲡⲗⲁⲥⲙⲁ ⲇⲉ ⲁϥϣⲱⲡⲉ ⲉⲧⲃⲉ
ⲧⲯⲩⲭⲏ ⲉⲃⲟⲗ ϩ̄ⲙ ⲡⲙⲉⲉⲩⲉ ⲙ̄
ⲡⲑⲉⲓⲟⲛ. ⲡⲧⲉⲛⲟ ⲇⲉ ⲡⲉ ⲡⲛⲟⲩⲥ
ⲡⲉⲛⲧⲁϥϣⲱⲡⲉ ⲕⲁⲧⲁ ⲑⲓⲕⲱⲛ
25 ⲙ̄ⲡⲛⲟⲩⲧⲉ· ⲡⲛⲟⲩⲥ ⲙⲉⲛ ⲛ̄
ⲑⲉⲓⲟⲥ ⲟⲩⲛ̄ⲧⲁϥ ⲙ̄ⲙⲁⲩ ⲛ̄ⲟⲩ
ⲥⲓⲁ ⲉⲃⲟⲗ ϩ̄ⲙ ⲡⲑⲉⲓⲟⲛ· ⲧⲯⲩ
ⲭⲏ ⲇⲉ ⲡⲉⲛⲧⲁϥⲣ̄ⲡⲗⲁⲥⲥⲉ ⲛ̄ⲛⲉⲩ
ϩⲏⲧ· ⲟⲩⲗⲁⲁⲩ· ⲉⲓ̈ⲙⲉⲉⲩⲉ ⲅⲁⲣ
30 ϫⲉ ⲉⲥϣⲟⲟⲡ ⲛ̄ⲥϩⲓⲙⲉ ⲙ̄ⲡⲉⲛ
ⲧⲁϥϣⲱⲡⲉ ⲕⲁⲧⲁ ⲑⲓⲕⲱⲛ· ⲡⲥⲱ
ⲙⲁ ⲇⲉ ⲛ̄ⲧⲁϥϣⲱⲡⲉ ⲉⲃⲟⲗ ϩ̄ⲙ
ⲡⲕⲁϩ ⲧⲉϥⲟⲩⲥⲓⲁ ⲧⲉ ⲑⲩⲗⲏ· ⲉⲕ
[ϣⲁⲛ]ⲧⲟϩ̄ⲕ ⲕⲛⲁϫⲡⲟ [ⲛⲁⲕ ⲙ]ⲡ

P. 92

est en toi, ne lui cause pas de chagrin[o]
ni de peine; mais[o] tu le couveras[o]
et le supplieras pour que
tu restes saint et que tu deviennes
5 tempérant[o] en ton âme[o]
et ton corps[o]; et tu deviendras
trône[o] de la Sagesse[o], et
intime avec Dieu. Il te
donnera une grande lumière par
10 elle (sc. la Sagesse). Mais[o] avant toutes
choses, connais ta naissance, connais-
toi : de quelle substance[o] es-tu
issu? ou[o] de quelle
race[o]? ou[o] de quelle espèce[o]?
15 Sache que tu es issu
de trois origines[o] : de
la terre, et du
modelé[o] et du créé.
Le corps[o] est né de
20 la terre, dans une substance[o] terrestre; et[o] le
modelé[o] est issu, à cause de
l'âme[o], de la pensée du
divin[o]; et[o] le créé est l'intellect[o]
qui est né à[o] l'image[o]
25 de Dieu. L'intellect[o] (+ μέν)
divin[o] possède une
substance[o] issue du divin[o], tandis que[o]
l'âme[o] est ce qui a modelé[o] leurs
cœurs à eux; car[o] je pense
30 qu'elle est (la) femme de ce
qui est né selon[o] l'image[o]; quant au[o]
corps[o] qui est né de
la terre, sa substance[o] est la matière[o]. [Si] tu
te mélanges, tu acquerras [les]

p. 92, 33 dans ⲡⲕⲁϩ, la partie gauche supérieure du ⲕ est visible, ainsi qu'une partie de la
barre oblique de l'ⲁ et toute la partie supérieure du ϩ.

ϥⲅ

ϣⲟⲙⲉⲧ ⲙ̅ⲙⲉⲣⲟⲥ· ϩⲙ ⲡⲧⲣⲉⲕ
ϩⲉ ⲉⲃⲟⲗ ϩⲛ̅ ⲧⲁⲣⲉⲧⲏ ⲉⲡⲓⲧ̅ⲛ̅ ⲉⲩ
ϭⲱⲭ̅ⲃ̅· ⲁⲣⲓⲡⲟⲗⲓⲧⲉⲅⲉ ⲕⲁⲧⲁ
ⲡⲛⲟⲩⲥ· ⲙ̅ⲡ̅ⲣ̅ⲙⲉⲉⲅⲉ ⲉⲛⲁ
5   ⲧⲥⲁⲣ̅ⲝ̅· ⲭⲡⲟ ⲛⲁⲕ ⲛ̅ⲧⲙⲛ̅ⲧ̅ⲭⲱ
ⲱⲣⲉ· ⲉⲃⲟⲗ ⲭⲉ ⲟⲩⲭⲱⲱⲣⲉ ⲡⲉ
ⲡⲛⲟⲩⲥ· ⲉⲕϣⲁⲛϩⲉ ⲉⲃⲟⲗ ϩⲛ̅
ⲧⲉⲓ̈ⲕⲉⲟⲅⲉⲓ̈ ⲁⲕϣⲱⲡⲉ ⲛ̅ϩⲟⲟⲩⲧ·
ⲥϩⲓⲙⲉ· ⲧⲟⲩⲥⲓⲁ ⲇⲉ ⲙ̅ⲡⲛⲟⲩⲥ
10   ⲉⲧⲉ ⲧⲛⲟⲏⲥⲓⲥ ⲧⲉ· ⲉⲕϣⲁⲛ
ⲛⲟⲭ̅ⲥ̅ ⲉⲃⲟⲗ ⲙ̅ⲙⲟⲕ· ⲁⲕϭⲱⲭⲉ
ⲙ̅ⲫⲟⲟⲩⲧ· ⲁⲕⲕⲟⲧ̅ⲕ̅ ⲉⲧ·ϩⲓ
ⲙⲉ ⲟⲩⲁⲁⲥ· ⲁⲕϣⲱⲡⲉ ⲙ̅ⲯⲩ
ⲭⲓⲕⲟⲥ ⲉⲁⲕⲭⲓ ⲛ̅ⲧⲟⲩⲥⲓⲁ ⲙ̅ⲡⲉ
15   ⲡⲗⲁⲥⲙⲁ· ⲡⲕⲉⲟⲩⲉⲓ ⲛ̅ⲧⲉ ⲡⲁⲓ̈
ⲉⲕϣⲁⲛⲛⲟⲭ̅ϥ̅ ⲉⲃⲟⲗ· ϩⲱⲥⲧⲉ
ⲛ̅ⲅⲧⲙⲥⲱⲧ ⲉⲭⲡⲟ ⲛⲁⲕ ⲛ̅ⲟⲩ
ⲙⲉⲣⲟⲥ ⲛ̅ⲣⲱⲙⲉ· ⲁⲗⲗⲁ ⲁⲕⲭⲓ ⲉ
ⲣⲟⲕ ⲙ̅ⲡⲙⲉⲉⲅⲉ ⲙ̅ⲡ̅ⲧ̅ⲃⲛⲏ ⲙ̅ⲛ̅
20   ⲡⲓⲛⲉ· ⲁⲕϣⲱⲡⲉ ⲛ̅ⲥⲁⲣⲕⲓⲕⲟⲥ
ⲉⲁⲕⲭⲓ ⲛ̅ⲟⲩⲫⲩⲥⲓⲥ ⲛ̅ⲧⲃⲛⲏ·
ⲥⲙⲟⲕ̅ϩ̅ ⲅⲁⲣ ⲁϭⲓⲛⲉ ⲛ̅ⲟⲩⲯⲩⲭⲓ
ⲕⲟⲥ· ⲡⲟⲥⲱ̅ ⲙⲁⲗⲗⲟⲛ ⲁϭⲓⲛⲉ
ⲙ̅ⲡⲭⲟⲉⲓⲥ· ⲉⲓ̈ϣⲁⲭⲉ ⲇⲉ ⲭⲉ
25   ⲡⲛⲟⲩⲧⲉ ⲡⲉ ⲡⲉⲡ̅ⲛ̅ⲁ̅ⲧⲓⲕⲟⲥ·
ⲡⲣⲱⲙⲉ ⲛ̅ⲧⲁϥⲭⲓ ⲙⲟⲣⲫⲏ ⲉ
ⲃⲟⲗ ϩⲛ̅ ⲧⲟⲩⲥⲓⲁ ⲙ̅ⲡⲛⲟⲩⲧⲉ
ⲧⲯⲩⲭⲏ ⲛ̅ⲑⲉⲓⲟⲛ ⲥ̅ⲣ̅ⲕⲟⲓⲛⲱ
ⲛⲓ ⲉⲡⲁⲓ̈ ϩⲛ̅ ⲟⲩⲙⲉⲣⲟⲥ· ⲡⲁⲗⲓⲛ
30   ⲧⲯⲩⲭⲏ ⲥ̅ⲣ̅ⲕⲟⲓⲛⲱⲛⲓ ⲉⲡⲥⲁⲣ̅ⲝ̅ ϩⲛ̅
ⲟⲩⲙⲉⲣⲟⲥ· ⲧⲯⲩⲭⲏ ⲙ̅ⲫⲁⲩ
ⲗⲟⲥ ϣⲁⲣⲉⲥⲣⲓⲕⲉ ⲛ̅ⲥⲁ ⲉⲥⲁ·
ⲁ̣[ϣ ⲛϩⲉ]ⲉ̣ⲧⲥ̅ⲣ̅ⲇⲟϭⲓ ⲛ̅ⲧⲁⲗⲏⲑⲓⲁ
[ⲛⲁⲛⲟ]ⲩⲥ ⲛⲁⲕ ⲱ̅ ⲡⲣⲱ[ⲙⲉ]

---

p. 93, 8 «celle-là» ou «cette autre», à savoir la vertu (cf. l. 2) — 10 Νόησις: selon Albinus (*Didaskalikos* IV, 6, cité par ZANDEE (*NHS* 7, p. 166), la νόησις est «l'acte de l'intellect qui contemple les premiers (êtres) intelligibles» — νοῦ ἐνέργεια θεωροῦντος τὰ πρῶτα νοητά. Tout comme l'intellection est «l'acte de l'intellect» (Dictionnaire de ROBERT) — 33 au lieu de la conjecture ⲁ̣[ϣ ⲛϩⲉ], on voudrait pouvoir proposer ⲁ̣[ϣ ⲧⲉ ⲑⲉ ⲉ]ⲧⲥ, déjà attesté

P. 93

trois parties°, en tombant
de la vertu° au fond de
l'infériorité. Vis selon°
l'intellect°; ne pense pas aux choses de
5 la chair°; acquiers la force,
car il est fort,
l'intellect°. Si tu tombes de
celle-là, tu es devenu mâle-
femelle. Et° la substance° de l'intellect°,
10 c'est-à-dire l'intellection°, si tu la
rejettes loin de toi, tu as retranché
le mâle, tu t'es tourné vers la
femelle seule; tu es devenu psy-
chique°, ayant reçu la substance° du
15 modelé°. Si tu rejettes
encore un peu de cela, de sorte que°
tu n'as plus une
part° humaine, mais° tu as assu-
mé la pensée et
20 la ressemblance de l'animal, tu es devenu charnel°,
ayant pris une nature° animale.
Car° il est difficile de trouver un psy-
chique°, combien° plus° (difficile encore) de trouver
le Seigneur! Et° comme je dis que
25 Dieu est le spirituel°,
c'est de la substance° de Dieu que
l'homme a pris forme°;
l'âme° divine° parti-
cipe° partiellement° de Lui; d'autre part°
30 l'âme° participe° partiellement°
de la chair°. L'âme° mé-
diocre° penche habituellement de côté et d'autre :
[comment] peut-elle concevoir° la vérité°?
[Il vaut] mieux pour toi, ô° hom[me],

q̄ā

ετρεκρακτ̄κ επρωμε ν̄
2ΟΥΟ ΕΡΑΤ̄Κ ΕΤΦΥCΙC Ν̄ΤΒ
ΝΗ· ΕΪϢΑΧΕ ΕΤCΑΡΚΙΚΗ· ΠΜΑ
ΕΤΚ̄ΝΑΡΑΚΤ̄Κ ΕΜΑΥ ΚΝΑΧΙ
5   ΠΕϤΕΙΝΕ· †ΝΑΧΩ Ν̄ΚΕ ϢΑ
ΧΕ ΕΡΟΚ· ΠΑΛΙΝ ΕΤΒΕ ΝΙΜ Ε
ΚΝΑΟΥΡΟΤ· Ν̄2ΗΤ· ΑΡΕΟΥΩ
ϢΕ ΑΡ̄ ΤΒΝΗ Ν̄ΤΑΡΕϢΩΠΕ 2Ν̄
ΤΕΪΦΥCΙC Ν̄ΤΕΪΜΙΝΕ· ΜΑΛ
10   ΛΟΝ ΔΕ ΑΡΚΟΙΝΩΝΙ ΕΥΦΥCΙC
Μ̄ΝΕ Ν̄ΤΕ ΠΒΙΟC· ΤΜΝ̄Τ̄ΤΒ
ΝΗ ΜΕΝ ΕCΝΑΡ̄ 2ΜΜΕ Μ̄ΜΟΚ
Ε2ΟΥΝ ΕΠΓΕΝΟC Μ̄ΠΚΑ2·
ΤΦCΙC ΔΕ Ν̄ΝΟΕΡΟΝ ΕCΝΑ
15   Ρ̄ 2ΜΜΕ Μ̄ΜΟΚ 2Ν̄ 2ΕΝCΜΟΤ
Ν̄ΝΟΕΡΟΝ. ΡΑΚΤ̄Κ ΕΧ̄Ν ΤΦΥ
CΙC Ν̄ΝΟΕΡΟΝ Ν̄ΓΝΟΥΧΕ Ε
ΒΟΛ Μ̄ΜΟΚ Ν̄ΤΦΥCΙC Ν̄ΧΠΟ
Ν̄ΚΑ2· ω ΤΨΥΧΗ ΤΡΕϤ2ΥΠΟ
20   ΜΙΝΕ ΑΡΙΝΗΦΕ Ν̄ΤΕΝΑ2 ΠΕ
†2Ε ΕΤΕ ΠΑΪ ΠΕ Π2ΩΒ Ν̄ΤΜΝ̄Τ
ΑΤCΟΟΥΝ· ΕΡΕϢΑΝ2ΥΠΟ
ΜΙΝΕ Ν̄ΤΕΠΟΛΙΤΕΥΕ 2Μ̄ Π
CΩΜΑ· ΕΡΕΟΥΗ2 2Ν̄ ΤΜΝ̄ΤΑ
25   ΓΡΟΙΚΟC· Ν̄ΤΑΡΕΕΙ Ε2ΟΥΝ
ΕΥΧΠΟ Ν̄CΩΜΑΤΙΚΟΝ ΑΥ
ΧΠΟΟ̂· ΑΡΕϢΩΠΕ Μ̄Π2ΟΥΝ
Μ̄ΠΝΥΜΦΩΝ ΑΡΕΡ̄ ΟΥΟΕΙΝ
2Μ̄ ΠΝΟΥC· ΠΑϢΗΡΕ Μ̄ΠΡ̄
30   ϢΩΠΕ ΕΚΝΗΗΒΕ 2Μ̄ ΜΟΟΥ
ΝΙΜ· ΑΥΩ Μ̄ΠΡ̄ ΤΡΕΥΧΑ2
ΜΕΚ 2Ν̄ 2ΕΝΓΝΩCΙC Ν̄ϢΜ
ΜΟ· ΜΗ ΚCΟΟΥΝ Α[Ν ΧΕ]

P. 94

    que tu penches vers l'homme

    plutôt que vers la nature° ani-

    male, je (veux) dire la charnelle° ;

    tu prendras la ressembl/nce de ce vers quoi

  5 tu pencheras. Je te dirai encore

    un mot : une fois de plus°, en quoi

    te complairas-tu? Veux-

    tu (ô âme) être animal et vivre dans

    une nature° de cette sorte?

 10 Participe° plutôt° à une vraie nature°

    de la vie°! L'animali-

    té (+ μέν) t'emmènera

    dans la race° de la terre,

    tandis que° la nature° noétique°

 15 te mènera à des formes

    noétiques°. Tends vers la na-

    ture° noétique° et rejette loin de

    toi la nature° de provenance

    terrestre. Ô° âme° persis-

 20 tante°, abstiens-toi° et écarte-toi de

    l'ivresse, c'est-à-dire de l'œuvre de

    l'ignorance. Si tu persistes°

    à vivre° dans le

    corps°, tu restes dans la rusti-

 25 cité°. Lorsque tu es entrée dans

    une créature corporelle°, tu as été

    créée; es-tu née dans

    la chambre nuptiale°? Sois illuminée

    par l'intellect°. Mon fils, ne

 30 te mets pas à nager dans n'importe quelle

    eau, et ne te laisse pas souiller

    par des gnoses° étran-

    gères! Est-ce que° tu ne sais pas [que]

---

p. 94, 7ss les verbes à la 2ᵉ pers. du sing. sont au féminin et s'adressent donc à l'âme —
26s ⲁⲅⲭⲡⲟⲟ̄ pourrait être une forme archaïque non contractée pour la 2ᵉ pers. du fém.
sing. Cf. ZANDEE, *Le Muséon* 89, p. 380, point H, 5.

ⲡⲁⲛⲧⲓⲕⲓⲙⲉⲛⲟⲥ ϩⲉⲛⲕⲟⲩ
ⲉⲓ ⲁⲛ ⲛⲉ ⲛⲉϥⲉⲡⲓⲛⲟⲓⲁ· ⲁⲩⲱ
ⲙ̄ⲙⲁⲅⲁⲛⲟⲛ ⲉⲧⲉ ⲟⲩⲛ̄ⲧⲁϥ
ⲥⲉⲥⲉϣⲟⲃⲉ· ⲡ<ⲁ>ⲛⲟⲏⲧⲟⲥ ⲛ̄
ⲣⲱⲙⲉ· ⲙⲁⲗⲓⲥⲧⲁ ⲁⲩⲣ̄ⲁⲡⲟⲥ
ⲧⲉⲣⲓ ⲙ̄ⲙⲟϥ ⲛ̄ⲧⲙ̄ⲛ̄ⲧⲣ̄ⲙ̄ⲛ̄ϩⲏⲧ̀
ⲙ̄ⲫⲟϥ· ϣ̄ϣⲉ ⲅⲁⲣ ⲉⲣⲟⲕ ⲉ
ⲧⲣⲉⲕϣⲱⲡⲉ ⲉⲕⲧⲏⲧ̀ ϩⲛ̄ ⲧ̄ⲙ̄ⲛ̄
ⲧⲣ̄ⲙ̄ⲛ̄ϩⲏⲧ̀ ⲙ̄ⲡⲉⲥⲛⲁⲩ· ϩⲛ̄ ⲧⲙⲛ̄
ⲧⲣ̄ⲙ̄ⲛ̄ϩⲏⲧ̀ ⲙ̄ⲫⲟϥ· ⲁⲩⲱ ϩ̄ⲛ
ⲧⲙⲛ̄ⲧ̀ⲃⲁⲗϩⲏⲧ̀ ⲛ̄ⲧⲉϭⲣⲟⲟⲙⲡⲉ
ⲙⲏⲡⲱⲥ ⲛ̄ϥⲉ͡ⲓ ⲉϩⲟⲩⲛ ϣⲁⲣⲟⲕ
ⲙ̄ⲡⲥⲙⲟⲧ̀ ⲙ̄ⲡⲉⲧ̀ⲕⲱⲣ̄ϣ
ϩⲱⲥ ϣⲃⲏⲣ ⲙ̄ⲙⲉ ⲉϥϫⲱ ⲙ̄
ⲙⲟⲥ ϫⲉ ϯⲣ̄ⲥⲩⲙⲃⲟⲩⲗⲉⲩⲉ
ⲛⲁⲕ ⲉⲛⲉⲧⲛⲁⲛⲟⲩⲟⲩ· ⲛ̄ⲧⲟⲕ
ⲇⲉ ⲉⲙⲡⲉⲕⲉⲓⲙⲉ ⲉⲙⲙⲛ̄ⲧ̀
ⲡⲁⲛⲟⲩⲣⲅⲟⲥ ⲙ̄ⲡⲁⲓ̈· ⲉϣϫⲉ
ⲛ̄ⲧⲁⲕϫⲓⲧϥ̄ ⲛⲁⲕ ⲛ̄ϣⲃⲏⲣ ⲙ̄
ⲙⲉ· ⲙ̄ⲙⲉⲉⲩⲉ ⲅⲁⲣ ⲉⲑⲟⲟⲩ
ϥⲛⲟⲩϫⲉ ⲙ̄ⲙⲟⲟⲩ ⲉⲡⲉⲕϩⲏⲧ̀
ϩⲱⲥ ⲛⲉⲧⲛⲁⲛⲟⲩⲟⲩ· ⲁⲩⲱ
ⲑⲩⲡⲟⲕⲣⲓⲥⲓⲥ ⲙ̄ⲡⲥⲙⲟⲧ̀ ⲛ̄
ⲧ<ⲙⲛ>ⲧⲣ̄ⲙ̄ⲛ̄ϩⲏⲧ̀ ⲉⲧⲟⲣϫ̄· ⲁⲩⲱ
ⲧⲙⲛ̄ⲧ̀ⲙⲁⲉⲓⲭⲣⲏⲙⲁ ⲙ̄ⲡⲥⲙⲟⲧ̀
ⲛ̄ⲟⲩⲟⲓⲕⲟⲛⲟⲙⲓⲁ ⲉⲥⲛⲟⲩ
ϩ̄ⲙ· ⲁⲩⲱ ⲧⲙⲛ̄ⲧ̀ⲙⲁⲉⲓⲉⲟⲟⲩ
ⲙ̄ⲡⲥⲙⲟⲧ̀ ⲛ̄ⲛⲉⲧⲛⲉⲥⲱⲟⲩ·
ⲁⲩⲱ ⲧⲙⲛ̄ⲧ̀ⲁⲗⲁⲍⲱⲛ ⲙ̄ⲛ
ⲧⲙⲛ̄ⲧ̀ϣⲟⲩϣⲟ ⲙ̄ⲡⲥⲙⲟⲧ̀
ⲛ̄ⲟⲩⲛⲟϭ ⲛ̄ⲥⲧⲩⲫⲏ· ⲁⲩⲱ
ⲧⲙⲛ̄ⲧ̀ⲁⲧ̀ⲛⲟⲩⲧⲉ ⲛ̄ⲑⲉ ⲛ̄
ⲟ̣[ⲩⲛⲟ]ϭ̣ ⲙ̄ⲙⲛ̄ⲧ̀ⲛⲟⲩⲧⲉ

P. 95

les inventions° de l'Adversaire° ne sont pas peu
nombreuses, et (que)
les sortilèges° qu'il possède
sont variés? L'homme
5 ⟨in⟩intelligent° a surtout° été pri-
vé° de la sagesse
du serpent. Il faut en effet° que tu
allies la sa-
gesse des deux :
10 la sagesse du serpent et
l'innocence de la colombe,
de peur° qu'il n'entre chez toi
sous la forme du flatteur,
comme s'il était° un vrai ami, en di-
15 sant : «Je te donne de bons
conseils°». Et°
toi, tu n'as pas compris sa
fourberie°, quand tu
l'as reçu chez toi comme un vrai ami.
20 Car° les pensées mauvaises,
il les jette dans ton cœur
comme° celles qui sont bonnes. Et
l'hypocrisie° sous la forme de
la sagesse authentique, et
25 la cupidité° sous la forme
de la frugalité° salutaire,
et l'ambition
sous la forme du beau,
et la vantardise° et
30 la fanfaronnade sous la forme
de grande austérité°, et
l'impiété comme
u[ne gran]de piété.

---

p. 95, 3 μαγανον pour μάγγανον, «sortilège, enchantement» — 9ss M̄NTP̄MN2HT (=
sagesse, prudence) et M̄NTBⲀⲀ2HT (= innocence, candeur, pureté) sont deux composés de
2HT (cœur) — ce qui donne un peu l'impression d'un jeu de mots, intraduisible en
français — 24 le ms. avait TP̄MTP̄MN2HT — 31 sur στυφή (rigueur), cf. *supra*, p. 87, 16 —
33 conjecture FUNK; cf. l. 31.

ⲅ̅ⲥ̅

ⲡⲉⲧϫⲱ ⲅⲁⲣ ⲙ̅ⲙⲟⲥ ϫⲉ ⲟⲩⲛ̅
† ϩⲁϩ ⲛ̅ⲛⲟⲩⲧⲉ ⲉϥⲉ ⲛ̅ⲛⲁⲧⲛⲟⲩ
ⲧⲉ· ⲁⲩⲱ ⲧⲅⲛⲱⲥⲓⲥ ⲉⲧⲟⲣϫ̅
ⲁⲛ ϥⲛⲟⲩϫⲉ ⲙ̅ⲙⲟⲥ ⲉⲡⲉⲕ
5 ϩⲏⲧ ⲙ̅ⲡⲥⲙⲟⲧ ⲛ̅ϩⲉⲛⲗⲟⲅⲟⲥ
ⲙ̅ⲙⲩⲥⲧⲏⲣⲓⲟⲛ: ⲛⲓⲙ ⲡⲉⲧ
ⲛⲁϣ ⲧⲁϩⲉ ⲛⲉϥⲙⲉⲉⲩⲉ ⲙ̅ⲛ̅
ⲛⲉϥⲕⲟⲧⲥ̅ ⲉⲧϣⲟⲃⲉ· ⲉϥϣⲟ
ⲟⲡ ⲛ̅ⲛⲟϭ ⲛ̅ⲛⲟⲩⲥ ⲛ̅ⲛⲉⲧⲟⲩ
10 ⲱϣ ⲉⲭⲓⲧϥ ⲛⲁⲩ ⲛ̅ⲣ̅ⲣⲟ· ⲡⲁ
ϣⲏⲣⲉ ⲁϣ ⲧⲉ ⲑⲉ ⲉⲧⲉⲕⲛⲁϣ
ⲧⲁϩⲉ ⲙ̅ⲙⲉⲉⲩⲉ ⲛ̅ⲡⲁⲓ̈ ⲏ ⲡⲉϥ
ϣⲟϫⲛⲉ ⲛ̅ⲣⲉϥϩⲁⲧⲃ ⲯⲩⲭⲏ·
ⲛⲁϣⲉ ⲛⲉϥⲕⲟⲧⲥ̅ ⲅⲁⲣ ⲙ̅ⲛ̅ ⲛⲉ
15 ⲡⲓⲛⲟⲓⲁ ⲛ̅ⲧⲉϥⲡⲟⲛⲏⲣⲓⲁ· ⲁⲩⲱ
ⲁⲣ̅ⲛⲟⲉⲓ ⲛ̅ⲛⲉϥⲡⲩⲗⲏ ϫⲉ ⲁϣ ⲧⲉ
ⲑⲉ ⲉⲧϥ̅ⲛⲛⲏⲩ ⲉϩⲟⲩⲛ ⲉⲧⲉⲕ
ⲯⲩⲭⲏ· ⲁⲩⲱ ϩⲓⲧⲛ̅ ⲁϣ ⲛ̅ϩⲃⲥⲱ
ⲉϥⲛⲏⲩ ⲉϩⲟⲩⲛ ϣⲁⲣⲟⲕ· ϫⲓ ⲉ
20 ⲣⲟⲕ ⲙ̅ⲡⲉⲭ̅ⲥ̅ ⲡⲁⲓ̈ ⲉⲩⲛ̅ ϭⲟⲙ ⲙ̅
ⲙⲟϥ ⲉⲃⲟⲗ̅ⲕ ⲉⲃⲟⲗ· ⲡⲉⲛⲧⲁϥ
ϫⲓ ⲉⲣⲟϥ ⲛ̅ⲛⲕⲟⲧⲥ̅ ⲙ̅ⲡⲉⲧⲙ̅
ⲙⲁⲩ· ϫⲉⲕⲁⲁⲥ ϩⲓⲧⲛ̅ ⲛⲁⲓ̈ ⲉϥ
ⲛⲁⲣ̅ⲕⲁⲧⲁⲗⲩⲉ ⲙ̅ⲙⲟϥ ϩ̅ⲛ̅ ⲟⲩ
25 ⲕⲣⲟϥ· ⲡⲁⲓ̈ ⲅⲁⲣ ⲡⲉ ⲡ̅ⲣ̅ⲣⲟ ⲉⲧⲉ
ⲟⲩⲛ̅ⲧⲁⲕϥ̅ ⲉⲙⲁⲩϫⲣⲟ ⲉⲣⲟϥ
ⲛ̅ⲗⲁⲁⲩ ⲛ̅ⲟⲩⲟⲉⲓϣ· ⲡⲁⲓ̈ ⲉⲙ̅ⲛ̅
ⲗⲁⲁⲩ ⲛⲁϣ † ⲟⲩⲃⲏϥ· ⲟⲩ
ⲇⲉ ⲉϫⲉ ϣⲁϫⲉ ⲛⲁϥ· ⲡⲁⲓ̈ ⲡⲉ
30 ⲡⲉⲕⲣ̅ⲣⲟ ⲁⲩⲱ ⲡⲉⲕⲉⲓⲱⲧ
ⲙ̅ⲙⲛ̅ ⲡⲉⲧⲧ̅ⲛⲧⲱⲛ ⲅⲁⲣ ⲉⲣⲟϥ·
ⲡⲥ[ⲁ]ϩ ⲛ̅ⲑⲉⲓⲟⲥ ϥϩⲁⲧ[ⲉⲕ ⲛⲟ]ⲩ

P. 96

Car° celui qui dit : «J'ai
beaucoup de dieux» est sans dieu.
Et la connaissance° inexacte,
il la jette dans ton
5 esprit sous forme de paroles°
secrètes°. Qui
pourra saisir ses pensées et
ses manœuvres variées? Il est
(le) Grand Intellect° pour ceux qui
10 veulent le prendre comme roi. Mon
fils, comment pourras-tu
saisir les intentions de celui-ci ou° son
plan tueur d'âme°?
Nombreuses sont en effet° ses manœuvres et les
15 inventions° de sa méchanceté°. Et
reconnais° ses portes°, c'est-à-dire comment il va pénétrer dans ton
âme°, et avec quel vêtement
il va entrer chez toi. Reçois en
20 toi le Christ°, qui a le pouvoir
de te délivrer, qui a
adopté les manœuvres de celui-
là, afin de s'en servir pour
le renverser° par
25 ruse. Car° c'est lui le roi que
tu possèdes, qui n'est vaincu
à aucun moment, lui à qui
personne ne pourra s'opposer, ni
même° adresser la parole. C'est lui qui
30 est ton roi et ton père.
Car° il n'y a pas de semblable à lui.
Le m[aî]tre divin° est avec [toi à]

ⲟⲉⲓϣ ⲛⲓⲙ ϥⲟ ⲛ̄ⲃⲟⲏⲑⲟⲥ· ϥⲧⲱ

ⲙⲛ̄ⲧ̄ ⲇⲉ ⲉⲣⲟⲕ ⲉⲧⲃⲉ ⲧⲛⲟϥⲣⲉ

ⲉⲧⲛ̄ϩⲏⲧⲕ̄· ⲙ̄ⲡⲣ̄ϯ ⲛ̄ⲟⲩϣⲁϫⲉ

ⲙ̄ⲡⲟⲛⲏⲣⲓⲁ ϩ̄ⲛ ⲧⲉⲕⲅⲛⲱⲙⲏ

5 ⲣⲱⲙⲉ ⲅⲁⲣ ⲛⲓⲙ ⲙ̄ⲡⲟⲛⲏⲣⲟⲥ

ϥⲣⲃⲗⲁⲡⲧⲉⲓ ⲙ̄ⲡⲉϥϩⲏⲧ· ⲟⲩ

ⲣⲱⲙⲉ ⲅⲁⲣ ⲛ̄ⲁⲑⲏⲧ ϣⲁϥⲃⲱⲕ

ⲟⲩⲁⲁϥ ⲉϩⲟⲩⲛ ⲉⲡⲉϥϣⲟⲣϣ̄ⲣ̄

ⲟⲩⲣⲱⲙⲉ ⲇⲉ ⲛ̄ⲥⲟⲫⲟⲥ ϥⲥⲟ

10 ⲟⲩⲛ ⲛ̄ⲧⲉϥϩⲓⲏ. ⲟⲩⲣⲱⲙⲉ ⲇⲉ

ⲛ̄ⲁⲑⲏⲧ ⲙⲁϥϩⲁⲣⲉϩ ⲉϣⲁϫⲉ ⲙ̄

ⲙⲩⲥⲧⲏⲣⲓⲟⲛ· ⲟⲩⲣⲱⲙⲉ ⲛ̄ⲥⲟ

ⲫⲟⲥ ⲙⲁϥⲛⲉϫ ϣⲁϫⲉ ⲛⲓⲙ ⲉⲃⲟⲗ

ⲁⲗⲗⲁ ϥⲛⲁϣⲱⲡⲉ ⲛ̄ⲣⲉϥⲑⲉⲱ

15 ⲣⲓ ⲛ̄ⲛⲉⲧⲥⲱⲧⲙ̄· ⲙ̄ⲡⲣⲛⲉϫ

ϣⲁϫⲉ ⲛⲓⲙ ⲉⲃⲟⲗ ⲉⲕϩⲏⲛ ⲉϩⲟⲩ

ⲉⲛⲉⲧⲕ̄ⲥⲟⲟⲩⲛ ⲙ̄ⲙⲟⲟⲩ ⲁⲛ·

ⲕⲁ ⲟⲩⲙⲏⲏϣⲉ ⲛⲁⲕ ⲛ̄ϣⲃⲏⲣ

ⲁⲗⲗⲁ ⲛ̄ⲣⲙⲛ̄ϣⲟϫⲛⲉ ⲁⲛ· ⲁⲣⲓ

20 ⲇⲟϭⲓⲙⲁⲍⲉ ⲛ̄ϣⲟⲣⲡ̄ ⲙ̄ⲡⲉⲕ

ⲣⲙⲛ̄ϣⲟϫⲛⲉ· ⲣⲱⲙⲉ ⲅⲁⲣ ⲛⲓⲙ

ⲉϣⲁϥⲕⲱⲣϣ ⲙ̄ⲡⲣⲧⲁⲉⲓⲟϥ·

ⲡⲟⲩϣⲁϫⲉ ⲙⲉⲛ ϩⲟⲗⲉϭ ⲛ̄ⲑⲉ

ⲙ̄ⲡⲉⲃⲓⲱ· ⲡⲉⲩϩⲏⲧ ⲇⲉ ⲙⲉϩ

25 ⲛ̄ⲉⲗⲗⲉⲃⲟⲣⲟⲛ· ϩⲟⲧⲁⲛ ⲅⲁⲣ

ⲉⲩϣⲁⲛⲙⲉⲉⲩⲉ ϫⲉ ⲁⲩϣ

ⲡⲉ ⲛ̄ϣⲃⲏⲣ ⲉϥⲧⲁϫⲣⲟⲉⲓⲧ·

ⲧⲟⲧⲉ ϩ̄ⲛ ⲟⲩⲕⲣⲟϥ ⲥⲉⲛⲁⲕⲟ

ⲧⲟⲩ ⲉⲣⲟⲕ ⲛ̄ⲥⲉⲛⲟϫⲕ ⲉⲡⲓⲧⲛ̄

30 ⲉⲡⲃⲟⲣⲃⲟⲣⲟⲥ· ⲙ̄ⲡⲣⲧⲁⲛ

ϩⲟⲩⲧⲕ̄ ⲙ̄ⲙⲛ ⲗⲁⲁⲩ ⲛ̄ϣⲃⲏⲣ

ⲡⲉⲓ̈ⲕⲟⲥⲙⲟⲥ ⲅⲁⲣ ⲧⲏⲣϥ̄ ⲛ̄

ⲧⲁϥϣⲱⲡⲉ ϩ̄ⲛ ⲟⲩⲕⲣⲟϥ· ⲁⲩ

[ⲱ ⲣⲱⲙ]ⲉ ⲛⲓⲙ ⲉϥϣⲧⲣ̄ⲧⲱ[ⲣ]

35 [ⲉⲡⲭⲓⲛϫ]ⲏ̄· ϩⲱⲃ ⲛⲓⲙ [ⲙ̄]

P. 97

tout moment. Il est (un) aide°. Et°
il vient à ta rencontre à cause du bien
qui est en toi. Ne prononce pas une parole
méchante° dans ton jugement°.

5 Car° tout homme méchant°
nuit° à son cœur. En effet°,
seul un insensé marche
vers sa ruine,
tandis qu'°un sage° con-
10 naît son chemin. Et° un
insensé ne s'abstient pas de répéter (un)
secret°. Un sage°
ne lance pas n'importe quelle parole
mais° il observe-
15 ra° ceux qui écoutent. Ne lance pas
n'importe quelle parole en présence de
gens que tu ne connais pas.
Fais-toi une foule d'amis
mais° non de conseillers :
20 éprouve° d'abord ton
conseiller. N'estime pas,
en effet°, tous les flatteurs :
leur parole, il est vrai°, est douce comme
le miel, mais° leur cœur est plein
25 d'ellébore°. Car° lorsqu'°
ils penseront qu'ils sont devenus un ami solide,
alors°, par ruse, ils se tourneront
contre toi et te renverseront
30 dans la boue°. Ne te
fie à personne comme ami,
car° ce monde° entier,
c'est dans la ruse qu'il est, et
tous les [homm]es s'agi[tent]
35 [en vain]. Toutes les choses [du]

p. 97, 35 complété par W. P. Funk d'après Apa Antoine BM 979a, 11 (voir mon commentaire des pp. 96 s.).

q̄H

ⲡⲕⲟⲥⲙⲟⲥ ⲁⲉⲛⲅⲏⲟⲩ ⲁⲛ ⲛⲉ·
ⲁⲗⲗⲁ ⲉⲩϣⲱⲡⲉ ⲅ̄ⲛ ⲟⲩⲡⲉⲧϣⲟⲩ
ⲉⲓⲧ· ⲙ̄ⲛ ⲗⲁⲁⲩ <ⲛ̄ϣⲃⲏⲣ>· ⲟⲩⲇⲉ ⲙ̄ⲛ ⲥⲟⲛ·
ⲉⲣⲉⲡⲟⲩⲁ ⲡⲟⲩⲁ ϣⲓⲛⲉ ⲛ̄ⲥⲁ
5 ⲧⲉϥⲛⲟϥⲣⲉ· ⲡⲁϣⲏⲣⲉ ⲙ̄ⲡⲣ
ⲕⲁ ⲣⲱⲙⲉ ⲛⲓⲙ ⲛⲁⲕ ⲅⲱⲥ ϣⲃⲏⲣ
ⲉⲕϣⲁⲛⲭⲡⲟϥ ⲇⲉ ⲙ̄ⲡⲣ ⲧⲁⲁⲕ
ⲛ̄ⲧⲟⲟⲧϥ̄· ⲧⲁⲁⲕ ⲛ̄ⲧⲟⲟⲧϥ̄ ⲙ̄
ⲡⲛⲟⲩⲧⲉ ⲟⲩⲁⲁϥ ⲅⲱⲥ ⲉⲓⲱⲧ
10 ⲁⲩⲱ ⲅⲱⲥ ϣⲃⲏⲣ· ⲣⲱⲙⲉ ⲅⲁⲣ
ⲛⲓⲙ ⲉⲩⲙⲟⲟϣⲉ ⲅ̄ⲛ ⲟⲩⲕⲣⲟϥ·
ⲡⲕⲁⲅ ⲧⲏⲣ̄ϥ ⲉϥⲙⲉⲅ ⲛ̄ⲅ̄ⲓⲥⲉ ⲅⲓ
ⲙ̄ⲕⲁⲅ· ⲛⲁⲓ̈ ⲉⲙ̄ⲛ ⲅⲏⲩ ⲛ̄ⲅⲏⲧⲟⲩ·
ⲉϣⲱⲡⲉ ⲉⲕⲟⲩⲱϣⲉ ⲉⲣ̄ ⲡⲉⲕ
15 ⲁⲅⲉ ⲉⲕⲥϭⲣⲁⲅ̄ⲧ̄ ⲙ̄ⲡ̄ⲣⲙⲟⲟϣⲉ
ⲙ̄ⲙⲛ̄ ⲗⲁⲁⲩ· ⲕⲁⲛ ⲉⲕϣⲁⲛⲙⲟ
ⲟϣⲉ ⲛ̄ⲙⲙⲁⲩ ϣⲱⲡⲉ ⲉⲩϫⲉ
ⲛ̄ⲅ̄ⲙⲟⲟϣⲉ ⲁⲛ· ϣⲱⲡⲉ ⲉⲕⲣ̄
ⲁⲛⲁϥ ⲙ̄ⲡⲛⲟⲩⲧⲉ ⲁⲩⲱ ⲛ̄ⲅⲛⲁ
20 ⲣ̄ ⲭⲣⲉⲓⲁ ⲁⲛ ⲛ̄ⲗⲁⲁⲩ· ⲁⲣⲓⲡⲟⲗⲓ
ⲧⲉⲩⲉ ⲙ̄ⲛ ⲡⲉⲭ̄ⲥ ⲁⲩⲱ ϥⲛⲁⲛⲁϩ
ⲙⲉⲕ· ⲛ̄ⲧⲟϥ ⲅⲁⲣ ⲡⲉ ⲡⲟⲩⲟ
ⲉⲓⲛ ⲙ̄ⲙⲉ ⲁⲩⲱ ⲡⲣⲏ ⲙ̄ⲡⲱⲛⲅ̄·
ⲛ̄ⲑⲉ ⲅⲁⲣ ⲙ̄ⲡⲣⲏ ⲉⲧⲟⲩⲟⲛ̄ⲅ̄
25 ⲉⲃⲟⲗ ⲉⲧⲣ̄ ⲟⲩⲟⲉⲓⲛ ⲉⲛⲃⲁⲗ
ⲛ̄ⲧⲥⲁⲣⲝ̄· ⲧⲁⲓ̈ ⲧⲉ ⲑⲉ ⲙ̄ⲡⲉⲭ̄ⲥ
ϥⲣ̄ ⲟⲩⲟⲉⲓⲛ ⲉⲛⲟⲩⲥ ⲛⲓⲙ
ⲁⲩⲱ ⲉϥⲏⲧ· ⲟⲩⲡⲟⲛⲏⲣⲟⲥ
ⲅⲁⲣ ⲅ̄ⲙ ⲡⲥⲱⲙⲁ ⲟⲩⲙⲟⲩ ⲉϥ
30 ⲅⲟⲟⲩ ⲡⲉ· ⲡⲟⲥⲱ ⲙⲁⲗⲗⲟⲛ
ⲡⲉⲧⲉ ⲟⲩⲛ̄ⲧⲁϥ ⲙ̄ⲙⲁⲩ ⲙ̄
ⲡⲉϥⲛⲟⲩⲥ ⲉϥⲟ ⲃ̄ⲃⲗ̄ⲗⲉ·
ⲃⲗ̄ⲗⲉ ⲅⲁⲣ ⲛⲓⲙ ϥⲙ[....].
[...]ⲉⲛⲁⲩ ⲉⲣⲟ[ϥ ⲧⲁⲓ̈ ⲧⲉ]

p. 98, 3s le sens général est clair: «On ne peut se fier à personne, chacun cherche son propre intérêt». Mais la construction est boîteuse. On lit dans le passage parallèle d'Apa Antoine (l. 12): ⲙ̄ⲛ ϣⲃⲏⲣ ⲁⲩⲱ ⲙ̄[ⲛ̄] ϭⲟⲛ, «il n'y a pas d'ami et il n'y [a] pas de frère». D'où la correction proposée par Funk dans Silv: ⲙ̄ⲛ ⲗⲁⲁⲩ <ⲛ̄ϣⲃⲏⲣ>: «Es gibt keinen <Freund> und es gibt keinen Bruder». Le passage parallèle d'Antoine emploie ⲧⲱⲅ, «mêler», BM 979a, l. 19-20 — 33s Funk propose (sous réserve! «fortasse») la conjecture:

P. 98

monde⁰ ne sont pas utiles
mais⁰ elles se produisent en vain.
Il n'y a pas ⟨d'ami⟩ et il n'y a pas⁰ de frère,
car chacun cherche
5   son profit. Mon fils,
ne prends pas comme⁰ ami n'importe qui;
et⁰ si tu en acquiers un, ne te livre pas
à lui : livre-toi à
Dieu seul comme⁰ père
10   et comme⁰ ami. Car⁰ tous
les hommes se conduisent faussement.
La terre entière est remplie de peine et
de souffrance qui ne servent à rien.
Si tu veux passer ta
15   vie tranquillement, ne chemine
avec personne; et si⁰ tu
chemines avec eux, sois comme
ne le faisant pas : sois
agréable à Dieu et tu
20   n'auras besoin⁰ de personne. Vis⁰
avec le Christ⁰ et il te
sauvera. C'est lui, en effet⁰, qui est la lumière véritable et le soleil de la vie.
Car⁰ de même que le soleil est
25   visible et illumine les yeux
de la chair⁰, ainsi le Christ⁰
illumine tout intellect⁰
et le cœur. Car⁰ si quelqu'un de mauvais⁰
dans le corps⁰ a une mort
30   misérable, combien⁰ plus⁰
celui qui a son
intellect⁰ aveuglé!
Car⁰ tout aveugle [± 5]
[± 3] de le voir; [ain-]

ϥⲙ[ⲏⲛ ⲉϥⲟ ⲛ̄ⲁⲧϭⲟⲙ] ⲉⲛⲁⲩ ⲉⲣⲟ[ϥ], «ist auf [Dauer] un [fähig(?)], sie (sc. die Sonne) zu
sehen». Mais la place ne nous paraît pas suffisante, d'autant plus que le scribe écrit assez
grand dans ces dernières lignes. Et d'autre part, le sens ainsi obtenu n'est pas le seul
possible. Cf. p. ex. ZANDEE, qui traduit (*NHS* 7, p. 168): «Chaque aveugle va ainsi qu'il est
vu comme un homme qui n'a pas d'intelligence saine».

q̄θ̄

ⲑⲉ ⲙ̄ⲡⲉⲧⲉ ⲙ̄ⲙ̄ⲛ̄ⲧⲁϥ ⲙ̄ⲙⲁⲩ
ⲙ̄ⲡⲉϥⲛⲟⲩⲥ ⲉϥⲟⲩⲟⲭ· ⲙⲁϥ
ϩⲏⲇⲁⲛⲉ ⲉⲭⲡⲟ ⲛⲁϥ ⲙ̄ⲡⲟⲩⲟ
ⲉⲓⲛ ⲙ̄ⲡⲉⲭ̄ⲥ̄ ⲉⲧⲉ ⲡⲗⲟⲅⲟⲥ ⲡⲉ·
5 ϩⲱⲃ ⲅⲁⲣ ⲛⲓⲙ ⲉⲧⲟⲩⲟⲛ̄ϩ ⲉⲃⲟⲗ
ⲉϥϣⲟⲟⲡ ⲛ̄ⲧⲩⲡⲟⲥ ⲙ̄ⲡⲉⲧ
ϩⲏ̄ⲡ· ⲛ̄ⲑⲉ ⲅⲁⲣ ⲛ̄ⲟⲩⲕⲱ̄ϩⲧ̄ ⲉϥ
ⲭⲉⲣⲟ ϩ̄ⲛ ⲟⲩⲧⲟⲡⲟⲥ ⲉϥⲙⲏⲣ
ⲁⲛ ⲉϩⲟⲩⲛ ⲉⲧⲟⲡⲟⲥ· ⲧⲁⲓ̈ ⲧⲉ
10 ⲑⲉ ⲙ̄ⲡⲣⲏ ⲉⲧϩ̄ⲛ ⲧⲡⲉ ⲛⲉϥⲁ
ⲕⲧⲓⲛ ⲧⲏⲣⲟⲩ ⲥⲉⲡⲏϩ ⲉⲛⲧⲟ
ⲡⲟⲥ ⲉⲧϩ̄ⲓ̄ⲭ̄ⲙ ⲡⲕⲁϩ· ⲧⲁⲓ̈ ⲧⲉ ⲑⲉ
ⲙ̄ⲡⲉⲭ̄ⲥ̄ ⲟⲩϩⲩⲡⲟⲥⲧⲁⲥⲓⲥ ⲛ̄
ⲟⲩⲱⲧ· ⲧⲉⲧⲉ ⲟⲩⲛ̄ⲧⲁϥⲥ̄ ⲁⲩⲱ
15 ϥⲣ̄ ⲟⲩⲟⲉⲓⲛ ⲉⲧⲟⲡⲟⲥ ⲛⲓⲙ· ⲧⲉⲓ̈
ϩⲉ ⲟⲛ ⲧⲉⲧ̄ϥ̄ⲭⲱ ⲙ̄ⲙⲟⲥ ϩ̄ⲓ ⲡⲉⲛ
ⲛⲟⲩⲥ· ⲙ̄ⲡⲥⲙⲟⲧ ⲛ̄ⲟⲩϩⲏⲃⲉⲥ
ⲉϥⲭⲉⲣⲟ ⲉϥⲣ̄ ⲟⲩⲟⲉⲓⲛ ⲉⲡⲧⲟ
ⲡⲟⲥ· ϩ̄ⲛ ⲟⲩⲙⲉⲣⲟⲥ ⲛ̄ⲧⲉ ⲧⲯⲩ
20 ⲭⲏ ϥⲣ̄ ⲟⲩⲟⲉⲓⲛ ⲉⲛⲙⲉⲣⲟⲥ ⲧⲏ
ⲣⲟⲩ· ⲡⲁⲗⲓⲛ ϯⲛⲁⲭⲉ ⲡⲉⲧ
ⲭⲟⲥⲉ ⲉⲡⲁⲓ̈· ⲡⲛⲟⲩⲥ ⲕⲁⲧⲁ
ⲑⲩⲡⲟⲥⲧⲁⲥⲓⲥ ϥϩ̄ⲛ ⲟⲩⲧⲟ
ⲡⲟⲥ ⲉⲧⲉ ⲡⲁⲓ̈ ⲡⲉ ϩ̄ⲙ ⲡⲥⲱⲙⲁ·
25 ⲕⲁⲧⲁ ⲧⲉⲡⲓⲛⲟⲓⲁ ⲇⲉ ⲡⲛⲟⲩⲥ
ϩ̄ⲛ ⲧⲟⲡⲟⲥ ⲁⲛ· ⲡⲱⲥ ⲅⲁⲣ ⲉϥ
ϣⲟⲟⲡ ϩ̄ⲛ ⲧⲟⲡⲟⲥ· ϩⲟⲡⲟⲧⲉ
ϥⲣⲑⲉⲱⲣⲓ ⲛ̄ⲧⲟⲡⲟⲥ ⲛⲓⲙ·
ⲟⲩⲛ̄ ϭⲟⲙ ⲇⲉ ⲙ̄ⲙⲟⲛ ⲛ̄ⲧⲛ
30 ⲭⲱ ⲙ̄ⲡⲉⲧⲭⲟⲥⲉ ⲉⲡⲁⲓ̈· ⲙ̄
ⲡ̄ⲣⲙⲉⲉⲩⲉ ⲅⲁⲣ ϩ̄ⲙ ⲡⲉⲕϩⲛ̄ⲧ·
ⲭⲉ ⲉⲣⲉⲡⲛⲟⲩⲧⲉ ϣⲟⲟⲡ
[ϩ̄ⲛ ⲟⲩⲧ]ⲟ̣ⲡⲟⲥ· ⲉϣ̣ⲭ[ⲉ] ⲡⲭ[ⲟ]
{ⲉⲓⲥ ⲙ̄ⲡⲧ]ⲏ̄ⲣ̄ϥ ⲉⲕⲕⲱ ⲙ̣[ⲙⲟϥ]

P. 99

si, celui qui n'a pas
son intellect⁰ sain, ne
se réjouit⁰ pas d'acquérir la lumière du Christ⁰, c'est-à-dire le Logos⁰.
5 En effet⁰, toute chose visible
est l'empreinte⁰ de ce qui est
caché. Car⁰ de même qu'un feu qui
brûle dans un lieu⁰ n'est pas lié
au lieu⁰, ainsi en
10 est-il du soleil qui est dans le ciel : tous ses
rayons⁰ atteignent les lieux⁰
qui sont sur la terre. De même
le Christ⁰ n'a qu'une seule
substance⁰, et
15 il éclaire tout lieu⁰. C'est ainsi
aussi qu'il parle de notre
intellect⁰ comme d'une lampe,
qui brûle (et) qui éclaire le lieu⁰.
Étant dans une partie⁰ de l'âme⁰,
20 il en éclaire toutes les parties⁰.
Je parlerai encore⁰ de ce qui est
plus élevé que cela : l'Intellect⁰, selon⁰
la substance⁰, est dans un lieu⁰,
c'est-à-dire dans le corps⁰ ;
25 mais⁰ selon⁰ la pensée, l'Intellect⁰
n'est pas en (un) lieu⁰. Car⁰ comment⁰ peut-il être
en un lieu⁰, alors qu'⁰il
contemple⁰ tous les lieux⁰ ?
Mais⁰ nous pouvons
30 parler de ce qui est plus élevé que cela : ne
t'imagine pas, en effet⁰, dans ton esprit,
que Dieu est
[en un l]ieu⁰ : si tu
mets le S[eigneur du T]out

---

p. 99, 3 ἤδανε, verbe non attesté jusqu'ici. Mais l'adjectif ἤδανός existe à côté de ἡδύς (Cf. *Thesaurus* de STEPHANUS, V, col. 94). Le verbe ἡδάνειν est donc l'équivalent de ἡδύνειν —
6 le mot grec employé ici (τύπος) étant différent d'εἰκών, beaucoup plus fréquent, nous avons renoncé à la traduire par «image», sens qu'il paraît pourtant avoir dans le présent contexte.

ⲣ̄

ϩⲛ̄ ⲟⲩⲧⲟⲡⲟⲥ· ϩ͡ⲓⲉ ϣ̄ϣ̄ⲉ ⲉⲧⲣⲉⲕ
ϫⲟⲟⲥ ϫⲉ ⲡⲧⲟⲡⲟⲥ ϫⲟⲥⲉ ⲉⲡⲉⲧ
ⲟⲩⲏϩ ϩⲙ̄ ⲡⲧⲟⲡⲟⲥ· ⲡⲉⲧ'ϣⲱⲡ
ⲅⲁⲣ ϥϫⲟⲥⲉ ⲉⲡⲉⲧⲟⲩϣⲱⲡ ⲙ̄
ⲙⲟϥ· ⲙ̄ⲛ̄ ⲧⲟⲡⲟⲥ ⲅⲁⲣ ⲉⲩⲙⲟⲩ
ⲧⲉ ⲉⲣⲟϥ ϫⲉ ⲁⲧⲥⲱⲙⲁ· ⲟⲩⲇⲓⲕⲁⲓ
ⲟⲛ ⲅⲁⲣ ⲁⲛ ⲡⲉ ⲉⲧⲣⲉⲛϫⲟⲟⲥ ϫⲉ
ⲟⲩⲥⲱⲙⲁ ⲡⲉ ⲡⲛⲟⲩⲧⲉ ⲧⲁ
ⲕⲟⲗⲟⲩⲑⲓⲁ ⲅⲁⲣ ⲧⲉ ⲉⲧⲣⲉⲛϯ ⲛ̄
ⲟⲩⲁⲛⲁï ⲙ̄ⲛ̄ ⲟⲩϭⲱϫ̄ⲃ̄ ⲙ̄ⲡⲥⲱ
ⲙⲁ· ⲁⲩⲱ ⲡⲉⲧ'ϩⲟⲥⲉ ⲇⲉ ⲛ̄ⲛⲁï
ϥⲛⲁⲙⲟⲩⲛ ⲉⲃⲟⲗ ⲁⲛ ⲉϥⲟ ⲛ̄ⲁⲧ
ⲧⲁⲕⲟ· ⲡⲣⲉϥⲥⲱⲛ̄ⲧ̄' ⲙⲉⲛ ⲛ̄ⲥⲱ
ⲛ̄ⲧ̄' ⲛⲓⲙ ϥⲙⲟⲕ̄ϩ̄ ⲙⲉⲛ ⲁⲛ ⲉⲥⲟⲩ
ⲱⲛ̄ϥ̄· ⲟⲩⲁⲧ'ϭⲟⲙ ⲇⲉ ⲡⲉ ⲉⲧⲁ
ϩⲉ ⲡⲓⲛⲉ ⲙ̄ⲡⲁï· ⲛ̄ⲣⲱⲙⲉ ⲅⲁⲣ
ⲟⲩⲁⲁⲩ ⲁⲛ ⲛⲉⲧ̄ⲥ̄ⲙⲟⲕ̄ϩ̄ ⲛⲁⲩ ⲉ
ⲧⲁϩⲉ ⲡⲛⲟⲩⲧⲉ· ⲁⲗⲗⲁ ⲥⲙⲟⲕ̄ϩ̄
ⲙ̄ⲫⲩⲥⲓⲥ ⲛⲓⲙ ⲛ̄ⲑⲉⲓⲟⲥ ⲛ̄ⲁⲅ
ⲅⲉⲗⲟⲥ ⲁⲩⲱ ⲛ̄ⲁⲣⲭⲁⲅⲅⲉⲗⲟⲥ·
ⲟⲩⲁⲛⲁⲅⲕⲁⲓⲟⲛ ⲡⲉ ⲉⲥⲟⲩⲱⲛ
ⲡⲛⲟⲩⲧⲉ ⲛ̄ⲑⲉ ⲉⲧ̄ϥ̄ϣⲟⲟⲡ
ⲙ̄ⲙⲟⲥ· ⲙ̄ⲙ̄ⲛ̄ ϭⲟⲙ ⲙ̄ⲙⲟⲕ
ⲉⲥⲟⲩⲱⲛ ⲡⲛⲟⲩⲧⲉ ϩⲓⲧ̄ⲛ̄
ⲗⲁⲁⲩ ⲉⲓ ⲙⲏⲧⲓ ϩⲓⲧ̄ⲙ̄ ⲡⲉⲭ̄ⲥ̄·
ⲡⲁï ⲉⲧⲉ ⲟⲩⲛ̄ⲧⲁϥ ⲙ̄ⲙⲁⲩ ⲛ̄
ⲑⲓⲕⲱⲛ ⲙ̄ⲡⲓⲱⲧ'· ⲧⲉïϩ̄ⲓⲕⲱⲛ
ⲅⲁⲣ ⲥⲟⲩⲱⲛ̄ϩ̄ ⲉⲃⲟⲗ ⲙ̄ⲡⲓⲛⲉ
ⲙ̄ⲙⲉ· ⲕⲁⲧⲁ ⲡⲉⲧⲟⲩⲟⲛ̄ϩ̄ ⲉ
ⲃⲟⲗ ⲙⲁⲩⲥⲟⲩⲱⲛ ⲣ̄ⲣⲟ ⲭⲱ
ⲣⲓⲥ ϩ̄ⲓⲕⲱⲛ· ⲁⲣⲓⲛⲟⲉⲓ ⲛⲁï ⲙ̄
ⲡⲛⲟⲩⲧⲉ ϫⲉ ϥϣⲟⲟⲡ ϩⲛ̄ ⲧⲟ
ⲡⲟⲥ ⲛⲓⲙ· ⲡⲁⲗⲓⲛ ϥϩ̄ⲛ̣̄[ⲗⲁⲁⲩ]
[ⲁ]ⲛ̣ [ⲛ̄]ⲧⲟⲡⲟⲥ· ⲕⲁ̣[ⲧⲁ ⲧϭⲟⲙ]

P. 100

dans un lieu⁰, alors il faut que tu
dises que le lieu⁰ est supérieur à celui qui
habite dans le lieu⁰. Car⁰ le contenant
est supérieur au contenu.
5 Car⁰ il n'y a pas de lieu⁰ que l'on
appelle incorporel⁰. Il n'est pas juste⁰
en effet⁰ que nous disions que
Dieu est un corps⁰. Car⁰ la
conséquence⁰, c'est que nous attribuons
10 de l'amélioration et de la détérioration au
corps⁰; et d'autre part⁰, celui qui subit cela
ne continuera pas à être incorruptible. Le créateur (+ μέν) de
toute créature, il n'est pas difficile (+ μέν) de le
15 connaître, mais⁰ il est impossible
de saisir son aspect. Car⁰ les hommes
ne sont pas les seuls pour qui il est difficile
d'atteindre Dieu, mais⁰ c'est difficile
(aussi) pour toute nature⁰ divine⁰, angé-
20 lique⁰ et archangélique⁰.
Il est nécessaire⁰ de connaître
Dieu tel qu'Il est;
il ne t'est possible
de connaître Dieu par
25 personne si ce n'est⁰ par le Christ⁰,
qui possède
l'image⁰ du Père. Cette image⁰
manifeste en effet⁰ la ressemblance
véritable, correspondant à⁰ ce qui est
30 manifesté. On ne connaît généralement pas (un) roi sans⁰
image⁰. Considère⁰ (bien) ceci,
que Dieu est en tout
lieu⁰, et aussi⁰ qu'Il [n'est en]
[aucun] lieu⁰. P[ar⁰ sa puissance,]

ρ̄α̅

ΜΕΝ ϥ̅Ϩ̅Ν ΤΟΠΟС ΝΙΜ· ΚΑ
ΤΑ ΤΜ̅ΝΤ̅ΝΟΥΤΕ ΔΕ ϥ̅Ϩ̅Ν ΛΑΑΥ
ΑΝ Ν̅ΤΟΠΟС· <Ν̅> ΤΕΪϨΕ ΓΑΡ ΟΥΝ̅
ϬΟΜ ΕСΟΥωΝ ΠΝΟΥΤΕ Ν̅
5 ΟΥΚΟΥΕΙ· ΚΑΤΑ ΤΕϤϬΟΜ
ΜΕΝ ϥ̅ΜΟΥϨ ΜΜΑ ΝΙΜ· Ϩ̅Μ
ΠΧΙСΕ ΔΕ Ν̅ΤΕϤΜ̅ΝΤ̅ΝΟΥ
ΤΕ Μ̅ΜΝ ΛΑΑΥ ωωΠ Μ̅ΜΟϤ·
ΟΥΟΝ ΝΙΜ ωΟΟΠ Ϩ̅Μ ΠΝΟΥ
10 ΤΕ· ΠΝΟΥΤΕ ΔΕ Ϩ̅Ν ΛΑΑΥ ΑΝ·
ΟΥΟΥ ΔΕ ΠΕ ΕСΟΥωΝ ΠΝΟΥ
ΤΕ· ΠΤΗΡϤ̅ ΔΕ ΕΤϨ̅Ν ΤΜΕ
ΠΕ ΠΝΟΥΤΕ· ΟΥΑΤϬΟΜ ΔΕ
ΠΕ ΑΡΘΕωΡΙ ΜΠΕΧС̅ Ν̅ΘΕ
15 Μ̅ΠΡΗ· ΠΝΟΥΤΕ ΝΑΥ ΕΟΥ
ΟΝ ΝΙΜ Μ̅ΜΝ ΛΑΑΥ Ρ̅ΘΕωΡΙ
Μ̅ΜΟϤ· ΠΕΧС̅ ΔΕ Ν̅ΟΥωω
Ν̅ΡϤΘΟΝΙ ωΑϤΧΙ Ν̅ϤϮ· Ν̅ΤΟϤ
ΔΕ ΠΕ ΠΟΥΟΕΙΝ Ν̅ΠΙωΤ̅ ΕϤΡ̅
20 ΟΥΟΕΙΝ Ν̅ΟΥωω Ν̅ΡϤΘΟΝΙ·
ΤΑΪ ΤΕ ΘΕ ΕϤΡ̅ ΟΥΟΕΙΝ ΕΤΟ
ΠΟС ΝΙΜ· ΠΕΧС̅ ΔΕ ΠΕ ΠΤΗΡϤ̅·
ΠΕΝΤΑϤΡ̅ΚΛΗΡΟΥ ΕΠΤΗΡϤ̅ Ε
ΒΟΛ Ϩ̅Μ ΠΕΤωΟΟΠ· ΠΤΗΡϤ̅
25 ΓΑΡ ΠΕ ΠΕΧС̅· ΧωΡΙС ΤΜ̅ΝΤ̅
ΑΤΤΑΚΟ· ΕΚωΑΝΡ̅ΝΟΪ ΓΑΡ
Μ̅ΠΝΟΒΕ ΟΥΟΥСΙΑ ΑΝ ΠΕ·
ΤΝΟΗСΙС ΓΑΡ Ν̅ΤΜ̅ΝΤ̅ΑΤΤΑ
ΚΟ ΠΕ ΠΕΧС̅· ΑΥω ΠΟΥΟΕΙΝ
30 ΠΕ ΕϤΠ̅ΡΡΙωΟΥ ΕϤΧΑϨΜ ΑΝ·
ΠΡΗ ΓΑΡ Ϩ̅Ν ΤΟΠΟС ΝΙΜ Ν̅ΑΚΑ
ΘΑΡΤΟΝ ΑΥω Ν̅ϤΧωϨΜ ΑΝ·
ΤΑΪ ΤΕ ΘΕ Μ̅ΠΕΧС̅ ΕωΧΕ
ϤϨΜ̅Π̅ωΤΑ· ΑΛΛΑ ΟΥΑΤωΤΑ
35 [Π]Ε ΑΥω ΕωΧΕ Ν̅ΤΑΥ[ΧΠΟϤ]

P. 101

(+ μέν) Il est en tout lieu°, mais°
par° sa divinité, Il n'est en aucun
lieu°. Ainsi, en effet°, il est
possible de connaître Dieu
5 un peu. Par° sa puissance,
il est vrai°, Il remplit tout lieu; mais°
par la sublimité de sa divinité,
rien ne Le contient.
Tout est en Dieu,
10 et° Dieu n'est en rien.
Mais° qu'est-ce que connaître Dieu?
Eh bien°, tout ce qui est dans la Vérité
est Dieu. Mais° il est impossible
de contempler° le Christ°, comme
15 le soleil. Dieu voit
tout le monde : personne ne le voit°.
Mais° le Christ°, sans
être jaloux°, reçoit et donne.
Et° c'est lui qui est la lumière du Père,
20 éclairant sans être jaloux°.
C'est ainsi qu'il éclaire tout
lieu°. Et° le Christ° est le Tout,
lui qui a reçu le Tout en héritage°
de Celui qui est. Car° le
25 Tout est le Christ° sans° l'incorruptibilité. En effet°, si tu considères°
le péché, (ce) n'est pas une substance°.
Car° l'intellection° de l'incorruptibilité est le Christ°, et il est la Lumière
30 qui brille sans être souillée.
Le soleil, en effet°, (est) en tout lieu° im-
pur°, et il n'est pas souillé.
Ainsi en est-il du Christ° : certes,
il est dans la déficience, mais° il est sans déficience;
35 et même s'il a [été engendré],

---

p. 101, 9s on pourrait comprendre aussi : «Chacun est en Dieu, mais Dieu n'est en personne» — 34 ϥϩⲙⲡϣⲧⲁ : du ϥ on aperçoit la courbe supérieure, le ϩ est plus ou moins effacé, mais la barre horizontale au-dessus du groupe ϩⲙ ainsi que le ⲙ lui-même sont bien visibles, le ⲡ est quelque peu effacé.

$\overline{PB}$

εγατ·χποϥ πε · ταϊ τε θε $\overline{M}$
πεχ̄c εϣχε cεαμαϩτε μεν
$\overline{M}$μοϥ · κατα τεϥϩγποcτα
cιc Δε ογαταμαϩτε $\overline{M}$μοϥ
5 πε · πεχ̄c πε πτηρϥ · πετε
πωϥ αν πε πτηρϥ μν 6ομ $\overline{N}$ϥ
cογων πεχ̄c · παϣηρε $\overline{M}$
$\overline{P}$τολμα εχε ϣαχε ϩαπρα
$\overline{M}$παϊ · ογτε πνογτε $\overline{M}$πτη
10 ρϥ $\overline{M}$πρκααϥ νακ $\overline{N}$ϩενεινε
$\overline{N}$ϩητ · πετ·κατακρινε γαρ
εγακρινε $\overline{M}$μοϥ αν ϩιτ̄ν πετ·
κατακρινε · νανογc μεν
εϣινε αγω ε̄μμε χε νιμ
15 πε πνογτε · πλογοc μ̄ν πνογc
ογραν $\overline{N}$ϩοογτ· πε · πετογ
ωϣ μεν λειμε ετβε παϊ μα
ρεϥϣινε ϩ̄ν ογc6ραϩτ· μ̄ν ογ
ϩ̄ρτε · ογ6ινΔγνοc γαρ ϣημ
20 αν πε εϣαχε ϩαπρα $\overline{N}$ναϊ · εκ
cοογν χε cενατ ϩαπ εροκ
ϩα νετκχω $\overline{M}$μοογ τηρογ·
μμε Δε ϩ̄μ παϊ χε πετϩ̄μ
πκακε $\overline{N}$ϥναϣ ναγ αν ελααγ
25 εϥτμχι πογοειν $\overline{N}$ϥναβαλ
$\overline{N}$ϩητ·ϥ · αριΔο6ιμαζε $\overline{M}$μοκ
εϣχε ϩολωc ογ̄ντακ $\overline{M}$μαγ
$\overline{M}$πογοειν · χεκααc εκϣαν
ϣινε ετβε ναϊ ε̄κναμμε
30 χε αϣ τε θε ε̄τ·κναρ βολ $\overline{M}$
μοc · ογ̄ν ϩαϩ γαρ ϣινε ϩ̄μ
πκακε αγω cεβομ6μ εγ
ογωϣ εcοογνε $\overline{M}$πογο
ειν κη ναγ αν εϩραϊ · πα

p. 102, 12: «ne sera pas jugé», à moins de prendre ΑΝ pour ΟΝ; comprendre alors: «sera
jugé *à son tour*» — 25 ΝΑΒΑΛ est sans doute une forme achmimique de ΝΑΒΟΛ, qui semble
être elle-même une contraction de ΝΑΥ ΕΒΟΛ. Cf. EvPh 64, 8: ΠΕΤΝΑΒΟΛ, «celui qui
voit». Par opposition à «être aveugle» (comme c'est le cas ici), ΝΑΥ ΕΒΟΛ signifie

P. 102

il est inengendré. Ainsi en est-il du
Christ⁰ : si d'une part⁰ on le saisit,
d'autre part⁰ selon⁰ sa substance⁰,
il est insaisissable.
5   Le Christ⁰ est le Tout; celui qui
ne possède pas le Tout n'a pas la possibilité de
connaître le Christ⁰. Mon fils, n'aie pas
l'audace⁰ de dire un mot de
lui, et⁰ le Dieu du Tout,
10 ne t'en fais pas des images
intellectuelles. Car⁰ celui qui condamne⁰
ne sera pas jugé⁰ par celui qui
condamne⁰. Certes⁰ il est bon
de chercher et de savoir qui
15 est Dieu. Le Logos⁰ et l'Intellect⁰,
c'est un nom masculin. Celui qui (+ μέν)
veut savoir (quelque chose) de lui, qu'il
cherche sans agitation et avec
crainte. Car⁰ le risque⁰ n'est pas
20 mince de parler de ces sujets : puisque tu sais qu'on te jugera
sur tout ce que tu dis,
sache aussi⁰ par là, que celui qui est dans
les ténèbres ne pourra rien voir
25 s'il ne reçoit pas la lumière et ne recouvre la vue
par elle. Examine⁰-toi
pour savoir si tu possèdes entièrement⁰
la lumière, afin que, si tu
cherches à ce sujet, tu saches
30 comment en sortir.
Car⁰ beaucoup cherchent dans
les ténèbres et ils tâtonnent en
voulant connaître : la lu-
mière n'est pas à leur disposition. Mon

---

proprement «recouvrer la vue», ἀναβλέπειν — p. ex. en Lc 18, 41 et 43. Cf. W.-P. FUNK,
Die zweite Apokalypse des Jakobus, p. 105s. On pourrait objecter que Silv n'emploie jamais
la forme A² ⲁⲃⲁⲗ, mais toujours ⲉⲃⲟⲗ (*sic* ZANDEE, *Muséon* 89, p. 381-82). Mais par
ailleurs, les formes AA² sont nombreuses chez Silv (*ibid.* 375-377).

ϣΗΡΕ ⲙⲡⲣⲧⲣⲉⲡⲉⲕⲛⲟⲩⲥ ⲉⲓ
ⲱⲣⲙ ⲉⲡⲥⲁ ⲛⲡⲓⲧⲛ· ⲁⲗⲗⲁ ⲙⲁⲗ
ⲗⲟⲛ ϩⲙ ⲡⲟⲩⲟⲉⲓⲛ ⲙⲁⲣⲉϥϭⲱ
ϣⲧ ⲉⲛⲁⲡⲥⲁ ⲛⲧⲡⲉ· ⲡⲟⲩⲟⲉⲓⲛ
5 ⲅⲁⲣ ⲉϥⲛⲛⲏⲩ ⲙⲡⲥⲁ ⲛⲧⲡⲉ ⲛⲟⲩ
ⲟⲉⲓϣ ⲛⲓⲙ· ⲕⲁⲛ ⲉϥϩⲓϫⲙ ⲡⲕⲁϩ
ⲙⲁⲣⲉϥϣⲓⲛⲉ ⲛⲥⲁ ⲡⲱⲧ ⲛⲥⲁ
ⲛⲁⲧⲡⲉ· ⲁⲣⲓⲟⲩⲟⲉⲓⲛ ⲉⲡⲉⲕ
ⲛⲟⲩⲥ ϩⲙ ⲡⲟⲩⲟⲉⲓⲛ ⲛⲧⲡⲉ·
10 ϫⲉⲕⲁⲁⲥ ⲉⲕⲛⲁⲡⲱⲛⲉ ⲉϩⲟⲩⲛ
ⲉⲡⲟⲩⲟⲉⲓⲛ ⲛⲧⲡⲉ· ⲙⲡⲣϩⲓⲥⲉ
ⲉⲕⲧⲱϩⲙ ⲉϩⲟⲩⲛ ⲉⲡⲣⲟ ⲙⲡⲗⲟ
ⲅⲟⲥ· ⲁⲩⲱ ⲙⲡⲣⲕⲁⲧⲟⲟⲧⲕ ⲉ
ⲃⲟⲗ ⲉⲕⲙⲟⲟϣⲉ ϩⲓ ⲑⲓⲏ ⲙⲡⲉ
15 ⲭⲥ· ⲙⲟⲟϣⲉ ⲛϩⲏⲧⲥ ϫⲉⲕⲁ
ⲁⲥ ⲉⲕⲛⲁϫⲓ ⲡⲉⲙⲧⲟⲛ ⲛⲛⲉⲕ
ϩⲓⲥⲉ· ⲉⲕϣⲁⲛⲙⲟⲟϣⲉ ϩⲛ ⲕⲉ
ⲟⲩⲉⲓ ⲧⲉϩⲓⲏ ⲉⲧⲕⲛⲁⲁⲁⲥ ⲙⲙⲛ
ϩⲏⲩ ⲛϩⲏⲧⲥ· ⲕⲁⲓ ⲅⲁⲣ ⲛⲉⲧⲙⲟ
20 ⲟϣⲉ ϩⲓ ⲧⲉϩⲓⲏ ⲉⲧⲟⲩⲉⲥⲧⲱⲛ
ⲧⲉⲩϩⲁⲏ ⲉⲩⲛⲁⲃⲱⲕ ⲉⲡⲓⲧⲛ
ⲉⲡⲧⲁⲕⲟ ⲙⲡⲃⲟⲣⲃⲟⲣⲟⲥ· ⲉⲙⲛ
ⲧⲉ ⲅⲁⲣ ⲟⲩⲟϣⲥ ⲉⲃⲟⲗ ⲛⲧⲯⲩⲭⲏ
ⲁⲩⲱ ⲡⲧⲟⲡⲟⲥ ⲙⲡⲧⲁⲕⲟ ϥⲟⲩ
25 ⲉⲥⲧⲱⲛ· ϫⲓ ⲉⲣⲟⲕ ⲙⲡⲉⲭⲥ
ⲧⲉϩⲓⲏ ⲉⲧⲗⲟϫϩ· ϥⲑⲗⲓⲃⲉ ⲅⲁⲣ
ⲁⲩⲱ ϥϥⲓ ⲙⲟⲕϩⲥ ⲉⲧⲃⲉ ⲡⲉⲕ
ⲛⲟⲃⲉ· ⲱ ⲧⲯⲩⲭⲏ ⲧⲣⲉϥϩⲩⲡⲟ
ⲙⲓⲛⲉ ⲉⲣⲉϣⲟⲟⲡ ϩⲛ ⲁϣ ⲙ
30 ⲙⲛⲧⲁⲧⲥⲟⲟⲩⲛ· ⲛⲓⲙ ⲅⲁⲣ
ⲡⲉ ⲡⲣⲉϥϫⲓ ⲙⲟⲉⲓⲧ ϩⲏⲧⲉ ⲉ
ϩⲟⲩⲛ ⲉⲡⲕⲁⲕⲉ· ⲟⲩⲏⲣ ⲛⲉⲓ
ⲛⲉ ⲁⲡⲉⲭⲥ ϫⲓⲧⲟⲩ ⲉⲧⲃⲏⲧⲉ
ⲉϥϣⲟⲟⲡ ⲛⲛⲟⲩⲧⲉ ⲁⲩϭⲓ[ⲛ]ⲉ

P. 103

fils, ne permets pas à ton intellect⁰ de
regarder vers le bas, mais⁰ que,
dans la lumière il consi-
dère plutôt⁰ les choses d'en haut ; car⁰ la
5 lumière vient toujours d'en haut.
Même s'⁰il est sur terre,
qu'il cherche à poursuivre
les choses d'en haut. Éclaire ton
intellect⁰ dans la lumière céleste
10 afin de te convertir à
la lumière céleste. Ne te lasse pas
de frapper à la porte du Logos⁰, et ne te décourage pas
de marcher sur le chemin du
15 Christ⁰. Suis-le (sc. le chemin) afin
de te reposer de tes
labeurs. Si tu prends un
autre chemin, tu n'en tireras
aucun profit. Et⁰ en effet⁰, ceux qui
20 marchent sur la voie large,
descendront finalement
vers la corruption du bourbier⁰.
Car⁰ l'Hadès est largement ouvert à l'âme⁰,
et le lieu⁰ de la corruption est
25 large. Attache-toi au Christ⁰,
le chemin étroit : car⁰ il est accablé
et supporte de la peine à cause de ton
péché. Ô⁰ âme persis-
tante⁰, dans quelle
30 ignorance te trouves-tu ? Qui donc⁰
est ton guide dans
les ténèbres ? Combien de formes
le Christ⁰ a-t-il prises pour toi ?
Lui qui était Dieu, on le [trou]va

P̄Δ

ⲙ̄ⲙⲟϥ ϩ̄ⲛ ⲛ̄ⲣⲱⲙⲉ ϩⲱⲥ ⲣⲱⲙⲉ·
ⲁϥⲃⲱⲕ ⲉⲡⲓⲧ̄ⲛ ⲁⲉⲙ̄ⲛⲧⲉ ⲁϥⲃⲱⲗ
ⲉⲃⲟⲗ ⲛ̄ⲛ̄ⲙⲙⲓⲥⲉ ⲙ̄ⲡⲙⲟⲩ· ⲁⲩ
† ⲛⲁⲁⲕⲉ ⲙ̄ⲙⲟⲟⲩ ⲕⲁⲧⲁ ⲑⲉ ⲛ̄ⲧⲁ
5 ⲧⲉⲅⲣⲁⲫⲏ ⲙ̄ⲡⲛⲟⲩⲧⲉ ϫⲟⲟⲥ· ⲁⲩ
ⲱ ⲁϥⲥⲫⲣⲁⲅⲓⲍⲉ ⲙ̄ϥⲏⲧ ϩⲣⲁⲓ̈ ⲛ̄
ϩⲏⲧϥ̄· ⲁⲩⲱ ⲛⲉϥⲡⲓⲧⲉ ⲉⲧϫⲟⲟⲣ
ⲁϥϩⲟⲩϣϥⲟⲩ ⲉⲙⲁⲧⲉ· ⲁⲩⲱ ⲛ̄ⲁⲩ
ⲛⲁⲙⲓⲥ ⲧⲏⲣⲟⲩ ⲛ̄ⲧⲁⲣⲟⲩⲛⲁⲩ
10 ⲉⲣⲟϥ ⲁⲩⲡⲱⲧ· ϫⲉⲕⲁⲁⲥ ⲛ̄ⲧⲟⲕ
ⲡⲧⲁⲗⲁⲓⲡⲱⲣⲟⲥ ⲉϥⲛⲁⲛ̄ⲧⲕ ⲉ
ϩⲣⲁⲓ̈ ϩ̄ⲙ ⲡⲛⲟⲩⲛ ⲛ̄ϥⲙⲟⲩ ϩⲁⲣⲟⲕ
ⲛ̄ⲥⲱⲧⲉ ⲙ̄ⲡⲉⲕⲛⲟⲃⲉ· ⲁϥⲛⲁϩ
ⲙⲉⲕ ⲉⲧϭⲓϫ ⲉⲧϫⲟⲟⲣ ⲛ̄ⲉⲙ̄ⲛⲧⲉ·
15 ⲛ̄ⲧⲟⲕ ⲇⲉ ϩⲱⲱⲕ ⲙⲟⲅⲓⲥ † ⲧⲉⲕ
ⲡⲣⲟϩⲉⲣⲉⲥⲓⲥ ⲛⲁϥ ϩⲓⲧ̄ⲛ ⲟⲩⲓ̈ⲭⲛⲟⲥ
ϫⲉⲕⲁⲁⲥ ⲉϥⲛⲁϫⲓⲧ̄ⲕ ⲉϩⲣⲁⲓ̈ ϩⲓ
ⲧⲛ ⲟⲩⲣⲁϣⲉ· ⲧⲡⲣⲟϩⲉⲣⲉⲥⲓⲥ ⲇⲉ
ⲡⲉ ⲡⲇⲱⲣⲟⲛ ⲙ̄ⲡⲉⲭⲥ ⲉⲧⲉ ⲡ̄ⲑⲃ
20 ⲃⲓⲟ ⲛ̄ϩⲏⲧ ⲡⲉ· ⲟⲩⲥⲓⲁ ⲉⲧϣⲏⲡ
ⲡⲉ ⲟⲩϩⲏⲧ ⲉϥⲧ̄ⲛⲛⲟⲉⲓⲧ· ⲉⲕ
ϣⲁⲛ ⲑⲃⲃⲓⲟⲕ ⲉⲩⲛⲁϫⲉⲥⲧ̄ⲕ ⲛ̄
ϩⲟⲩⲟ̄· ⲁⲩⲱ ⲉⲕϣⲁⲛϫⲁⲥⲧ̄ⲕ
ⲥⲉⲛⲁⲑⲃⲃⲓⲟⲕ ⲉⲙⲁⲧⲉ· ⲡⲁϣⲏ
25 ⲣⲉ ϩⲁⲣⲉϩ ⲉⲣⲟⲕ ⲉⲧⲡⲟⲛⲏⲣⲓⲁ·
ⲁⲩⲱ ⲡⲉⲡ̄ⲛ̄ⲁ ⲛ̄ⲧⲡⲟⲛⲏⲣⲓⲁ ⲙ̄
ⲡⲣ̄ⲧⲣⲉϥⲛⲟϫ̄ⲕ ⲉⲡⲓⲧ̄ⲛ ⲉⲡⲛⲟⲩⲛ·
ϥⲗⲟⲃⲉ ⲅⲁⲣ ⲁⲩⲱ ϥⲥⲁϣⲉ· ⲟⲩ
ⲥⲧⲣ̄ⲧⲣ̄ ⲡⲉ· ⲁⲩⲱ ϥⲛⲟⲩϫⲉ ⲛ̄
30 ⲟⲩⲟⲛ ⲛⲓⲙ ⲉⲡⲓⲧ̄ⲛ ⲉⲩϩⲓⲉⲓⲧ̈
ⲛ̄ⲧⲉ ⲡⲃⲟⲣⲃⲟⲣⲟⲥ· ⲟⲩⲛⲟϭ ⲛ̄
ϩⲱⲃ ⲉⲛⲁⲛⲟⲩϥ ⲡⲉ ⲉⲧⲙ̄ⲙⲣ̄
ⲣⲉ ⲧⲡⲟⲣⲛⲓⲁ· ⲁⲩⲱ ⲉⲧⲙ̄ⲣ ⲡⲙⲉ
[ⲉ]ⲩ̣ⲉ̣ ⲛ̄ⲧ̈ⲧⲁⲗⲁⲓⲡⲱⲣⲟⲥ ⲣⲱ

P. 104

    parmi les hommes comme° homme.
    Il est descendu dans l'Hadès, il a
    délivré les générations de la mort. On
    leur a imposé les douleurs de l'enfantement comme° l'a
5   dit l'Écriture° de Dieu. Et
    il l'a scellé° jusqu'au cœur ;
    et ses arcs puissants,
    il les a brisés complètement. Et
    toutes les puissances°, lorsqu'elles le
10 virent, s'enfuirent, pour que toi,
    malheureux°, il t'enlève
    de l'abîme et meure pour toi
    en rançon de ton péché. Il t'a
    sauvé de la main puissante de l'Hadès.
15 Et° toi aussi, prends la peine° de lui marquer ton
    adhésion° par un (simple) signe°
    afin qu'il te prenne avec
    joie. Mais° l'adhésion°
    est le don° au Christ°, et c'est
20 l'humilité de cœur : le sacrifice° acceptable
    est un cœur contrit. Si tu
    t'humilies, tu seras élevé
    davantage ; et si tu t'élèves,
    tu seras fortement humilié. Mon
25 fils, garde-toi du mal°
    et ne laisse pas l'Esprit° du mal°
    te précipiter au fond de l'abîme.
    Car° il est fou et amer ; il est
    une terreur et précipite
30 tout le monde au fond de la fosse
    du bourbier°. C'est une grande
    (et) bonne chose de ne pas ai-
    mer la prostitution° et de ne pas même
    penser du tout à cette misérable°.

ⲣ̄ⲉ

ⲧⲏⲣ̄ϥ· ⲁⲣ ⲡⲉⲥⲙⲉⲉⲅⲉ ⲅⲁⲣ ⲡⲙⲟⲩ
ⲡⲉ· ⲛ̄ⲥⲣ̄ ⲛⲟϥⲣⲉ ⲇⲉ ⲁⲛ ⲛ̄ⲣⲱ
ⲙⲉ ⲛⲓⲙ ⲉⲅⲉ ⲉⲋⲣⲁⲓ̈ ⲉⲡⲙⲟⲩ·
ⲟⲩⲯⲩⲭⲏ ⲅⲁⲣ ⲉⲁⲩⲋⲉ ⲉⲣⲟⲥ ⲋ̄ⲙ
5   ⲡⲙⲟⲩ ⲥⲛⲁϣⲱⲡⲉ ⲛ̄ⲁⲗⲟⲅⲟⲥ·
ⲛⲁⲛⲟⲩⲥ ⲅⲁⲣ ⲉⲧ̄ⲙⲱⲛ̄ⲋ ⲛ̄ⲋⲟⲩ
ⲟ̄ ⲉ ⲭⲡⲉ ⲟⲩⲱⲛ̄ⲋ ⲛ̄ⲧⲃⲛⲏ ⲁⲣⲓ
ⲧⲏⲣⲓ ⲙ̄ⲙⲟⲕ ⲙⲏⲡⲱⲥ ⲛ̄ⲅⲣⲱⲕ̄ⲋ
ⲋ̄ⲛ ⲛ̄ⲥⲟⲧⲉ ⲛ̄ⲧⲡⲟⲣⲛⲓⲁ· ⲟⲩⲛ̄
10   ⲋⲁⲋ ⲅⲁⲣ ⲛ̄ⲣⲉϥⲭⲁⲗ̄ⲕⲥⲟⲧⲉ ⲉⲩⲟ̄
ⲛⲁⲥ ⲛ̄ⲋⲩⲡⲏⲣⲉⲧⲏⲥ· ⲛⲁⲓ̈ ⲉⲧⲕ̄
ⲥⲟⲟⲩⲛ ⲁⲛ ⲙ̄ⲙⲟⲟⲩ ⲉⲩϣⲟⲟⲡ
ⲛⲁⲕ ⲛ̄ⲭⲁ ⲭⲉ· ⲱ̄ ⲡⲁϣⲏⲣⲉ ⲑⲃ̄
ⲥⲱ ⲛ̄ⲁⲥ ⲛ̄ⲧⲡⲟⲣⲛⲓⲁ ⲕⲁⲁⲕ ⲁⲋⲏ
15   ⲟⲩ ⲙ̄ⲙⲟⲥ ⲛ̄ⲅ̄ϯ ⲋⲓⲱⲱⲕ ⲛ̄ⲧ̄
ϣⲧⲏⲛ ⲉⲧⲣⲁⲋⲉ ⲉⲧ̄ⲡⲣ̄ⲣⲓϣⲟⲩ
ⲉⲛⲉⲥⲱⲕ ⲋⲣⲁⲓ̈ ⲛ̄ⲋⲏⲧⲥ̄· ⲉⲩⲛ̄
ⲧⲁⲕ ⲇⲉ ⲙ̄ⲙⲁⲩ ⲛ̄ϯⲋⲃⲥⲱ ⲁⲣⲓ
ⲧⲏⲣⲓ ⲙ̄ⲙⲟⲥ ⲕⲁⲗⲱⲥ· ⲃⲟⲗ̄ⲕ ⲉⲃⲟⲗ
20   ⲋ̄ⲛ ⲙ̄ⲣⲣⲉ ⲛⲓⲙ ⲭⲉⲕⲁⲁⲥ ⲉⲕⲛⲁ
ⲭⲡⲟ ⲛⲁⲕ ⲛ̄ⲟⲩⲙ̄ⲛ̄ⲧ̄ⲉⲗⲉⲩⲑⲉ
ⲣⲟⲥ· ⲉⲕϣⲁⲛⲛⲟⲩⲭⲉ ⲉⲃⲟⲗ
ⲙ̄ⲙⲟⲕ ⲛ̄ⲧⲉⲡⲓⲑⲩⲙⲓⲁ ⲉⲧⲉ
ⲛⲁϣⲉ ⲛⲉⲥⲕⲟⲧⲥ̄· ⲁⲩⲱ ⲛ̄ⲅ̄
25   ⲃⲟⲗⲉⲕ ⲉⲃⲟⲗ ⲋ̄ⲛ ⲛ̄ⲛⲟⲃⲉ ⲛ̄ⲑⲏ
ⲇⲟⲛⲏ· ⲥⲱⲧⲙ̄ ⲧ̄ⲯⲩⲭⲏ ⲉⲧⲁ
ⲥⲩⲙⲃⲟⲩⲗⲉⲓⲁ· ⲙ̄ⲡⲣ̄ϣⲱⲡⲉ
ⲛ̄ⲃⲏⲃ ⲛ̄ⲃⲁϣⲟⲣ ⲙⲛ̄ ⲛ̄ⲋⲟϥ· ⲟⲩ
ⲇⲉ ⲛ̄ϣⲕⲟⲗ ⲛ̄ⲛ̄ⲇⲣⲁⲕⲱⲛ ⲙⲛ̄
30   ⲛ̄ⲋⲃⲱ ⲟⲩⲇⲉ ⲙ̄ⲙⲁ ⲛ̄ϣⲱ
ⲡⲉ ⲛ̄ⲛⲙ̄ⲙⲟⲩⲉⲓ· ⲏ̄ ⲙⲁ ⲙ̄ⲡⲱⲧ
ⲛ̄ⲛ̄ⲋⲟϥ ⲛ̄ⲥⲓⲧ· ⲉⲣϣⲁⲛⲛⲁⲓ̈
ϣⲱⲡⲉ ⲛⲉ ⲱ̄ ⲧ̄ⲯⲩⲭⲏ ⲟⲩ ⲡⲉ
ⲧⲉⲛⲁⲁⲁϥ· ⲛⲁⲓ̈ ⲅⲁⲣ ⲛⲉ ⲛ̄ⲁⲩ

---

p. 105, 10 la forme ⲣⲉϥⲭⲁⲗ̄ⲕⲥⲟⲧⲉ n'est pas attestée dans le dictionnaire de Crum. Nous
y voyons un composé de ⲭⲱⲗⲕ, «tendre» (un arc), et de ⲥⲟⲧⲉ, «flèche», au lieu de
ⲣⲉϥⲛⲉⲭⲥⲟⲧⲉ, plus logique et mieux attesté (CRUM 361b). Les feux (ⲥⲟⲧⲉ également) de
la prostitution évoquent tout naturellement les traits enflammés de l'amour — ô : sur cet

P. 105

Car[0] penser à elle, c'est la mort,
et[0] il n'est bon pour
personne de tomber dans la mort.
Car[0] une âme[0] qui a été trouvée dans
5   la mort sera privée de raison[0].
Mieux vaut en effet[0] ne pas vivre plutôt
que d'acquérir une vie animale. Garde-toi de[0] brûler
des feux de la prostitution[0];
10   beaucoup d'archers sont en effet[0]
ses serviteurs[0], que tu
ne reconnais pas comme
tes ennemis. Ô[0] mon fils, le vieux
vêtement de la prostitution[0], dépouille-
15   le et revêts-toi de
l'habit propre, brillant,
dans lequel tu seras beau. Et[0]
si tu as ce vêtement, garde[0]-le bien[0]. Débarrasse-toi
20   de tout lien afin d'acquérir la liberté[0],
si tu rejettes loin
de toi la convoitise[0] dont
les manœuvres sont nombreuses, et que tu
25   te débarrasses des péchés du
plaisir[0]. Écoute, âme[0], mon
conseil[0] : ne deviens pas
repaire de renards et de serpents,
ni[0] trou à dragons et
30   aspics, ni[0] demeure
des lions, ou[0] refuge
des basilics. Si cela
t'arrive, ô[0] âme[0], que
feras-tu? Car[0] ce sont là les puis-

accent circonflexe, cf. ZANDEE, *Muséon* 377 — 31 ʜ ᴍᴀ, le scribe semble avoir écrit d'abord ᴍᴍᴀ, mettant ensuite l'ʜ en surcharge sur le ᴍ.

ⲢⲤ̄

ⲛⲁⲙⲓⲥ ⲙ̄ⲡⲁⲛⲧⲓⲕⲓⲙⲉⲛⲟⲥ
ⲛ̄ⲕⲁ ⲛⲓⲙ ⲉϥⲙⲟⲟⲩⲧ̇ ⲉⲩⲛ̄ⲛⲏ
ⲟⲩ ⲉ︦ϩⲟⲩⲛ ⲉⲣⲟ ϩⲓ︦ⲧ︦ⲛ̄ ⲛⲁⲓ̈ · ⲧⲟⲩ
ϩⲣⲉ ⲅⲁⲣ ⲧⲉ ⲛ̄ⲕⲁ ⲛⲓⲙ ⲉϥⲙⲟⲟⲩⲧ̇
5　ϩⲓ ⲁⲕⲁⲑⲁⲣⲥⲓⲁ ⲛⲓⲙ · ⲉⲣⲉⲛⲁⲓ̈ ⲅⲁⲣ
ϣⲟⲟⲡ ⲛ̄ϩⲣⲁⲓ̈ ⲛ̄ϩⲏⲧⲉ ⲛⲓⲙ ⲉⲧⲟ
ⲛ̄ϩ ⲡⲉ ⲉⲧⲛ̄ⲛⲏⲩ ⲉϩⲟⲩⲛ ϣⲁⲣⲟ ·
ⲥⲉⲛⲁϫⲓⲧⲉ ⲛ̄ⲃⲟⲧⲉ ⲛ̄ϭⲓ ⲛⲁⲅⲅⲉ
ⲗⲟⲥ ⲉⲧⲟⲛϩ̄ · ⲛⲉⲣⲉϣⲟⲟⲡ ⲡⲉ
10　ⲛ̄ⲣⲡⲉ ⲁⲣⲉⲁⲁⲧⲉ ⲛ̄ⲧⲁⲫⲟⲥ · ⲁⲗⲟ
ⲉⲣⲉⲉ ⲛ̄ⲧⲁⲫⲟⲥ ⲛ̄ⲧⲉϣⲱⲡⲉ
ⲛ̄ⲣⲡⲉ · ϫⲉⲕⲁⲁⲥ ⲉⲡⲥⲟⲟⲩ︦ⲧ︦ⲛ̄
ⲙ̄ⲛ ⲧⲙ̄ⲛ︦ⲧ̇ⲛⲟⲩⲧⲉ ⲛⲁϭⲱ ⲛ̄ϩⲏ
ⲧⲉ · ⲡⲟⲩⲟⲉⲓⲛ ⲉⲧⲛ̄ϩⲏⲧⲉ ϫⲉ
15　ⲣⲱϥ ⲙ̄ⲡ̄ⲣ̄ϫⲛⲁϥ · ⲙⲁⲣⲉⲗⲁⲁⲩ ⲅⲁⲣ
ϫⲉⲣⲉ ϩⲏⲃⲉⲥ ⲉⲑⲏⲣⲓⲟⲛ ⲟⲩⲧⲉ
ⲉⲛⲉⲩϣⲏⲣⲉ · ⲛⲉⲕⲣⲉϥⲙⲟⲟⲩⲧ
ⲛ̄ⲧⲁⲩⲙⲟⲩ ⲧⲱⲛ ⲙ̄ⲙⲟⲟⲩ ·
ⲛⲉⲩⲟⲛϩ̄ ⲅⲁⲣ ⲛ̄ⲧⲁⲩⲙⲟⲩ ⲉⲧⲃⲏ
20　ⲛ̄ⲧ̄ⲕ · ⲙⲁ︦ⲧ̇ ⲛⲁⲩ ⲙ̄ⲡⲱⲛϩ̄ ⲡⲁ
ⲗⲓⲛ ⲥⲉⲛⲁⲱⲛϩ̄ · ⲡϣⲏⲛ ⲅⲁⲣ ⲙ̄
ⲡⲱⲛϩ̄ ⲡⲉ ⲡⲉⲭ︦ⲥ̄ ⲛ̄ⲧⲟϥ ⲡⲉ ︦ⲧ̇
ⲥⲟⲫⲓⲁ · ⲛ̄ⲧⲟϥ ⲅⲁⲣ ⲡⲉ ⲧⲥⲟⲫⲓⲁ
ⲛ̄ⲧⲟϥ ⲟⲛ ⲡⲉ ⲡⲗⲟⲅⲟⲥ · ⲛ̄ⲧⲟϥ
25　ⲡⲉ ⲡⲱⲛϩ̄ ⲁⲩⲱ ⲧⲁⲩⲛⲁⲙⲓⲥ
ⲁⲩⲱ ⲡⲣⲟ · ⲛ̄ⲧⲟϥ ⲡⲉ ⲡⲟⲩⲟ
ⲉⲓⲛ ⲁⲩⲱ ⲡⲁⲅⲅⲉⲗⲟⲥ ⲁⲩⲱ
ⲡϣⲱⲥ ⲉⲧⲛⲁⲛⲟⲩϥ · ⲧⲁⲁⲕ
ⲛ̄ⲧⲟⲟⲧ̄ϥ ⲙ̄ⲡⲁⲓ̈ ⲛ̄ⲧⲁϥϣⲱⲡⲉ
30　ⲙ̄ⲡⲧⲏⲣ̄ϥ ⲉⲧⲃⲏⲏⲧ̄ⲕ · ⲧⲱϩⲙ
ⲉϩⲟⲩⲛ ⲉⲣⲟⲕ ⲟⲩⲁⲁⲕ ⲛ̄ⲑⲉ ⲛ̄
ⲛⲓⲣⲟ · ⲁⲩⲱ ⲛ̄ⲅⲙⲟⲟϣⲉ ϩⲣⲁⲓ̈
ⲛ̄ϩⲏⲧ̄ⲕ ϩⲱⲥ ϩⲓⲏ ⲉϥⲥⲟⲩⲧⲱⲛ
ⲉⲕϣⲁⲛⲙⲟⲟϣⲉ ⲅⲁⲣ ϩⲓ ⲧⲉϩⲓ
35　[ⲏ] ⲙ̣̄ⲙ̄ⲛ ϣϭⲟⲙ ⲛ̄ⲅⲣ̄ⲡⲗⲁⲛⲁ ·

P. 106

sances⁰ de l'Adversaire⁰.
C'est par elles que tout ce qui est mort
entrera en toi; car⁰ leur
nourriture c'est tout ce qui est mort
5 et toute impureté⁰. En effet⁰ si cela
est en toi, quelle chose vivante
entrera en toi?
Les anges⁰ vivants
t'exécreront. Tu étais
10 un temple : tu as fait de toi un tombeau⁰; cesse
d'être un tombeau⁰ et deviens
temple, afin que la droiture
et la divinité demeurent en
toi. La lumière qui est en toi, al-
15 lume-la, ne l'éteins pas. Car⁰ personne
n'allume une lampe pour (des) bêtes⁰ ni⁰
pour leurs petits. Tes morts
qui sont décédés relève-les;
car⁰ ils étaient vivants et sont morts à cause
20 de toi. Donne-leur la vie. À nou-
veau⁰ ils vivront. Car⁰ l'arbre de
la vie, c'est le Christ⁰, il est la
Sagesse⁰. Il est en effet⁰ la Sagesse⁰,
et aussi le Logos⁰; il est
25 la Vie et la Puissance⁰
et la Porte; il est la Lumière et l'Ange⁰ et
le Bon Pasteur. Livre-toi
à Celui qui est devenu
30 le Tout pour toi. Frappe
en toi-même comme à
une porte. Et chemine en
toi comme⁰ (sur un) chemin droit;
car⁰ si tu marches sur le che-
35 [min] il n'est pas possible que tu t'égares⁰.

---

p. 106, 33 ϵϥⲥⲟⲩⲧⲱⲛ, «droit», se rapporte à ϩⲓⲏ, qui est féminin, mais qui n'a pas
d'article défini. Le copte met régulièrement l'adjectif au masculin en cas de détermination
zéro (remarque orale de J.-P. MAHÉ). Cas analogue: 91, 23.

ⲁⲩⲱ ⲉⲕϣⲁⲛⲧⲱ϶ⲙ̅ ϩⲛ̅ ⲧⲁ ⲉⲕ
ⲧⲱ϶ⲙ ⲉϩⲟⲩⲛ ⲉϩⲉⲛⲉϩⲱⲣ ⲉⲩ
ϩⲏⲡ · ⲉϥϣⲟⲟⲡ ⲅⲁⲣ ⲛ̅ⲥⲟⲫⲓⲁ
ϥⲉⲓⲣⲉ ⲙ̅ⲡⲁⲑⲏⲧ̅ ⲛ̅ⲥⲟⲫⲟⲥ ·
5 ⲉⲥϣⲟⲟⲡ ⲛ̅ⲟⲩⲙ̅ⲛ̅ⲧⲉⲣⲟ ⲉⲥ
ⲟⲩⲁⲁⲃ · ⲁⲩⲱ ⲛ̅ⲥⲧⲟⲗⲏ ⲉⲥⲡ̅ⲣⲣⲓ
ⲱⲟⲩ · ⲟⲩϩⲁϩ ⲅⲁⲣ ⲛ̅ⲛⲟⲩⲃ ⲡⲉ
ⲉϥϯ ⲛⲁⲕ ⲛ̅ⲟⲩⲛⲟϭ ⲛ̅ⲉⲟⲟⲩ ·
ⲧⲥⲟⲫⲓⲁ ⲙ̅ⲡⲛⲟⲩⲧⲉ ⲉⲧⲃⲏⲏⲧ̅ⲕ̅
10 ⲁⲥϣⲱⲡⲉ ⲛ̅ⲟⲩⲧⲩⲡⲟⲥ ⲛ̅ⲥⲉ
ϭⲉ ϫⲉⲕⲁⲁⲥ ⲛ̅ⲧⲟⲕ ⲡⲁⲑⲏⲧ̅ ⲉ
ⲥⲛⲁϫⲓⲧⲕ̅ ⲉϩⲣⲁⲓ̈ ⲛ̅ⲥⲁⲁⲕ ⲛ̅ⲣⲙ
ⲛ̅ϩⲏⲧ̅ · ⲁⲩⲱ ⲡⲱⲛϩ̅ ⲁϥⲙⲟⲩ
ⲉⲧⲃⲏⲏⲧ̅ⲕ̅ ϩⲟⲡⲟⲧⲉ ⲟⲩⲁⲧⲃⲟⲙ
15 ⲡⲉ · ϫⲉⲕⲁⲁⲥ ϩⲓⲧⲙ̅ ⲡⲉϥⲙⲟⲩ
ⲛ̅ⲧⲟⲕ ⲡⲉⲣⲙⲟⲩ ⲉϥⲛⲁϯ ⲛⲁⲕ
ⲙ̅ⲡⲱⲛϩ̅ · ⲧⲁⲁⲕ ⲛ̅ⲧⲟⲟⲧϥ̅ ⲙ̅
ⲡⲗⲟⲅⲟⲥ ⲛ̅ⲅⲥⲁϩⲱⲕ ⲉⲃⲟⲗ ⲛ̅ⲧ̅
ⲙⲛ̅ⲧ̅ⲧⲃⲛⲏ · ϥⲟⲩⲟⲛϩ̅ ⲅⲁⲣ ⲉ
20 ⲃⲟⲗ ⲛ̅ϭⲓ ⲡⲧ̅ⲃⲛⲏ ⲡⲁⲓ̈ ⲉⲧⲉ ⲙ̅ⲙⲛ̅
ⲧϥ̅ⲗⲟⲅⲟⲥ ⲙ̅ⲙⲁⲩ · ⲟⲩⲛ̅ ϩⲁϩ >
ⲅⲁⲣ ⲙⲉⲉⲩⲉ ϫⲉ ⲟⲩⲛ̅ⲧⲟⲩ
ⲡⲗⲟⲅⲟⲥ ⲙ̅ⲙⲁⲩ · ⲁⲗⲗⲁ ⲉⲕ
ϣⲁⲛⲙⲟⲩϩ ⲛ̅ⲥⲱⲟⲩ ⲡⲟⲩ
25 ϣⲁϫⲉ ⲟⲩⲙⲛ̅ⲧ̅ⲧⲃⲛⲏ ⲡⲉ
ϯ ⲟⲩⲣⲟⲧ̅ ⲛⲁⲕ ⲉⲃⲟⲗ ϩⲛ̅ ⲧⲃⲱ
ⲛ̅ⲛⲉⲗⲟⲟⲗⲉ ⲙ̅ⲙⲉ ⲙ̅ⲡⲉⲭ̅ⲥ̅ ·
ⲧⲥⲓⲟⲕ ⲉⲃⲟⲗ ϩⲙ̅ ⲡⲏⲣ̅ⲡ̅ ⲛ̅ⲁⲗⲏ
ⲑⲓⲛⲟⲛ · ⲡⲁⲓ̈ ⲉⲧⲉ ⲙ̅ⲙⲛ̅ ϯϩⲉ
30 ϣⲟⲟⲡ ϩⲣⲁⲓ̈ ⲛ̅ϩⲏⲧϥ̅ ⲟⲩⲇⲉ
ⲙ̅ⲙⲛ̅ ⲥⲟⲣ̅ⲙ̅ · ⲟⲩⲛ̅ⲧⲁϥ ⲅⲁⲣ
ⲙ̅ⲙⲁⲩ ⲛ̅ⲑⲁⲛ ⲙ̅ⲡⲥⲱ ⲉϣⲁϥ
ϣⲱⲡⲉ ϩⲣⲁⲓ̈ ⲛ̅ϩⲏⲧϥ̅ ⲉⲧ ⲟⲩ
ⲣⲟⲧ̅ ⲛ̅ϩⲏⲧ̅ ⲛ̅ⲧⲯⲩⲭⲏ ⲙⲛ̅
35 ⲡⲛⲟⲩⲥ ϩⲙ̅ ⲡⲉⲡ̅ⲛ̅ⲁ̅ ⲙ̅ⲡⲛⲟⲩⲧⲉ ·

P. 107

Et si tu frappes chez celle-ci (sc. la Sagesse), c'est à
des trésors cachés que tu frappes.
Car°, étant Sagesse°,
il (sc. le Christ) rend l'insensé sage°.
5 Elle (sc. la Sagesse) est un royaume
saint, et une robe° bril-
lante. Car° elle abonde d'un or
qui te donne une grande gloire.
La Sagesse° de Dieu est devenue
10 pour toi une forme° de
fou, pour que toi, insensé,
elle t'élève et te rende
sage. Et la Vie est morte
pour toi, lorsqu'°elle était impuissante,
15 afin que, par sa mort,
elle te donne la vie, à toi qui
étais mort. Abandonne-toi
au Logos°, éloigne-toi de
l'animalité; car° il se manifeste,
20 l'animal qui ne possède pas de
raison°. Beaucoup
en effet° croient posséder
la raison°; mais° si tu
les observes, leur
25 parole est de l'animalité.
Jouis de la vraie
vigne du Christ°,
rassasie-toi du vrai°
vin, qui ne
30 comporte ni ivresse ni°
lie. Car° il fait
cesser de boire,
ayant en lui de quoi ré-
jouir l'âme° et
35 l'intellect° par l'Esprit° de Dieu.

ϣⲟⲣⲡ̄ ⲇⲉ ⲙⲟⲛⲉ ⲛ̄ⲛⲉⲕⲗⲟⲅⲓⲥ
ⲙⲟⲥ· ϩⲁⲧⲉϩⲏ ⲉⲙⲡⲁⲧⲕ̄ⲥⲱ ⲉ
ⲃⲟⲗ ⲛ̄ϩⲏⲧϥ̄· ⲙ̄ⲡⲣ̄ⲕⲟⲛⲥⲕ̄ ϩⲛ̄
ⲧⲥⲏϥⲉ ⲙ̄ⲡⲛⲟⲃⲉ· ⲙ̄ⲡⲣ̄ⲣⲟⲕϩⲕ̄
5 ⲱ̄ ⲡⲧⲁⲗⲁⲓⲡⲱⲣⲟⲥ ϩⲙ̄ ⲡⲕⲱϩⲧ̄
ⲛ̄ⲑⲏⲇⲟⲛⲏ· ⲙ̄ⲡⲣ̄ⲧⲁⲁⲕ ⲛ̄ⲧⲟⲟ
ⲧⲟⲩ ⲛ̄ⲛⲓⲃⲁⲣⲃⲁⲣⲟⲥ ⲛ̄ⲑⲉ ⲛ̄ⲛⲓⲁⲓ
ⲭⲙⲁⲗⲱⲧⲟⲥ· ⲟⲩⲇⲉ ⲛ̄ⲧⲟⲟⲧⲟⲩ
ⲛ̄ⲛⲓⲑⲏⲣⲓⲟⲛ ⲛ̄ⲁⲅⲣⲓⲟⲛ ⲉⲩⲟⲩ
10 ⲱϣ ⲉⲣ̄ⲕⲁⲧⲁⲡⲁⲧⲓ ⲙ̄ⲙⲟⲕ· ⲉⲩ
ϣⲟⲟⲡ ⲅⲁⲣ ⲛ̄ⲑⲉ ⲛ̄ⲛⲓⲙⲟⲩⲉⲓ
ⲉⲧϩⲙ̄ϩⲙ̄ ⲉⲙⲁⲧⲉ· ⲙ̄ⲡⲣ̄ϣⲱ
ⲡⲉ ⲉⲕⲙⲟⲟⲩⲧ̄ ⲙⲏⲡⲟⲧⲉ ⲛ̄ⲥⲉ
ⲣ̄ⲕⲁⲧⲁⲡⲁⲧⲓ ⲙ̄ⲙⲟⲕ· ⲉⲕⲉⲣ̄ ⲣⲱ
15 ⲙⲉ ⲟⲩⲛ̄ ϭⲟⲙ ⲙ̄ⲙⲟⲕ ϩⲙ̄ ⲡⲗⲟ
ⲅⲓⲥⲙⲟⲥ ⲛ̄ⲅ̄ϫⲣⲟ ⲉⲛⲁⲓ· ⲡⲣⲱⲙⲉ
ⲇⲉ ⲉⲧⲣ̄ ⲗⲁⲁⲩ ⲁⲛ ⲉϥⲙ̄ⲡϣⲁ ⲙ̄ⲡⲗⲟ
ⲅⲓⲕⲟⲥ ⲛ̄ⲣⲱⲙⲉ ⲁⲛ· ⲡⲗⲟⲅⲓⲕⲟⲥ
ⲛ̄ⲣⲱⲙⲉ ⲡⲉⲧⲣ̄ ϩⲟⲧⲉ ϩⲏⲧϥ̄ ⲙ̄ⲡ
20 ⲛⲟⲩⲧⲉ· ⲡⲉⲧⲣ̄ ϩⲟⲧⲉ ⲇⲉ ϩⲏⲧϥ̄
ⲙ̄ⲡⲛⲟⲩⲧⲉ ⲙⲁϥⲣ̄ ⲗⲁⲁⲩ ⲛ̄ⲧⲟⲗ
ⲙⲏⲣⲓⲁ· ⲡⲉⲧⲣ̄ⲧⲏⲣⲓ ⲇⲉ ⲙ̄ⲙⲟϥ
ⲉⲧⲙ̄ⲣ̄ ⲗⲁⲁⲩ ⲛ̄ⲧⲟⲗⲙⲏⲣⲓⲁ· ⲡⲁⲓ
ⲡⲉⲧⲁⲣⲉϩ ⲉⲡⲉϥϩⲏⲅⲉⲙⲟⲛⲓⲕⲟⲛ·
25 ⲛ̄ⲧⲟϥ ⲉⲩⲣⲱⲙⲉ ⲡⲉ ⲉϥϣⲟⲟⲡ
ϩⲓϫⲙ̄ ⲡⲕⲁϩ ⲉϥⲧⲟⲛⲧⲛ̄ ⲙ̄ⲙⲟϥ
ⲉⲡⲛⲟⲩⲧⲉ· ⲡⲉⲧⲧⲟⲛⲧ̄ⲛ̄
ⲇⲉ ⲙ̄ⲙⲟϥ ⲉⲡⲛⲟⲩⲧⲉ ⲡⲉⲧⲣ̄
ⲗⲁⲁⲩ ⲁⲛ ⲉϥⲙ̄ⲡϣⲁ ⲙ̄ⲡⲛⲟⲩ
30 ⲧⲉ· ⲕⲁⲧⲁ ⲧⲉⲥⲙⲏ ⲙ̄ⲡⲁⲩⲗⲟⲥ
ⲡⲁⲓ ⲛ̄ⲧⲁϥϣⲱⲡⲉ ⲉϥⲧⲛ̄ⲧⲱⲛ
ⲉⲡⲉⲭ̄ⲥ̄· ⲛⲓⲙ ⲅⲁⲣ ⲡⲉⲧⲣ̄ⲥⲉ
ⲃⲉⲥⲑⲁⲓ ⲉⲡⲛⲟⲩⲧⲉ· ⲉϥⲟⲩ
ⲱϣ ⲉⲓⲣⲉ ⲁⲛ ⲛ̄ⲛⲉⲧⲣ̄ ⲁⲛⲁϥ
35 ⲙ̄ⲡⲛⲟⲩⲧⲉ· ⲧⲙ̄ⲛ̄ⲧⲣⲉϥϣ̄ⲙ
ϣⲉⲛⲟⲩⲧⲉ ⲅⲁⲣ ⲧⲉ ⲧⲉⲧϣⲟ

P. 108

Mais° alimente d'abord tes rai-
sonnements°, avant d'en
boire. Ne te transperce pas avec
le glaive du péché. Ne te brûle pas,
5 ô° malheureux°, dans le feu
du plaisir°. Ne te livre pas aux
mains des barbares° comme un pri-
sonnier°, ni aux
bêtes° sauvages° qui veu-
10 lent te fouler aux pieds°. Car°
elles sont comme des lions
qui rugissent fort. Ne sois
pas mort, de peur qu'elles ne°
te piétinent°. Sois
15 homme. Il t'est possible par le rai-
sonnement° de l'emporter sur elles. Mais° l'homme
qui ne fait rien n'est pas digne d'⟨être appelé⟩
l'homme raisonnable : l'homme
raisonnable° est celui qui craint
20 Dieu. Et° celui qui craint
Dieu ne fait rien de té-
méraire°. Et° celui qui se garde°
de rien faire de téméraire° est celui
qui garde son guide intérieur°.
25 C'est un homme qui, tout en étant
sur la terre, se rend semblable
à Dieu. Et° celui qui se rend semblable
à Dieu ne fait
rien qui soit digne de
30 Dieu, selon° l'assertion de Paul
qui est devenu semblable
au Christ°. Car° comment vé-
nérer° Dieu en ne vou-
lant pas faire ce qui plaît
35 à Dieu? Le culte
de Dieu est en effet° celui qui

---

p. 108, 1 ΜΟΝΕ, «paître, nourrir», signifie aussi «faire aborder». Le sens n'est pas très clair.
Cf. Commentaire.

ⲟⲡ ⲉⲃⲟⲗ ϩ̄ⲙ ⲫⲏⲧ· ⲧⲙ̄ⲛⲧⲣⲉϥ

ϣⲙ̄ϣⲉⲛⲟⲩⲧⲉ ⲇⲉ ⲉⲃⲟⲗ ϩ̄ⲙ

ⲫⲏⲧ ⲧⲉ ⲯⲩⲭⲏ ⲛⲓⲙ ⲉⲧϩⲏⲛ

ⲉⲡⲛⲟⲩⲧⲉ· ⲧⲯⲩⲭⲏ ⲇⲉ ⲉⲧⲟ

5 ⲛ̄ⲣⲙ̄ϩⲛⲏⲉ̄ⲓ ⲉⲡⲛⲟⲩⲧⲉ ⲧⲉⲧⲟⲩ

ϩⲁⲣⲉϩ ⲉⲣⲟⲥ ⲉⲥⲟⲩⲁⲁⲃ· ⲧⲯⲩ

ⲭⲏ ⲇⲉ ⲉⲧⲉⲣⲉⲡⲉⲭⲥ̄ ⲧⲟ ϩⲓⲱⲱⲥ

ⲛ̄ⲧⲟⲥ ⲧⲉ ⲧⲉⲧⲟⲩⲁⲁⲃ· ⲁⲩⲱ ⲙ̄

ⲙ̄ⲛ ϣϭⲟⲙ ⲉⲧⲣⲉⲥⲣ̄ ⲛⲟⲃⲉ· ⲡⲙⲁ

10 ⲇⲉ ⲉⲧⲉⲣⲉⲡⲉⲭⲥ̄ ⲙ̄ⲙⲁⲩ ϣⲁⲣⲉ

ⲡⲛⲟⲃⲉ ⲟⲩⲱⲥϥ̄· ⲙⲁⲣⲉⲡⲉⲭⲥ̄

ⲉⲓ ⲉϩⲟⲩⲛ ⲉⲡⲉⲕⲕⲟⲥⲙⲟⲥ

ⲟⲩⲁⲁϥ· ⲁⲩⲱ ⲙⲁⲣⲉϥⲟⲩⲱⲥϥ̄

ⲛ̄ⲇⲩⲛⲁⲙⲓⲥ ⲛⲓⲙ ⲉⲁⲩⲉ̄ⲓ ⲉⲭⲱⲕ·

15 ⲙⲁⲣⲉϥⲉ̄ⲓ ⲉϩⲟⲩⲛ ⲉⲡⲣ̄ⲡⲉ ⲉⲧⲛ̄

ϩⲏⲧⲕ̄· ϫⲉⲕⲁⲁⲥ ⲉϥⲉⲛⲟⲩϫⲉ

ⲉⲃⲟⲗ ⲛ̄ⲛⲉϣⲱⲧ ⲛⲓⲙ· ⲙⲁⲣⲉϥ

ϩⲙⲟⲟⲥ ϩ̄ⲙ ⲡⲉⲣⲡⲉ ⲉⲧϣⲟⲟⲡ

ϩⲣⲁⲓ̈ ⲛ̄ϩⲏⲧⲕ̄ ⲁⲩⲱ ⲛ̄ⲅϣⲱⲡⲉ·

20 ⲛⲁϥ ⲛ̄ⲟⲩⲏⲏⲃ ⲙ̄ⲛ ⲟⲩⲗⲉⲅⲉⲓ

ⲧⲏⲥ ⲉⲕⲃⲏⲕ ⲉϩⲟⲩⲛ ϩ̄ⲛ ⲟⲩⲧⲃ

ⲃⲟ· ⲛⲁⲓ̈ⲁⲧⲉ ⲧⲯⲩⲭⲏ ⲉⲣⲉϣⲁⲛ

ϭⲙ ⲡⲁⲓ̈ ϩ̄ⲙ ⲡⲉⲣⲡⲉ· ⲛⲁⲓ̈ⲁⲧⲉ

ⲇⲉ ⲛ̄ϩⲟⲩⲟ̄ ⲉⲣⲉϣⲁⲉⲓⲣⲉ ⲙ̄ⲡⲉϥ

25 ϣⲙ̄ϣⲉ· ⲡⲉⲧⲛⲁⲥⲱⲱϥ ⲇⲉ

ⲙ̄ⲡⲉⲣⲡⲉ ⲙ̄ⲡⲛⲟⲩⲧⲉ ⲡⲁⲓ̈ ⲡⲛⲟⲩ

ⲧⲉ ⲛⲁⲧⲁⲕⲟϥ· ⲕⲟⲩⲟⲛϩ̄ ⲅⲁⲣ

ⲉⲃⲟⲗ ⲱ̄ ⲡⲣⲱⲙⲉ ⲉⲕϣⲁⲛ

ⲛⲟⲩϫⲉ ⲙ̄ⲡⲁⲓ̈ ⲉⲃⲟⲗ ϩ̄ⲙ ⲡⲉⲕ

30 ⲣⲡⲉ· ϩⲟⲧⲁⲛ ⲅⲁⲣ ⲉⲣϣⲁⲛⲧ̄ⲙ̄

ⲛ̄ϫⲁϫⲉ ⲛⲁⲩ ⲉⲡⲉⲭⲥ̄ ϩⲣⲁⲓ̈ ⲛ̄

ϩⲏⲧⲕ̄· ⲧⲟⲧⲉ ⲥⲉⲛⲛⲏⲩ ⲉϩⲟⲩⲛ

ⲉⲣⲟⲕ ⲉⲩϩⲏⲕ ⲉⲧⲣⲉⲩⲧ̄ⲛ̄ⲛⲟ

ⲙ̄ⲙⲟⲕ· ⲱ̄ ⲡⲁϣⲏⲣⲉ ⲁⲓ̈ϩⲱⲛ

35 ⲉⲧⲟⲟⲧⲕ̄ ⲉⲧⲃⲉ ⲛⲁⲓ̈ ⲛ̄ϩⲁϩ ⲛ̄ⲥⲟⲡ·

P. 109

vient du cœur. Mais⁰ le culte
de Dieu venant du
cœur est (celui de) toute âme⁰ qui est proche
de Dieu. Et⁰ l'âme⁰ qui est
5 intime avec Dieu est celle que l'on
garde pure ; et⁰ l'âme⁰
qui revêt le Christ⁰,
c'est elle qui est pure, et
il n'est pas possible qu'elle commette le péché. Et⁰ là
10 où est le Christ⁰,
le péché est anéanti. Que le Christ⁰
entre seul dans ton monde⁰
et qu'il anéantisse
toutes les puissances⁰ qui sont venues sur toi !
15 Qu'il entre dans le temple qui est
en toi, pour en expulser
tous les marchands, qu'il
habite dans le temple qui est
en toi, et puisses-tu devenir
20 pour lui (un) prêtre et un lé-
vite⁰ entré avec
pureté ! Bienheureuse âme⁰, si tu
trouves celui-ci dans ton temple ! Mais⁰ plus
heureuse encore si tu célèbres son
25 culte ! Mais⁰ «celui qui profanera
le temple de Dieu, Dieu le
détruira». Car⁰ tu t'exposes,
ô⁰ homme, si tu
rejettes celui-ci de ton
30 temple. Car⁰ si⁰
les ennemis ne voient pas le Christ⁰ en
toi, alors⁰ ils entreront en
toi armés pour t'écraser.
Ô⁰ mon fils, je t'ai
35 exhorté bien des fois à ce sujet,

---

p. 109, 23 comme le note pertinemment Zandee (*Muséon*, p. 377, § 21) ⲡⲉ (dans ⲡⲉⲣⲡⲉ)
est ici le possessif A² de la deuxième personne du féminin singulier.

ⲣ̄ⲓ

ϫⲉⲕⲁⲁⲥ ⲉⲕⲛⲁϩⲁⲣⲉϩ ⲉⲧⲉⲕ
ⲯⲩⲭⲏ ⲛ̄ⲛⲁⲩ ⲛⲓⲙ· ⲛ̄ⲧⲟⲕ ⲁⲛ ⲡⲉ
ⲧⲛⲁⲛⲟϫϥ ⲉⲃⲟⲗ ⲙ̄ⲙⲟⲕ . ⲁⲗⲗⲁ ⲛ̄
ⲧⲟϥ ⲡⲉⲧⲛⲁⲛⲟϫⲕ̄· ⲛ̄ⲧⲟⲕ ⲅⲁⲣ
5 ⲉⲕϣⲁⲛⲡⲱⲧ ⲉⲃⲟⲗ ⲙ̄ⲙⲟϥ ⲕⲛⲁ
ϩⲉ ⲉϩⲣⲁⲓ̈ ⲉⲩⲛⲟϭ ⲛ̄ⲛⲟⲃⲉ· ⲛ̄ⲧⲟⲕ
ⲟⲛ ⲉⲕϣⲁⲛⲡⲱⲧ ⲛ̄ⲧⲟⲟⲧϥ̄ ⲕⲛⲁ
ϣⲱⲡⲉ ⲛ̄ϩⲣⲉ ⲛ̄ⲛⲉⲕϫⲁϫⲉ· ϫⲟ
ⲟⲩⲧ ⲅⲁⲣ ⲛⲓⲙ ϣⲁⲩⲡⲱⲧ ⲛ̄ⲧⲙ̄
10 ⲡⲟⲩϫⲟⲉⲓⲥ· ⲡϫⲟⲟⲩⲧ ⲇⲉ ϩⲛ ⲧⲁ
ⲣⲉⲧⲏ ⲙⲛ̄ ⲧⲥⲟⲫⲓⲁ ϣⲁϥⲡⲱⲧ ⲛ̄
ⲧⲙ̄ ⲡⲉⲭ̄ⲥ̄· ⲣⲱⲙⲉ ⲅⲁⲣ ⲛⲓⲙ ⲉϣⲁϥ
ⲟⲩⲱⲧ ϣⲁϥϩⲉ ⲉϩⲣⲁⲓ̈ ⲉⲛϭⲓϫ
ⲛ̄ⲛⲉⲑⲏⲣⲓⲟⲛ· ⲛⲓⲙ ⲡⲉ ⲡⲉⲭ̄ⲥ̄ ⲥⲟⲩ
15 ⲱⲛϥ̄ ⲁⲩⲱ ⲛ̄ⲅϫⲡⲟϥ ⲛⲁⲕ ⲛ̄ϣⲃⲏⲣ·
ⲡⲁⲓ̈ ⲅⲁⲣ ⲡⲉ ⲡⲉϣⲃⲏⲣ ⲉⲧⲛ̄ϩⲟⲧ·
ⲛ̄ⲧⲟϥ ⲟⲛ ⲡⲉ ⲡⲛⲟⲩⲧⲉ ⲁⲩⲱ
ⲡⲥⲁϩ· ⲡⲁⲓ̈ ⲉⲩⲛⲟⲩⲧⲉ ⲡⲉ ⲁϥϣⲱ
ⲡⲉ ⲛ̄ⲣⲱⲙⲉ ⲉⲧⲃⲏⲏⲧ̄ⲕ̄· ⲡⲁⲓ̈ ⲡⲉ ⲛ̄
20 ⲧⲁϥⲃⲱⲗ ⲉⲃⲟⲗ ⲛ̄ⲛ̄ⲙⲙⲟⲭⲗⲟⲥ ⲛ̄
ⲃⲁⲛⲓⲡⲉ ⲛ̄ⲁⲙⲛ̄ⲧⲉ ⲁⲩⲱ ⲛ̄ⲕⲁ ⲛ̄
ϩⲟⲙⲉⲧ· ⲡⲁⲓ̈ ⲡⲉ ⲛ̄ⲧⲁϥϩⲓⲧⲟⲟ
ⲧϥ̄ ⲁϥⲧⲁⲩⲟ ⲉⲡⲉⲥⲛ̄ⲧ ⲛ̄ⲧⲩⲣⲁⲛ
ⲛⲟⲥ ⲛⲓⲙ ⲉⲧϫⲟⲥⲉ ⲛ̄ϩⲏⲧ· ⲡⲉⲛ
25 ⲧⲁϥⲃⲱⲗ ⲉⲃⲟⲗ ⲛ̄ⲧⲟⲟⲧϥ̄ ⲛ̄ⲙ̄ⲙ̄ⲣ̄
ⲣⲉ ⲉⲛⲉϥⲁⲙⲁϩⲧⲉ ⲙ̄ⲙⲟⲟⲩ·
ⲁϥⲉⲓⲛⲉ ⲉϩⲣⲁⲓ̈ ⲛ̄ⲛ̄ϩⲏⲕⲉ ϩⲙ̄ ⲡ
ⲛⲟⲩⲛ ⲁⲩⲱ ⲛⲉⲧⲙⲟⲕϩ̄ ⲛ̄ϩⲏⲧ
ϩⲛ ⲉⲙⲛ̄ⲧⲉ· ⲡⲉⲛⲧⲁϥⲑⲃⲃⲓⲟ
30 ⲛ̄ⲛⲇⲩⲛⲁⲙⲓⲥ ⲉⲧϫⲟⲥⲉ ⲛ̄ϩⲏⲧ
ⲡⲉⲛⲧⲁϥϯ ϣⲓⲡⲉ ⲙ̄ⲡϫⲁⲥⲓϩⲏⲧ
ϩⲓⲧⲛ ⲡⲉⲑⲃⲃⲓⲟ· ⲡⲉⲛⲧⲁϥⲧⲁⲩⲟ
ⲉⲡⲉⲥⲛ̄ⲧ ⲙ̄ⲡϫⲱⲱⲣⲉ· ⲁⲩⲱ
ⲡⲣⲉϥϭⲁⲃⲉ ⲣⲱⲙⲉ ϩⲓⲧⲛ̄ ⲧⲙⲛ̄ⲧ
35 ϭⲱⲃ· ⲡⲉⲛⲧⲁϥϣⲱⲥ ⲙ̄ⲡⲉⲧⲟⲩ

P. 110

    pour que tu veilles sur ton
    âme° en tout temps. Ce n'est pas toi
    qui le rejetteras de toi, mais° c'est
    lui qui te (re)jettera. Car° si toi
5 tu fuis loin de lui, tu
    tomberas dans un grand péché.
    De plus, si tu le fuis, tu
    deviendras (la) pâture de tes ennemis. Car°
    tous les êtres vils fuient
10 leur seigneur, et° celui qui est vil dans la
    vertu° et la sagesse° fuit généralement
    le Christ°. Car° tout homme qui
    est séparé tombe dans les griffes
    des bêtes°. Qui est le Christ°? Con-
15 nais-le et fais de lui ton ami.
    Car° c'est lui qui est l'ami fidèle,
    lui encore qui est Dieu et
    maître, c'est lui qui, étant Dieu, est deve-
    nu homme pour toi, c'est lui qui
20 a fait sauter les verrous° de
    fer de l'Hadès, et les serrures de
    bronze, c'est lui qui a entrepris
    de renverser tous les ty-
    rans° superbes, c'est lui
25 qui s'est libéré des liens
    dont il s'était saisi.
    Il fit sortir les pauvres de
    l'abîme, et les affligés
    de l'enfer. C'est lui qui humilia
30 les puissances° orgueilleuses,
    qui fit honte au présomptueux
    par son humilité, lui qui ren-
    versa le fort et
    le vantard par sa
35 faiblesse, lui qui abaissa par son mépris ce que l'on

ⲙⲉⲉⲅⲉ ⲉⲣⲟϥ ϫⲉ ⲟⲩⲧⲁⲉⲓⲟ ⲡⲉ·
ϩⲣⲁⲓ̈ ϩⲙ ⲡⲉϥϣⲱⲥ· ϫⲉⲕⲁⲁⲥ ⲉⲣⲉ
ⲡⲑⲃⲃⲓⲟ ⲉⲧⲃⲉ ⲡⲛⲟⲩⲧⲉ ⲛⲁϫⲓ
ⲥⲉ ⲉⲙⲁⲧⲉ· ⲡⲉⲛⲧⲁϥⲃⲱⲗⲉ ⲙ̄ⲡⲣⲱ
5   ⲙⲉ· ⲁⲩⲱ ⲡⲛⲟⲩⲧⲉ ⲡⲉ ⲡⲑⲉⲓⲟⲥ ⲗⲟ
ⲅⲟⲥ· ⲡⲉⲧϥⲓ ⲉϩⲣⲁⲓ̈ ϩⲁ ⲡⲣⲱⲙⲉ ⲛ̄ⲟⲩ
ⲟⲉⲓϣ ⲛⲓⲙ· ⲁⲩⲱ ⲁϥⲟⲩⲱϣ ⲁⲉⲓⲣⲉ
ⲙ̄ⲡⲑⲃⲃⲓⲟ ϩⲙ ⲡⲉⲧϫⲟⲥⲉ· ⲡⲉⲛⲧⲁϥ
ϫⲓⲥⲉ ⲙ̄ⲡⲣⲱⲙⲉ ⲁϥϣⲱⲡⲉ ⲉϥⲧⲛ̄
10 ⲧⲱⲛ ⲉⲡⲛⲟⲩⲧⲉ· ϫⲉⲕⲁⲁⲥ ⲁⲛ ⲉϥ
ⲛⲁⲉⲓⲛⲉ ⲉⲡⲉⲥⲏⲧ ⲙ̄ⲡⲛⲟⲩⲧⲉ ϣⲁ
ⲡⲣⲱⲙⲉ· ⲁⲗⲗⲁ ⲉⲧⲣⲉⲡⲣⲱⲙⲉ ϣⲱ
ⲡⲉ ⲉϥⲧⲛ̄ⲧⲱⲛ ⲉⲡⲛⲟⲩⲧⲉ· ⲱ̂ ϯ
ⲛⲟϭ ⲙ̄ⲙⲛ̄ⲧⲭ̄ⲥ ⲛ̄ⲧⲉ ⲡⲛⲟⲩⲧⲉ·
15 ⲱ̂ ⲡⲉⲭ̄ⲥ ⲡ̄ⲣⲣⲟ ⲡⲉⲛⲧⲁϥⲟⲩⲱⲛ̄ϩ
ⲉⲃⲟⲗ ⲛ̄ⲛ̄ⲣⲱⲙⲉ ⲛ̄ⲧⲛⲟϭ ⲙ̄ⲙⲛ̄ⲧ
ⲛⲟⲩⲧⲉ· ⲡ̄ⲣⲣⲟ ⲛ̄ⲁⲣⲉⲧⲏ ⲛⲓⲙ· ⲁⲩⲱ
ⲡ̄ⲣⲣⲟ ⲙ̄ⲡⲱⲛ̄ϩ· ⲡ̄ⲣⲣⲟ ⲛ̄ⲛⲉⲱⲛ ⲁⲩⲱ
ⲡⲛⲟϭ ⲛ̄ⲛⲙ̄ⲡⲏⲩⲉ· ⲥⲱⲧⲙ̄ ⲉⲛⲁϣⲁ
20 ϫⲉ ⲁⲩⲱ ⲛ̄ⲅⲕⲱ ⲉⲃⲟⲗ ⲛⲁⲓ̈· ⲡⲁⲗⲓⲛ
ⲁϥⲟⲩⲱⲛ̄ϩ ⲉⲃⲟⲗ ⲛ̄ⲟⲩⲛⲟϭ ⲛ̄ⲥⲡⲟⲩ
ⲇⲏ ⲙ̄ⲙⲛ̄ⲧⲛⲟⲩⲧⲉ· ⲉϥⲧⲱⲛ ⲥⲟ
ⲫⲟⲥ ⲏ ⲇⲩⲛⲁⲧⲟⲥ ⲛ̄ⲣⲙⲛ̄ϩⲏⲧ ⲛ̄
ⲣⲱⲙⲉ· ⲏ ⲟⲩⲣⲱⲙⲉ ⲉⲛⲁϣⲉ ⲛⲉϥ
25 ⲕⲟⲧⲥ̄ ⲉϥⲥⲟⲟⲩⲛ ⲛ̄ⲧⲥⲟⲫⲓⲁ·
ⲙⲁⲣⲉϥϫⲱ ⲛ̄ⲧⲥⲟⲫⲓⲁ ⲙⲁⲣⲉϥⲧⲁⲩⲟ
ⲛ̄ⲟⲩⲛⲟϭ ⲛ̄ϣⲟⲩϣⲟⲩ· ⲁⲣⲱⲙⲉ
ⲅⲁⲣ ⲛⲓⲙ ⲣ̄ⲥⲟⲃ ⲡⲉⲭⲁϥ ⲉⲃⲟⲗ ϩⲙ
ⲡⲉϥⲥⲟⲟⲩⲛ· ⲁϥⲡⲱϣⲥ ⲅⲁⲣ ⲛ̄ⲛ
30 ϣⲟϫⲛⲉ ⲛ̄ⲛⲓⲥⲁⲛⲕⲟⲧⲥ̄· ⲁⲩⲱ
ⲁϥⲧⲁϩⲟ ⲛ̄ⲛ̄ⲥⲁⲃⲉ ϩⲛ ⲧⲉⲩⲙ̄ⲛ̄
ⲧⲣ̄ⲙⲛ̄ϩⲏⲧ· ⲛⲓⲙ ⲡⲉⲧⲛⲁϣ ϭⲙ
ϭⲟⲙ ⲛ̄ϭⲓⲛⲉ ⲙ̄ⲡϣⲟϫⲛⲉ ⲙ̄ⲡ
ⲡⲁⲛⲧⲟⲕⲣⲁⲧⲱⲣ· ⲏ ⲉϫⲱ ⲛ̄ⲧⲙⲛ̄
35 ⲧⲛⲟⲩⲧⲉ ⲏ ⲉⲧⲁⲩⲟⲥ ⲕⲁⲗⲱⲥ·

P. 111

considère comme de l'honneur,
de sorte que
l'humilité pour (l'amour de) Dieu élève
fortement. C'est lui qui revêtit l'hom-
5   me, et il est Dieu, le divin° Lo-
gos°, c'est lui qui supporte l'homme à
tout moment, et il a voulu produire
l'humilité chez l'orgueilleux. Celui qui
a élevé l'homme est devenu sem-
10   blable à Dieu, non pas pour
abaisser Dieu jusqu'à
l'homme, mais° pour que l'homme devienne semblable à Dieu. Ô° cette
grande bonté° de Dieu!
15   Ô° Christ°, roi qui a manifesté
aux hommes la grande Di-
vinité! Roi de toute vertu° et
roi de la vie, roi des siècles et
grand des cieux, écoute mes pa-
20   roles et pardonne-moi! De plus°
il manifesta un grand zèle°
de piété. Où est l'homme
intelligent, sage° ou puissant°,
ou l'homme qui s'entend
25   à toute sorte de sagesse°?
Qu'il parle de la sagesse°, qu'il fasse montre
d'une grande vantardise! Car°
tout homme est devenu fou, il a parlé en partant de
sa (propre) connaissance. Car° il (sc. le Christ) a déjoué les
30   plans des gens rusés, et
il a établi les sages dans leur
intelligence. Qui pourra
découvrir le dessein du
Tout-puissant° ou° parler de la di-
35   vinité ou° l'exprimer convenablement°?

εϣχε м̄πενϣ б̄мбам ρω ε
ταζε ν̄ϣοχνε ν̄νενερηυ·
νιм πε ετναϣ м̄мε ετмν̄т
νουτε· η ανм̄ν̄τνουτε ν̄

5 ν̄мπηυε· εϣχε νετζιх̄м
πκαζ моγιс ενбινε м̄моου
νιм πε ετναζοτ̄ζ̄τ ν̄cα να
τπε· αчουων̄ζ εβολ м̄πκοc
моc ν̄бι ουνоб ν̄амαζτε мν̄

10 ουνоб ν̄εооυ· αυω πων̄ζ ν̄
τπε εчουωϣ ερ πτητч̄ ββρρε
ετρεчνουχε εβολ м̄πετ
боν αυω cхημα νιм ν̄καмε
ετρεουον νιм πιρε ζ̄ν ζεν

15 ζβcω ν̄τε м̄πηυζ· εουων̄ζ
εβολ м̄πουαζcαζνε м̄πιωτ·
εчπ̄ρριϣоу εмατε· αυω ετρεч
† κλομ ν̄νετουωϣ εϣϣχε
καλωc· ερεπεхc о̄ ν̄αγωνο

20 θετηc· πενταчт κλομ ν̄оу
он νιм εчτcαβо ν̄ουон νιм
εϣϣχε· παϊ ν̄ταчϣϣχε ν̄
ϣорπ̄ αчхι πεκλομ αчρ̄ хωω
ρε αчουων̄ζ εβολ εчρ̄ ουοειν

25 εουон νιм· πτηρч̄ δε ν̄ταυ
ααυ ββ̄ρρε ζ̄м πεππ̄να ετουααβ
мν̄ πνουc· πхоειc π̄παντο
κρατωρ †ναт νακ ουηρ ν̄
εооυ· м̄πελααυ δε бм̄бом

30 ετ† εооυ м̄πνουτε ν̄θε ετч̄
о̄ м̄мос· ν̄τοκ πεντακт εо
ου м̄πεκλογος ετουχε оυ
он νιм πναητ ν̄νουτε· πεν
ταчει εβολ ζ̄ν ρωκ αυω εζραϊ ζ̄м

35 πεκζητ· πϣ̄ρπ̄мисε τсо
φια· πϣρπ̄ ν̄τυπос· πϣорπ̄
ν̄ουоειν· ουоειν γαρ πε εβολ

P. 112

    Si nous n'avons même pas pu
    saisir les desseins les uns des autres,
    qui pourra connaître la di-
    vinité ou° les divinités
5   des cieux? Si nous trouvons
    difficilement° ce qui est sur la terre,
    qui scrutera les choses
    du ciel? Une grande puissance et une grande
    gloire a fait apparaître
10 le monde. Et la vie
    du ciel veut tout renouveler
    pour rejeter ce qui est
    faible ainsi que toute forme° noire,
    afin de faire briller chacun dans des
15 vêtements célestes pour mani-
    fester l'ordre du Père
    à grand éclat, et afin de
    couronner ceux qui veulent lutter
    noblement°. Le Christ° étant ar-
20 bitre°, c'est lui qui a couronné
    chacun, apprenant à chacun
    à lutter. Lui qui a lutté
    le premier, il a reçu la couronne, a conquis le pou-
    voir, s'est manifesté en éclairant
25 chacun. Et° c'est par
    l'Esprit° Saint
    et l'Intellect° que tout a été renouvelé. Seigneur tout-
    puissant°, combien je te rendrai
    gloire! Mais° personne ne peut
30 rendre gloire à Dieu selon ce qu'Il
    est! C'est toi qui as glori-
    fié ton Verbe° pour sauver
    chacun, ô Dieu miséricordieux. C'est
    lui qui est sorti de ta bouche et est monté de
35 ton cœur, le Premier-né, la Sa-
    gesse°, le Prototype°, la première
    Lumière! Car° il est Lumière issue

p. 112, 19 et 31 ō̃: cf. p. 105, 10.

ϩⲛ ⲧϭⲟⲙ ⲛ̄ⲧⲉ ⲡⲛⲟⲩⲧⲉ · ⲁⲩⲱ ⲟⲩ
ϩⲉϯⲉ ⲡⲉ ⲛ̄ⲧⲉ ⲡⲉⲟⲟⲩ ⲉⲧⲟⲩⲁⲁⲃ
ⲙ̄ⲡⲡⲁⲛⲧⲟⲕⲣⲁⲧⲱⲣ · ⲁⲩⲱ ϯⲁⲗ
ⲉⲧⲟⲩⲁⲁⲃ ⲡⲉ ⲛ̄ⲧⲉⲛⲉⲣⲅⲓⲁ ⲙ̄ⲡ
5 ⲡⲛⲟⲩⲧⲉ · ⲁⲩⲱ ⲑⲓⲕⲱⲛ ⲡⲉ ⲛ̄ⲧⲉϥ
ⲙ̄ⲛ̄ⲧⲁⲅⲁⲑⲟⲥ · ⲕⲁⲓ ⲅⲁⲣ ⲡⲟⲩⲟⲉⲓⲛ
ⲛ̄ⲧⲉ ⲡⲟⲩⲟⲉ[ⲓ]ⲛ ⲡⲉ ϣⲁ ⲉⲛⲉϩ · ⲑⲟ
ⲣⲁⲥⲓⲥ ⲡⲉ ⲉⲧϭⲱϣ̄ⲧ ⲛ̄ⲥⲁ ⲡⲓⲁⲧⲛⲁⲩ
ⲉⲣⲟϥ ⲛ̄ⲉⲓⲱⲧ · ⲉϥⲣ̄ⲇⲓⲁⲕⲟⲛⲓ ⲛ̄
10 ⲟⲩⲟⲉⲓϣ ⲛⲓⲙ · ⲁⲩⲱ ⲉϥⲙⲟⲩⲛ̄ⲅ
ϩⲙ ⲡⲟⲩⲱϣ ⲙ̄ⲡⲓⲱⲧ · ⲡⲉⲛⲧⲁⲩ
ϫⲡⲟϥ ⲟⲩⲁⲁϥ ϩⲙ̄ ⲡⲱⲕ ⲛ̄ϩⲏⲧ ⲙ̄
ⲡⲓⲱⲧ · ⲟⲩⲗⲟⲅⲟⲥ ⲅⲁⲣ ⲛ̄ⲛⲁⲧⲁ
ⲙⲁϩⲧⲉ ⲙ̄ⲙⲟϥ ⲡⲉ · ⲁⲩⲱ ⲧⲥⲟ
15 ⲫⲓⲁ ⲙ̄ⲛ ⲡⲱⲛ̄ϩ ⲡⲉ · ⲛ̄ϩⲱⲟⲛ ⲧⲏ
ⲣⲟⲩ ⲙ̄ⲛ ⲛ̄ϭⲟⲙ ⲉϥⲧⲛ̄ϩⲟ ⲁⲩⲱ ⲉϥ
ⲥⲁⲛϣ̄ ⲙ̄ⲙⲟⲟⲩ · ⲕⲁⲧⲁ ⲑⲉ ⲉⲧⲉ
ⲣⲉⲧⲯⲩⲭⲏ ⲧ̄ⲛ̄ϩⲟ ⲛ̄ⲛⲙⲙⲉⲗⲟⲥ ⲧⲏ
ⲣⲟⲩ · ⲉϥⲁⲙⲁϩⲧⲉ ⲙ̄ⲡⲧⲏⲣϥ̄ ϩⲛ̄
20 ⲧϭⲟⲙ ⲁⲩⲱ ⲉϥⲧⲛ̄ϩⲟ ⲙ̄ⲙⲟⲟⲩ ·
ⲛ̄ⲧⲟϥ ⲅⲁⲣ ⲡⲉ ⲧⲉϩⲟⲩⲉⲓⲧⲉ ⲁⲩⲱ
ⲑⲁⲏ ⲛ̄ⲟⲩⲟⲛ ⲛⲓⲙ · ⲉϥⲣⲟⲉⲓⲥ ⲉ
ⲡⲧⲏⲣϥ̄ ⲁⲩⲱ ⲉϥⲕⲱⲧⲉ ⲉⲣⲟⲟⲩ ·
ϥϩⲟⲥⲉ ⲇⲉ ϩⲁ ⲟⲩⲟⲛ ⲛⲓⲙ ⲁⲩⲱ ϥⲣⲁ
25 ϣⲉ · ⲁⲩⲱ ⲟⲛ ϥⲣ̄ϩⲏⲃⲉ · ϥⲣ̄ϩⲏⲃⲉ
ⲙⲉⲛ ϩⲁ ⲛⲉⲛⲧⲁⲩⲕⲗⲏⲣⲟⲩ ⲉⲡⲧⲟ
ⲡⲟⲥ ⲛ̄ⲧⲕⲟⲗⲁⲥⲓⲥ · ϥϩⲟⲥⲉ ⲇⲉ
ϩⲁ ⲟⲩⲟⲛ ⲛⲓⲙ ⲛⲁⲓ̈ ⲉⲧϥⲉⲓⲛⲉ ⲙ̄
ⲙⲟⲟⲩ ⲉϩⲟⲩⲛ ⲉⲧⲥⲃⲱ ϩⲛ ⲟⲩϩⲓ
30 ⲥⲉ · ϥⲣⲁϣⲉ ⲇⲉ ϩⲁ ⲟⲩⲟⲛ ⲛⲓⲙ ⲉⲧ
ϣⲟⲟⲡ ϩⲙ ⲡⲧⲃⲃⲟ · ⲁⲣⲉϩ ϭⲉ ⲉⲣⲟⲕ
ⲙⲏ̄ⲡⲱⲥ ⲛ̄ⲅ̄ϩⲉ ⲉⲧⲟⲟⲧⲟⲩ ⲛ̄ⲛⲓ
ⲗⲏⲥⲧⲏⲥ · ⲁⲩⲱ ⲙ̄ⲡⲣ̄ϯ ⲛ̄ⲟⲩϩⲓ
ⲛⲏⲃ ⲛ̄ⲛⲉⲕⲃⲁⲗ · ⲟⲩⲇⲉ ⲙ̄ⲡⲣ̄ϯ ⲛ̄
35 ⲛⲟⲩⲣⲉⲕⲣ[ⲓ]ⲕⲉ ⲛ̄ⲛⲉⲕⲃⲁϩⲟⲩ ϫⲉ
ⲕⲁⲁⲥ ⲉⲕⲉⲛⲟⲩϩⲙ̄ ⲛ̄ⲑⲉ ⲛ̄ⲟⲩϭⲟϩ
ⲥⲉ ⲉϩⲉⲛⲉⲗⲱ · ⲁⲩⲱ ⲛ̄ⲑⲉ ⲛ̄ⲟⲩ

P. 113

de la puissance de Dieu, et
pure émanation de la gloire
du Tout-puissant[o], et il est le miroir
sans tache de l'activité[o] de
5 Dieu, et l'image[o] de sa
bonté[o]. Car[o] il est aussi[o] la lumière
de la lumiè[re] éternelle, le
regard[o] qui contemple le Père
invisible, en servant[o]
10 toujours, et en façonnant
par la volonté du Père, lui qui a été
seul engendré par le bon plaisir du
Père. Car[o] il est une Parole[o] insaisissable, et il est la Sa-
15 gesse[o] et la Vie. Tous les êtres vivants[o]
et les puissances, il les fait vivre et
les nourrit. Comme[o]
l'âme[o] fait vivre tous les membres[o].
Il gouverne le Tout avec
20 puissance et le fait vivre.
Car[o] c'est lui qui est le commencement et
la fin de toutes choses, veillant sur
tout et l'entourant.
Et[o] il se tourmente pour toutes choses, et se ré-
25 jouit, et il se lamente aussi : il se lamente
d'une part[o] sur ceux à qui est échu[o] le lieu[o]
du châtiment[o], il se tourmente d'autre part[o]
pour ceux qu'il mène
péniblement à la sagesse ;
30 mais[o] il se réjouit pour tous ceux qui
sont dans la pureté. Garde-toi donc
de[o] tomber aux mains des
brigands[o]. Et n'accorde pas de sommeil à tes yeux, ni[o]
35 d'assoupissement à tes paupières,
afin d'échapper comme une gazelle
à des filets, et comme un

p. 113, 2 Traduction littérale: «émanation de la pure gloire». Mais cf. Commentaire —
35 ⲃⲀϨⲞⲨ, forme nouvelle. Pluriel (ou duel ? cf. SCHENKE, *art. cité*, 135) de ⲃⲞⲨϨⲈ, cf.
KASSER, *Compl.*, p. 9b — qui signale ⲃⲀϨⲞⲨⲈ dans les papyri Bodmer.

̄ρῑλ

ϩⲁⲗⲏⲧ ⲉⲩⲡⲁϣⲥϥ· ϣⲱϫⲉ ⲙ̄ⲡ
ⲛⲟϭ ⲛ̄ⲁⲅⲱⲛ ϩⲉⲱⲥ ⲡⲁⲅⲱⲛ ⲕⲁⲁⲧ
ⲉϩⲣⲁⲓ̈· ⲉⲣⲉⲛ̄ⲇⲩⲛⲁⲙⲓⲥ ⲧⲏⲣⲟⲩ
ⲉⲓⲟⲣⲙ̄ ⲛ̄ⲥⲱⲕ [ⲛ]ⲉⲧⲟⲩⲁⲁⲃ ⲇⲉ
5   ⲟⲩⲁⲁⲩ ⲁⲛ ⲁⲗⲗⲁ ⲛ̄ⲕⲉⲇⲩⲛⲁⲙⲓⲥ ⲧⲏ
ⲣⲟⲩ ⲙ̄ⲡⲁⲛⲧⲓⲕⲓⲙⲉ̣ⲛⲟⲥ· ⲟⲩⲟⲉⲓ
ⲛⲁⲕ ⲉⲩϣⲁⲛⲭⲣⲟ [ⲉⲣ]ⲟⲕ ⲛ̄ⲧⲙⲏⲧⲉ
ⲛ̄ⲟⲩⲟⲛ ⲛⲓⲙ ⲉⲧⲃⲁϣⲧ̄ ⲛ̄ⲥⲱⲕ
ⲉⲕϣⲁⲛϣⲱϫⲉ ⲙ̄ⲡⲁⲅⲱⲛ ⲁⲩⲱ
10   ⲛ̄ⲅⲭⲣⲟ ⲁⲛⲇⲩⲛⲁⲙⲓⲥ ⲉⲧ† ⲟⲩⲃⲏⲕ
ⲕⲛⲁⲕⲱ ⲛ̄ⲟⲩⲛⲟϭ ⲛ̄ⲣⲁϣⲉ ⲛ̄ⲟⲩⲟⲛ
ⲛⲓⲙ ⲉⲧⲟⲩⲁⲁⲃ· ⲁⲩⲱ ⲕⲛⲁⲕⲱ ⲛ̄
ⲟⲩⲛⲟϭ ⲛ̄ϩⲏⲃⲉ ⲛ̄ⲛⲉⲕϫⲁϫⲉ· ⲡⲉⲕ
ⲁⲅⲱⲛⲟⲑⲉⲧⲏⲥ ⲧⲏⲣ̄ϥ ⲣⲃⲟⲏⲑⲉⲓ
15   ⲉϥⲟⲩⲱϣ ⲉⲧⲣⲉⲕⲭⲣⲟ· ⲥⲱⲧⲙ̄ ⲡⲁ
ϣⲏⲣⲉ ⲁⲩⲱ ⲙ̄ⲡⲣ̄ϣⲱⲡⲉ ⲉⲕⲱⲥⲕ
ϩⲛ̄ ⲛⲉⲕⲙⲁⲁϫⲉ· ⲧⲱⲱⲛ ⲙ̄ⲙⲟⲕ
ⲉϩⲣⲁⲓ̈ ⲉⲁⲕⲕⲱ ⲛ̄ⲥⲱⲕ ⲙ̄ⲡⲉⲕⲣ̄ⲙⲛ̄
ⲁⲥ ⲛ̄ⲑⲉ ⲛ̄ⲛⲓⲁⲉⲧⲟⲥ· ⲁⲣⲓϩⲟⲧⲉ ϩⲏ
20   ⲧϥ ⲙ̄ⲡⲛⲟⲩⲧⲉ ϩⲣⲁⲓ̄ ϩⲛ̄ ⲛⲉⲕⲡⲣⲁϩⲓⲥ
ⲧⲏⲣⲟⲩ· ⲁⲩⲱ ⲉⲃⲟⲗ ϩⲓ̄ⲧⲙ̄ ⲫⲱⲃ ⲉⲧ
ⲛⲁⲛⲟⲩϥ † ⲉⲟⲟⲩ ⲙ̄ⲡⲛⲟⲩⲧⲉ·
ⲉⲕⲥⲟⲟⲩⲛ ϫⲉ ⲣⲱⲙⲉ ⲛⲓⲙ ⲉⲧⲣ̄ ⲁ
ⲛⲁϥ ⲁⲛ ⲙ̄ⲡⲛⲟⲩⲧⲉ· ⲡϣⲏⲣⲉ ⲙ̄ⲡⲧⲁ
25   ⲕⲟ ⲡⲉ· ϥⲛⲁⲃⲱⲕ ⲉϩⲣⲁⲓ̈ ⲉⲡⲛⲟⲩⲛ
ⲛ̄ⲁⲙⲛ̄ⲧⲉ· ⲱ̄ †ⲙⲛ̄ⲧϩⲁⲣϣϩⲏⲧ
ⲛ̄ⲧⲉ ⲡⲛⲟⲩⲧⲉ ⲉⲧⲣⲁⲛⲉⲭⲉ ⲛⲟⲩ
ⲟⲛ ⲛⲓⲙ· ⲧⲁⲓ̈ ⲉⲧⲟⲩⲱϣ ⲉⲧⲣⲉⲟⲩ
ⲟⲛ ⲛⲓⲙ ⲟⲩϫⲁⲓ̈· ⲛⲁⲓ̈ ⲛ̄ⲧⲁⲩϣⲱⲡⲉ
30   ϩⲁ ⲡⲛⲟⲃⲉ· ⲁⲗⲗⲁ ⲙ̄ⲙⲛ̄ ⲗⲁⲁⲩ ⲣ̄ⲕⲱ
ⲗⲩⲉ ⲙ̄ⲙⲟϥ ⲉⲣ̄ ⲡⲉⲧϥⲟⲩⲱ̄ϥ·
ⲛⲓⲙ ⲅⲁⲣ ⲡⲉ ⲡϫⲱⲣⲉ ⲉⲣⲟϥ ϫⲉⲕⲁ
ⲁⲥ ⲉϥⲛⲁⲣ̄ⲕⲱⲗⲩⲉ ⲙ̄ⲙⲟϥ· ⲉⲱ
ϫⲉ ⲛ̄ⲧⲟϥ ⲡⲉⲧϫⲱϩ ⲉⲡⲕⲁϩ ⲉϥ
35   ⲧⲣⲉϥⲥⲧⲱⲧ· ⲁⲩⲱ ⲟⲛ ⲉϥⲧⲣⲉ
ⲛ̄ⲧⲟⲩⲉⲓⲏ † ⲕⲁⲡⲛⲟⲥ· ⲡⲉⲛⲧⲁϥ
ⲥⲱⲟⲩϩ ⲉϩⲟⲩⲛ ⲛ̄ⲑⲁⲗⲁⲥⲥⲁ

P. 114

    oiseau à un piège. Combats le
    grand combat⁰ tant que⁰ le combat⁰
    dure, vu que toutes les puissances⁰
    ont les yeux fixés sur toi, et⁰ non seulement celles qui
 5 sont saintes, mais⁰ aussi toutes les puissances⁰
    de l'Adversaire⁰. Malheur
    à toi si tu es vaincu au milieu
    de tous ceux qui t'observent!
    Si tu livres le combat⁰ et
10 que tu triomphes des puissances⁰ qui luttent contre toi,
    tu causeras une grande joie à tous
    les saints, et tu causeras
    une grande affliction à tes ennemis. Ton
    arbitre⁰ t'aide⁰ pleinement,
15 voulant que tu sois vainqueur. Écoute, mon
    fils, et ne sois pas dur
    d'oreilles. Redresse-toi,
    ayant laissé derrière toi ton vieil
    homme, comme un aigle⁰. Crains
20 Dieu dans toutes tes actions⁰,
    et par du bon travail,
    rends gloire à Dieu,
    sachant que tout homme qui
    ne plaît pas à Dieu est le fils de la per-
25 dition : il descendra dans l'abîme
    de l'Hadès. Ô⁰ cette patience
    de Dieu qui supporte⁰
    chacun! qui veut que
    soient sauvés tous ceux qui sont tombés
30 dans le péché! Mais⁰ personne ne l'em-
    pêche⁰ de faire ce qu'Il veut.
    Car⁰ qui est plus fort que Lui pour
    l'arrêter⁰? Certes,
    c'est Lui qui (n'a qu'à) toucher la terre pour
35 la faire trembler, et aussi pour faire
    fumer⁰ les montagnes, Lui qui a
    rassemblé la mer⁰

ⲣ̅ⲓ̅]ⲉ

ⲛ̅ⲧⲁⲉⲓⲛ ⲛ̅ⲑⲉ ⲛ̅ⲛⲓⲁⲥⲕⲟⲥ · ⲁⲩⲱ
ⲁϥϣⲓ ⲡⲙⲟⲟⲩ ⲧⲏⲣϥ̅ ϩ̅ⲛ ⲧⲉϥϩ̅ⲃ
ϩⲉ · ⲁⲩⲱ ⲧϭⲓⲝ ⲛ̅ⲟⲩⲱⲧ ⲙ̅ⲡⲭⲟ
ⲉⲓⲥ ⲧⲉⲛⲧⲁⲥⲧⲁⲙⲓⲉ ⲛⲁⲓ̈ ⲧⲏⲣⲟⲩ
5 ⲧⲁⲓ̈ ⲅⲁⲣ ⲧⲉ ⲡⲉⲭ̅ⲥ̅ · ⲧϭⲓⲝ ⲙ̅ⲡⲓⲱⲧ
ⲁⲩⲱ ⲉⲥⲙⲟⲩⲛⲅ̅ ⲙ̅ⲡⲧⲏⲣϥ̅ · ⲉ
ⲃⲟⲗ ϩ̅ⲓⲧⲟⲟⲧⲥ̅ [ⲛ̅]ⲧⲁⲡⲧⲏⲣϥ̅ ϣⲱ
ⲡⲉ · ⲉⲁⲥϣⲱ[ⲡ]ⲉ ⲙ̅ⲙⲁⲁⲩ ⲙ̅ⲡⲧⲏ
ⲣϥ̅ · ⲛ̅ⲧⲟϥ ⲅⲁⲣ ⲡⲉ ⲛ̅ⲟⲩⲟⲉⲓϣ ⲛⲓⲙ
10 ⲉϥϣⲟⲟⲡ ⲛ̅ϣⲏⲣⲉ ⲙ̅ⲡⲓⲱⲧ · ⲁⲣⲓ
ⲛⲟⲉⲓ ⲛⲁⲓ̈ ⲙ̅ⲡⲛⲟⲩⲧⲉ ⲡ̅ⲡⲁⲛⲧⲟ
ⲕⲣⲁⲧⲱⲣ ⲉⲧ̅ϣⲟⲟⲡ ⲛ̅ⲟⲩⲟⲉⲓϣ
ⲛⲓⲙ · ⲛ̅ⲛⲉⲣⲉⲡⲁⲓ̈ ϣⲟⲟⲡ ⲁⲛ ⲉϥⲉ
ⲛ̅ⲣ̅ⲣⲟ ⲛ̅ⲟⲩⲟⲉⲓϣ ⲛⲓⲙ · ⲙⲏⲡⲱⲥ
15 ⲛ̅ϥϣⲱⲡⲉ ⲉϥϣⲁⲁⲧ ⲙ̅ⲡϣⲏⲣⲉ
ⲛ̅ⲑⲉⲓⲟⲥ · ⲉⲣⲉⲡⲧⲏⲣϥ̅ ⲅⲁⲣ ⲟⲩⲏϩ
ϩ̅ⲙ ⲡⲛⲟⲩⲧⲉ · ⲛⲉⲛⲧⲁⲩϣⲱⲡⲉ
ⲉⲃⲟⲗ ϩ̅ⲓⲧⲙ̅ ⲡⲗⲟⲅⲟⲥ ⲉⲧⲉ ⲡⲁⲓ̈ ⲡⲉ
ⲡϣⲏⲣⲉ ⲛ̅ⲑⲓⲕⲱⲛ ⲙ̅ⲡⲓⲱⲧ · ⲡⲛⲟⲩ
20 ⲧⲉ ⲅⲁⲣ ⲡⲉⲧϩⲏⲛ ⲉϩⲟⲩⲛ ⲁⲩⲱ ⲉϥ
ⲟⲩⲏⲟⲩ ⲉⲃⲟⲗ ⲁⲛ · ⲁⲣⲏⲭ̅ϥ ⲛⲓⲙ ⲛ̅
ⲑⲉⲓⲟⲛ ⲛⲉ ⲛ̅ⲣⲙ̅ϩⲛⲏⲉⲓ ⲙ̅ⲡⲛⲟⲩ
ⲧⲉ · ⲉⲣⲉϣⲁⲛⲡⲓⲑⲉⲓⲟⲛ ϭⲉ ϭⲓ ⲛ̅ⲙ
ⲙⲁⲕ ϩ̅ⲛ ⲟⲩϩⲱⲃ ⲉⲃⲟⲗ ϩ̅ⲛ ⲟⲩⲙⲉ
25 ⲣⲟⲥ · ⲙ̅ⲙⲉ ϫⲉ ⲡⲑⲉⲓⲟⲛ ⲧⲏⲣϥ̅
ⲧⲏⲧ ⲛ̅ϩⲏⲧ ⲛ̅ⲙⲙⲁⲕ · ⲙⲁⲣⲉⲡⲉ
ⲉⲓⲑⲓⲟⲛ ⲇⲉ ⲱⲕ ⲛ̅ϩⲏⲧ ⲙ̅ⲙⲛ ⲗⲁ
ⲁⲩ ⲙ̅ⲡⲟⲛⲏⲣⲟⲥ · ⲛ̅ⲧⲟϥ ⲅⲁⲣ ⲡⲉⲧ
ϯⲥⲃⲱ ⲛ̅ⲣⲱⲙⲉ ⲛⲓⲙ ⲉⲩⲡⲉⲧ
30 ⲛⲁⲛⲟⲩϥ · ⲡⲁⲓ̈ ⲡⲉ ⲛ̅ⲧⲁⲡⲛⲟⲩ
ⲧⲉ ⲧⲁⲁϥ ⲙ̅ⲡⲅⲉⲛⲟⲥ ⲛ̅ⲛⲣⲱⲙⲉ
ϫⲉⲕⲁⲁⲥ ⲉⲧⲃⲉ ⲡⲁⲓ̈ ⲉⲣⲉⲣⲱⲙⲉ
ⲛⲓⲙ ⲛⲁϣⲱⲡⲉ ⲉϥⲥⲟⲧⲡ̅ ⲙ̅
ⲡⲉⲙⲧⲟ [ⲉⲃ]ⲟⲗ ⲛ̅ⲛⲁⲅⲅⲉⲗⲟⲥ
35 ⲧⲏⲣⲟⲩ ⲙ̅ⲛ ⲛ̅ⲁⲣⲭⲁⲅⲅⲉⲗⲟⲥ
ⲙ̅ⲡⲛⲟⲩⲧⲉ ⲅⲁⲣ ϣⲁⲁⲧ ⲁⲛ ⲉ
ⲧⲣⲉϥⲣ̅ⲁⲟⲃⲓⲙⲁⲍⲉ ⲛ̅ⲗⲁⲁⲩ

---

p. 115, 2s ϩ̅ⲃϩⲉ, mot inconnu jusqu'ici. Zandee (*Muséon*, p. 381, 4) y voyait une forme
corrompue de ϩⲃⲃⲉ, qui peut signifier ζεῦγος, «paire de bœufs», et exprimer une mesure,
comme c'est le cas en *Es* 5, 10 (CRUM 656b). Le traducteur aurait confondu ζεῦγος avec
ζυγόν, «balance» que la LXX emploie dans le même verset d'*Es* 40, 12 cité ici par Silv.

P. 1[1]5

d'une telle grandeur comme dans une outre[o]; et
il a jaugé toute l'eau dans sa pau-
me(?). Et c'est la main seule du Seigneur qui a créé tout cela.

5 Car[o] celle-ci est le Christ[o], la main du Père,
et elle façonne le Tout. C'est
par elle que le Tout est né,
elle est devenue la mère du
Tout. Car[o] lui est toujours

10 Fils du Père. Ré-
fléchis[o] à cela, que Dieu, le Tout-
puissant[o], qui existe en tout
temps, n'était pas
toujours régnant, de crainte[o]

15 d'être privé du Fils
divin[o]. Tout habite en effet[o]
en Dieu, ce (tout) qui est né
par le Logos[o] c'est-à-dire
(par) le Fils, l'image[o] du Père. Car[o]

20 Dieu est proche, et Il
n'est pas éloigné. Toutes les traces
divines[o] sont de la famille de
Dieu. Donc si ce Divin[o] s'accorde
avec toi sur une chose en par-

25 tie[o], sache que le Divin[o] tout entier
est d'accord avec toi. Mais[o] ce
Divin[o] ne se plaît en rien
de mauvais[o]; car[o] c'est Lui qui
enseigne à tout homme le

30 bien. C'est Lui que Dieu a
donné au genre[o] humain,
afin que, grâce à Lui, tous les
hommes deviennent supérieurs
à tous les anges[o]

35 et archanges[o].
Dieu en effet[o] n'a besoin
d'éprouver[o] aucun

SCHENKE (*art. cit.*, 135) rapproche le mot nouveau de ϩⲱϩϥ, «paume» ou «palme»,
comme mesure (anglais «hand»). C'est le terme d'*Es* 40, 12 à l'endroit précis qui nous
intéresse. Cf. CRUM 742b et notre commentaire — 21 nous donnons ici à ⲁⲣⲏⲝ= le sens
d'ἴχνος qu'il a p. ex. en *Job* 38, 16. Cf. CRUM 16b, et notre commentaire.

ⲛⲣⲱⲙⲉ· ϥⲥⲟⲟⲩⲛ ⲛ̄ϩⲱⲃ ⲛⲓⲙ
ϩⲁⲑⲏ ⲉⲙⲡⲁⲧⲟⲩϣⲱⲡⲉ· ⲁⲩⲱ
ϥⲥⲟⲟⲩⲛ ⲛ̄ⲛⲉⲑⲏⲡ ⲛ̄ⲧⲉ ⲫⲏⲧ·
ⲥⲉⲃⲟⲗⲉⲡ ⲇⲉ ⲉⲃⲟⲗ ⲧⲏⲣⲟⲩ ⲁⲩⲱ
5 ⲥⲉϣⲁⲁⲧ ⲛ̄ⲛⲁϩ[ⲣⲁ]ϥ· ⲙ̄ⲡⲣⲧⲣⲉ
ⲗⲁⲁⲩ ϫⲟⲟⲥ ⲉⲛⲉ[ϩ ϫ]ⲉ ⲡⲛⲟⲩⲧⲉ
ⲉⲛ̄ⲛⲁⲧⲥⲟⲟⲩⲛ· ⲟⲩ ⲇⲓⲕⲁⲓⲟⲛ ⲅⲁⲣ
ⲁⲛ ⲡⲉ ⲉⲛⲉϫ ⲡⲇⲏⲙⲓⲟⲩⲣⲅⲟⲥ ⲛ̄
ⲥⲱⲛⲧ̄ ⲛⲓⲙ ϩⲛ̄ ⲟⲩⲙ̄ⲛⲧⲁⲧⲥⲟⲟⲩⲛ
10 ⲕⲁⲓ ⲅⲁⲣ ⲛⲉⲧϣⲟⲟⲡ ϩⲙ̄ ⲡⲕⲁⲕⲉ
ⲉⲩϩⲁⲧⲏϥ ⲙ̄ⲡⲥⲙⲟⲧ ⲙ̄ⲡⲟⲩⲟ
ⲉⲓⲛ· ⲙ̄ⲙⲛ̄ ϭⲉ ⲗⲁⲁⲩ ⲅⲁⲣ ϩⲏⲡ ⲉⲓ
ⲙⲏⲧⲓ ⲡⲛⲟⲩⲧⲉ ⲟⲩⲁⲁϥ· ϥⲟⲩⲟ
ⲛ̄ϩ ⲇⲉ ⲉⲃⲟⲗ ⲛ̄ⲟⲩⲟⲛ ⲛⲓⲙ· ⲁⲩⲱ
15 ϥϩⲏⲡ ⲉⲙⲁⲧⲉ· ϥⲟⲩⲟⲛϩ ⲇⲉ ⲉⲃⲟⲗ
ⲉⲧⲃⲉ ϫⲉ ⲡⲛⲟⲩⲧⲉ ⲥⲟⲟⲩⲛ ⲙ̄
ⲡⲧⲏⲣϥ̄· ⲕⲁⲛ ⲉⲩϣⲁⲛⲧ̄ⲙⲟⲩⲱϣ
ⲉϫⲟⲟⲥ ⲥⲉⲛⲁϫⲡⲓⲟⲟⲩ ⲉⲃⲟⲗ ϩⲓ
ⲧⲙ̄ ⲡⲟⲩϩⲏⲧ· ϥϩⲏⲡ ⲇⲉ ⲉⲧⲃⲉ
20 ϫⲉ ⲙ̄ⲙⲛ̄ ⲗⲁⲁⲩ ⲣ̄ⲛⲟⲓ̈ ⲛ̄ⲛⲁⲡⲛⲟⲩ
ⲧⲉ· ⲟⲩⲁⲧⲛ̄ⲣⲁⲧϥ̄ ⲅⲁⲣ ⲡⲉ ⲁⲩⲱ
ⲟⲩⲁⲧϩⲉⲧϩⲱⲧϥ̄ ⲡⲉ ⲉⲥⲟⲩⲱⲛ
ⲡϣⲟϫⲛⲉ ⲙ̄ⲡⲛⲟⲩⲧⲉ· ⲡⲁⲗⲓⲛ
ⲥⲙⲟⲕϩ ⲛ̄ⲛⲣⲁⲧϥ̄· ⲁⲩⲱ ⲥⲙⲟⲕϩ̄
25 ⲛ̄ϭⲛ̄ ⲡⲉⲭⲥ̄· ⲛ̄ⲧⲟϥ ⲅⲁⲣ ⲡⲉⲧⲟⲩ
ⲏϩ ϩⲛ̄ ⲧⲟⲡⲟⲥ ⲛⲓⲙ ⲁⲩⲱ ⲟⲛ ⲉϥ
ϩⲛ̄ ⲧⲟⲡⲟⲥ ⲁⲛ· ⲙ̄ⲙⲛ̄ ⲗⲁⲁⲩ ⲅⲁⲣ
ⲉⲣⲟⲩⲱϣ ⲛⲁϣ ϭⲙ̄ϭⲟⲙ ⲉⲥⲟⲩ
ⲱⲛ ⲡⲛⲟⲩⲧⲉ ⲛ̄ⲑⲉ ⲉ[ⲧ]ϥ̄ϣⲟⲟⲡ
30 ⲙ̄ⲙⲟⲥ· ⲟⲩⲧⲉ ⲡⲉⲭⲥ̄{ⲛ̄}ⲟⲩⲧⲉ
ⲡⲉⲡⲛ̄ⲁ· ⲟⲩⲧⲉ ⲡⲭⲟⲣⲟⲥ ⲛ̄ⲛ̄
[ⲁ]ⲅⲅⲉⲗⲟⲥ· ⲟⲩⲇⲉ ⲛⲁⲣⲭⲁⲅⲅⲉ

P. 116

    homme. Il connaît toutes choses
    avant qu'elles ne se produisent; et il
    connaît les secrets du cœur;
    et° ils sont tous dévoilés et
5 déficients devant lui. Que
    personne ne dise jamais que Dieu
    est ignorant. Car° il n'est pas juste°
    de jeter le Démiurge° de
    toute créature dans l'ignorance.
10 Car° même° ce qui est dans les ténèbres
    est devant lui comme (dans) la lu-
    mière. Il n'y a donc vraiment° personne de caché
    sinon° Dieu seul. Mais° il
    se manifeste à chacun. Et (cependant)
15 il est fort caché; mais° il est apparent
    parce que Dieu connaît le
    Tout. Même s'°ils ne veulent pas
    le dire, ils seront confondus par
    leur cœur. Et° il est caché parce
20 que personne ne comprend° les choses de
    Dieu. Car° c'est (une chose) inaccessible et
    insondable de connaître
    le dessein de Dieu. Et de plus°
    il est difficile de suivre ses traces, et il est difficile
25 de trouver le Christ°. Car° il est celui qui ha-
    bite en tout lieu°, et d'autre part il
    n'est pas dâns un lieu°. Car° personne,
    même s'il le voulait, ne pourrait con-
    naître Dieu tel qu'Il est,
30 ni° le Christ°, ni°
    l'Esprit°, ni° le chœur° des
    anges° ni encore° les archanges°

p. 116, 30 il semble que le copiste ait d'abord écrit ΝΟΥΤΕ puis essayé de gratter le Ν. Quoi qu'il en soit, il faut lire ΟΥΤΕ.

λος ⲙ̄ⲛ ⲛⲉⲑⲣⲟⲛⲟⲥ ⲛ̄ⲛⲉⲡⲛⲁ̄
ⲁⲩⲱ ⲙ̄ⲙⲛ̄ⲧϫⲟⲉⲓⲥ ⲉⲧϫⲟⲥⲉ
ⲁⲩⲱ ⲡⲛⲟ[ϭ] ⲛ̄ⲛ̣ⲟⲩⲥ· ⲉⲕⲱⲧⲙ̄
ⲥⲟⲩⲱⲛ̣ⲧ̄ ⲟ̣ⲩⲁ[ⲁⲕ] ⲛ̄ⲅⲛⲁϣ ϭⲙ̄ϭⲟⲙ
5 ⲁⲛ ⲛ̄ⲥⲟⲟⲩⲛ [ⲛ]ⲁ̈ⲓ ⲧⲏⲣⲟⲩ· ⲟⲩⲱⲛ
ⲛⲁⲕ ⲙ̄ⲡⲣⲟ ϫ[ⲉ]ⲕ̣ⲁⲁⲥ ⲉⲕⲛⲁⲥⲟⲩ
ⲱⲛ ⲡⲉⲧϣⲟ[ⲟ]ⲡ̄· ⲧⲱϩⲙ̄ ⲉϩⲟⲩⲛ
ⲉⲣⲟⲕ ⲟⲩⲁⲁⲕ ϫⲉⲕⲁⲁⲥ ⲉⲣⲉⲡⲗⲟ
ⲅⲟⲥ ⲛⲁⲟⲩⲱⲛ ⲛⲁⲕ· ⲛ̄ⲧⲟϥ ⲅⲁⲣ
10 ⲡⲉ ⲡ̄ⲣⲣⲟ ⲛ̄ⲧⲡⲓⲥⲧⲓⲥ ⲙ̄ⲛ ⲧⲥⲏ
ϥⲉ ⲉⲧⲧⲏⲙ· ⲉⲁϥϣⲱⲡⲉ ⲙ̄ⲡⲧⲏ
ⲣϥ̄ ⲛ̄ⲟⲩⲟⲛ ⲛⲓⲙ· ⲉⲧⲃⲉ ϫⲉ ϥⲟⲩ
ⲱϣ ⲉⲛⲁ ⲛ̄ⲟⲩⲟⲛ ⲛⲓⲙ· ⲡⲁϣⲏ
ⲣⲉ ⲥⲃⲧⲱⲧⲕ̄ ⲉⲉ̈ⲓ ⲉⲃⲟⲗ ϩ̄ⲛ ⲛ̄ⲕⲟⲥ
15 ⲙⲟⲕⲣⲁⲧⲱⲣ ⲛ̄ⲧⲉ ⲡⲕⲁⲕⲉ· ⲁⲩⲱ
ⲡⲉ̈ⲓ ⲁⲏⲣ ⲛ̄ⲧⲉⲓ̈ϭⲟⲧ ⲉϥⲙⲉϩ ⲛ̄ⲁⲩ
ⲛⲁⲙⲓⲥ· ⲉϣⲱⲡⲉ ⲇⲉ ⲉⲩⲛ̄ⲧⲁⲕ ⲙ̄
ⲙⲁⲩ ⲙ̄ⲡⲉⲭ̄ⲥ ⲕⲛⲁϫⲣⲟ ⲉⲡⲉⲓ̈ⲕⲟⲥ
ⲙⲟⲥ ⲧⲏⲣϥ̄· ⲡⲉⲧ̄ⲕⲛⲁⲟⲩⲱⲛ ⲙ̄
20 ⲙⲟϥ ⲛⲁⲕ ⲕⲛⲁⲟⲩⲱⲛ ⲙ̄ⲙⲟϥ
ⲡⲉⲧ̄ⲕⲛⲁⲧⲱϩⲙ̄ ⲉⲣⲟϥ ⲛⲁⲕ ⲕⲛⲁ
ⲧⲱϩⲙ̄ ⲉⲕ̄ⲣϣⲫⲉⲗⲉⲓ ⲙ̄ⲙⲟⲕ ⲟⲩ
ⲁⲁⲕ· ϭⲛ̄ ϩⲏⲟⲩ ⲙ̄ⲙⲟⲕ ⲡⲁϣⲏ
ⲣⲉ ⲉⲛⲕⲙⲟⲟϣⲉ ⲁⲛ ϩ̄ⲛ ⲛⲉⲧⲉ
25 ⲙ̄ⲙⲛ̄ ϩⲏⲩ ⲛ̄ϩⲏⲧⲟⲩ· ⲡⲁϣⲏⲣⲉ
ⲧⲟⲩⲃⲟⲕ ⲛ̄ϣⲟⲣⲡ̄ ⲉⲧⲡⲟⲗⲓⲧⲓⲁ
ⲉⲧϩⲓⲃⲟⲗ· ϫⲉⲕⲁⲁⲥ ⲉⲕⲛⲁϣ ϭⲙ̄
ϭⲟⲙ ⲛ̄ⲧⲟⲩⲃⲉ ⲧⲁⲫⲟⲩⲛ· ⲁⲩⲱ
ⲙ̄ⲡⲣϣⲱⲡⲉ ⲉⲕⲟ ⲛ̄ⲛⲉϣⲱⲧ
30 ⲙ̄ⲡϣⲁϫⲉ ⲙ̄ⲡⲛⲟⲩⲧⲉ· ⲁⲣⲓⲇⲟ
ⲃⲓⲙⲁⲍⲉ ⲛ̄ϣⲟⲣⲡ̄ ⲛ̄ϣⲁϫⲉ ⲛⲓⲙ
ϩⲁⲑⲏ ⲉⲙ[ⲡⲁ]ⲧⲉⲕⲛⲟϫⲟⲩ ⲉⲃⲟⲗ
ⲙ̄ⲡⲣⲟⲩⲱϣ ⲉϫⲡⲉ ⲛⲓⲉⲟⲟⲩ ⲉ
ⲧⲉ ⲛ̄ⲥⲉⲧⲁϫⲣⲏⲩ ⲁⲛ· ⲟⲩⲧⲉ·

P. 117

ainsi que les Trônes⁰ des Esprits⁰
et les Dominations élevées,
et le Grand Intellect⁰. Si tu ne
te connais pas toi-même, tu ne pourras
5   pas connaître tous ceux-là. Ouvre-
toi la porte, afin de connaître
Celui qui est. Frappe en
toi-même, afin que le Lo-
gos⁰ t'ouvre. Car⁰ c'est lui
10 qui est le Roi de la Foi⁰ et le
glaive aigu, s'étant fait
tout à tous, parce qu'il
veut avoir pitié de chacun. Mon
fils, prépare-toi à échapper aux
15 dominateurs-du-monde⁰ des ténèbres, et (à)
ce genre d'air⁰, qui est rempli de puissances⁰. Mais⁰ si tu possèdes
le Christ⁰, tu vaincras ce monde⁰
tout entier. Ce que tu ouvriras
20 pour toi, tu l'ouvriras.
Là où tu frapperas pour toi, tu
frapperas en étant utile⁰ à toi-
même. Aide-toi, mon
fils, en ne cheminant pas avec ce
25 qui n'a pas d'utilité. Mon fils,
purifie-toi d'abord dans la vie⁰
extérieure, afin de pouvoir
purifier celle de l'intérieur. Et
ne deviens pas comme les marchands
30 de la parole de Dieu. É-
prouve⁰ d'abord toutes les paroles
avant de les lancer.
Ne désire pas acquérir ces gloires
qui n'ont aucune consistance, ni⁰

---

p. 117, 6 on aperçoit l'extrémité des deux barres obliques du ϰ de ϫ[ε]ϰⲁⲁⲥ — 10 «le Roi» (ⲡ̄ⲣⲣⲟ): peut-être faut-il lire ⲡⲣⲟ, «la porte». Cf. p. 106, l. 26.

ⲧⲙⲛ̄ⲧⲃⲁⲃ[ⲉ]ⲣⲱⲙⲉ ⲧⲁⲓ̈ ⲉⲧⲉⲓ
ⲛⲉ ⲙ̄ⲙⲟⲕ ⲉⲡⲧⲁⲕⲟ· ϫⲓ ⲉⲣⲟⲕ
ⲛ̄ⲧⲥⲟⲫⲓⲁ ⲙ̄ⲡⲉⲭ̄ⲥ̄ ⲛ̄ϩⲁⲣ̄ϣ̄ϩⲏⲧ
ⲁⲩⲱ ⲛ̄ⲣ̄ⲙⲣⲁ[ϣ] ⲁⲩⲱ ⲛ̄ⲅϩⲁⲣⲉϩ
5　ⲉⲧⲁⲓ̈ ⲱ̄ ⲡⲁϣⲏ[ⲣ]ⲉ̣· ⲉⲕⲥⲟⲟⲩⲛ
ϫⲉ ⲟⲩϩⲟⲩ ⲛ̄ⲟ̣[ⲩ]ⲟ̣ⲉⲓϣ ⲛⲓⲙ ⲧⲉ
ⲧⲉϩⲓⲏ ⲙ̄ⲡⲛⲟⲩ[ⲧ]ⲉ:　> > > >—> > >—> > >—
——> > > >——> > > >——> > > > > >——> > > > >
——> > >——> > > >——> > >——
——　——　——

ⲫⲫⲫ ⲓ̈ⲭⲑⲩⲥ ⲑⲁⲩⲙⲁ ⲏⲏⲏ
　　ⲁⲙⲏⲭⲁⲛⲟⲛ ∠ ⲧⲩ
——　——　——

P. 118

    la fanfaronnade qui
    te mène à la perte. Adopte
    la sagesse^o du Christ^o patient
    et aimable, et garde-
5 la, ô^o mon fils, sachant
    que la voie de Dieu
    est toujours profitable.

Jésus^o Christ^o, Fils^o de Dieu^o, Sauveur^o, merveille^o
extraordinaire^o

COMMENTAIRE

p. 84

l. 16 à 26 : Ce début fait un peu songer à 1 *Co*, 13,11 s : «Lorsque j'étais enfant... je raisonnais comme un enfant. Devenu homme, j'ai aboli ce qui était de l'enfant (τὰ τοῦ νηπίου)». Mais pour l'apôtre, ce progrès aboutira finalement à la perfection de la charité, qui «ne jalouse pas ... ne s'enfle pas d'orgueil ... ne s'irrite pas, n'entretient pas de rancune, etc.». Tandis que Silv semble s'arrêter à la force du νοῦς, qui permet de lutter contre des passions dont l'énumération n'est cependant pas sans rappeler celle de saint Paul. Cette supériorité du νοῦς est soulignée également dans la philosophie grecque — en particulier dans le stoïcisme. Et nous retrouvons même la comparaison de l'enfant chez Épictète p.ex. : le passionné est comme un enfant dont le jugement n'est pas encore mûr. Les passionnés se battent pour se disputer des biens sans valeur, comme les enfants se battent pour ramasser des figues et des noisettes (ÉPICTÈTE, *Entretiens*, IV,28).

J. ZANDEE cite en outre (*Misc. Verg.*, 622, n. 24) *SVF* III 537 : «les enfants n'ont pas encore une raison complètement développée». Et à propos de tout ceci, il note (*ibid.*, 621 s) que «des pensées bibliques et la Stoa se laissent combiner» — et cite le Παιδαγωγός de Clément d'Alexandrie.

Ajoutons encore que, dans sa «Catéchèse à propos d'un moine rancunier» — un texte dont le genre littéraire est très proche de celui de Silv (cf. Introduction) — Pachôme exhorte également son disciple à lutter et à combattre les passions : ⲀⲄⲰⲚⲒⲌⲈ ... ⲚⲄϮ ⲞⲨⲂⲈ Ⲙⲡⲁⲑⲟⲥ (*CSCO* 159, p. 21, l. 10). À propos de l'ἐπιθυμία (l. 25), il dit aussi (p. 6,29) : ⲡⲁϢⲎⲢⲈ, ⲡⲰⲦ ⲈⲂⲞⲖ ⲚⲦⲈⲡⲒⲐⲨⲘⲒⲀ : «Mon fils, fuis la concupiscence»; et il ajoute : «car c'est elle qui obnubile l'esprit (νοῦς) et l'empêche de connaître le secret de Dieu : elle te rend étranger au langage de l'Esprit (πνεῦμα)».

Le Siracide parle lui aussi (5,2) d'ἐπιθυμίαι καρδίας σου, «passions de ton cœur», à propos du désir des richesses. Et l'apôtre Pierre (2 *P*, 1,4) exhorte, de son côté, à s'arracher à la corruption qui est dans la convoitise (ἐν ἐπιθυμίᾳ). Silv précise le sens d'ἐπιθυμία ici en le complétant par ⲘⲚⲦⲘⲀⲈⲒⲬⲢⲎⲘⲀ, «amour de l'argent» : c'est la φιλοπλουτία des Stoïciens. Cf. ZANDEE, Misc. Verg. 626, qui relève encore, parmi les vices combattus dans la Stoa, l'amour sensuel (ἔρως — cf. Silv. 1.21) la φιλοδοξία (= Silv l. 22) et la colère (ὀργή — cf. Silv l. 25). Comme on le voit, les «parallèles» sont nombreux et variés.

l. 26ss : la métaphore du soldat bien armé est tout à fait courante dans la Bible. Ainsi, en *Sg*, 5, 17-20, le juste, recevant du Seigneur son armure (πανοπλία), revêtira la justice comme cuirasse (θώραξ), coiffera comme casque (κόρυς) un jugement sévère, prendra comme bouclier (ἀσπίς) la sainteté, aiguisera sa colère comme épée (ρομφαία), et le monde mènera la guerre avec lui contre les insensés (παράφρων). En *Es*, 59,17, c'est le Seigneur lui-même qui revêt la justice comme cuirasse (θώραξ) et met sur sa tête le casque (περικεφαλαία) du salut. Dans le NT en *Ep*, 6,11 ss (qui reprend d'ailleurs en partie les termes d'Isaïe), l'armure (πανοπλία) de Dieu qui permettra de faire face aux manœuvres du diable comprend notamment la cuirasse (θώραξ) de la justice, le bouclier (θυρεός) de la foi, le casque (περικεφαλαία) du salut et le glaive (μάχαιρα) de l'Esprit (c'est-à-dire la Parole — ῥῆμα — de Dieu). — Notons tout de suite que Silv reprendra plus loin (p. 117,11) cette métaphore du glaive — *Rm*, 13,12 parle également des armes de la lumière, et 1 *Th*, 5,8 nous exhorte à être «sobres, revêtus de la cuirasse (θώραξ) de la foi et de l'amour, avec le casque (περικεφαλαία) de l'espérance du salut. Mais nous citerons spécialement le livre des *Proverbes*. On y lit (2,6 s) que Yahweh «donne la sagesse (σοφίαν) — et de sa bouche viennent connaissance (γνῶσις) et raison (σύνεσις) ... il est un bouclier (ὑπερασπιεῖ) pour qui se conduit honnêtement».

Enfin, citons encore la catéchèse de Pachôme «à propos d'un moine rancunier». Dans un passage où il suit Athanase, et où il fait parler le Seigneur, Pachôme dit entre autres (p. 17, 23-26) : «Mes miracles, mes prodiges, mes merveilles, c'est d'eux que j'étais revêtu dans le monde comme d'un armement militaire (ὅπλον); je te les ai donnés pour que tu t'en équipes, et que tu abattes Goliath, c'est-à-dire le diable».

Quant à «votre» camp (l. 27), le possessif de la deuxième personne du pluriel est à première vue un peu inattendu. Silv songe sans doute à l'ensemble du camp, qui comprend des soldats (les paroles), des chefs (les conseils) et une sorte de général ou guide intérieur (le νοῦς) — ἡγεμονικόν à la p. 85,1, ἡγούμενος à la p. 85,25. C'est à tout cela que devra veiller le disciple — que Silv appellera désormais «mon fils» (p. 85,1).

Dans un chapitre des *Plutarch's Ethical Writings...* (v. Bibliographie),
H.D. BETZ et J.M. DILLON rapprochent tout ce passage d'une phrase
du *De cohibenda ira* de Plutarque (454A : ὥσπερ οἱ πολιορκίαν
προσδεχόμενοι...) comparée aussi à I *Clem* 57,4. Ils précisent que,
chez Silv, «the city is identical with the soul» (*op. cit.*, p. 184). Pour
l'imagerie militaire, ils citent encore 2 *Co* 10, 4-6.

Toutes ces métaphores militaires n'ont plus chez Silv le sens théologique
qu'elles avaient dans les textes bibliques : foi et sainteté sont devenues
des paroles, des conseils, le νοῦς. Termes philosophiques qu'on peut
cependant rapprocher peut-être des *Pr*, où il était question de γνῶσις
et de σύνεσις, et un peu de *Sg*, qui parle de jugement sévère et de lutte
contre les insensés. Philon, de son côté, interprète allégoriquement
le «camp» (παρεμβολή) dont il est question en *Dt*, 23,13, en disant
que Moïse «appelle camp la vertu, où l'âme a établi son camp»
(*Leg. All.*, III, 151, cité par ZANDEE, Mél. Puech, p. 345).

L'emploi si fréquent de ces métaphores ne permet pas de conclure
avec certitude à une influence littéraire bien déterminée. Seul le livre des
Proverbes nous paraît un peu plus proche, mais non d'une manière
déterminante.

p. 85

l. 1 : l'ἡγεμονικόν, guide intérieur ou principe directeur, est typique-
ment stoïcien. Marc Aurèle le définit ainsi (*Pensées*, IV,8) : «Le guide
intérieur est cette partie qui s'éveille d'elle-même, qui se modifie et se
façonne elle-même telle qu'elle veut, et qui fait que tout événement lui
apparaisse tel qu'elle veut». Mais chez les Stoïciens, c'est la raison
(λόγος) qui est le guide intérieur. Le νοῦς est plutôt platonicien. Dans
le stoïcisme tardif cependant, on voit apparaître un νοῦς ἡγεμονικός.
C'est chez Marc Aurèle que le νοῦς est le plus étroitement associé à
l'ἡγεμονικόν : «Estime-toi heureux, au milieu d'un tel tourbillon, de
posséder, toi, en toi-même, une *intelligence capable de te guider* (νοῦς
ἡγεμονικός). Si le tourbillon t'emporte, qu'il emporte ton corps, ton
souffle, tout le reste! Ton intelligence (νοῦς), il ne l'emportera pas»
(*Pensées*, XII, 14). Cf. encore *Pensées*, III,16 : νοῦν ἡγεμόνα ἔχειν.

Le Νοῦς est aussi chez Plotin la première émanation de l'Un absolu.
Et du Νοῦς procède l'âme; l'âme est libre lorsqu'elle suit son guide,
qui est l'intelligence (*Enn.*, III, 1,8 et 4,2. Cf. BRÉHIER, Philosophie, 38
et WERNER, 260).

Comme dans le livre des *Proverbes* (I, 8), l'adresse : «Mon Fils» ne figure pas en tête de l'ouvrage. Mais dans les *Pr*, cela se justifie, les premiers versets énonçant le propos du livre, avant de s'adresser au disciple. On pourrait se demander si, dans un état primitif, l'exhortation de Silv ne commençait pas à la p. 85 : les premières lignes auraient été ajoutées de seconde main. Notons aussi qu'à cet endroit précis, nous passons de la métaphore d'un camp à celle d'une ville. Elle changera une fois de plus au bas de la p. 85, introduite par une nouvelle adresse (l. 29).

l. 2 : les brigands qui apparaissent aux portes (d'une ville — cf. 1. 13-14 — s'il s'agissait d'un camp militaire, on parlerait plutôt d'ennemis) pourraient désigner les passions qui assaillent l'âme. Mais c'est aussi le terme que le Valentinien Héracléon applique aux vendeurs chassés du Temple (*Jn*, 2,15 — Héracléon, fr. 13, Völker, p. 70), qui sont pour lui les puissances mauvaises ennemies de l'âme. Plus clairement, dans l'*Évangile selon Philippe* (EvPhil, p. 53,12), ce sont ces mêmes «brigands» qui détiennent l'âme prisonnière. Même sens encore dans l'*Évangile selon Thomas* : «Veillez en face du monde ... de peur que les brigands (λῃστής) ne trouvent un chemin pour venir vers vous» (EvTh, log. 21). Cf. aussi l'*Apocryphon de Jean* (ApocrJn, II, 21,11) et l'*Exégèse de l'Âme* (ExAm, 127,27). Le terme revient plusieurs fois dans les *Actes de Pierre et des Douze Apôtres* (AcPi 12Ap), p. ex. à la p. 5,26, où les «brigands» sont même associés aux «bêtes sauvages» (θηρίον) comme chez Silv. Quant à Antoine, il compare également les violences des démons à celles des brigands (*Vita*, 36 et 42). Cf. encore Silv, p. 113,33.

L'usage de «paroles» — envisagées sans doute comme raisonnements (λόγοι) — permettra la vigilance, comme des torches aux portes d'une ville. Mais si l'âme ne veille pas à garder cette saine raison, elle ne sera plus qu'une ville déserte, bientôt envahie par les brigands et par les bêtes sauvages. La distinction que l'auteur semble faire ici entre ces deux derniers termes, nous fait supposer que seules les bêtes sauvages représentent allégoriquement les penchants irrationnels, et que, chez Silv comme dans les textes gnostiques cités ci-dessus, les brigands sont les puissances du mal. À la p. 110,24, il sera question encore de «tyrans superbes», que le Christ a attaqués et renversés.

Le «Méchant» (l. 17) — plus souvent appelé Πονηρός — ne peut être que le Diable. Il est tyran, seigneur, il gouverne les puissances mauvaises, il est dans le grand bourbier, c'est-à-dire dans l'enfer. Sur ce thème du bourbier, voir l'intéressant article de M. Aubineau (cf. Bibliographie). Le terme βόρβορος réapparaîtra encore trois fois dans Silv : p. 97,30 ; 103,22 et 104,31. Cf. notre Introduction. Tout ceci n'exclut peut-être pas un certain dualisme chez Silv. Mais cf. p. 95, et le commentaire de la p. 113,31 ss.

l. 24-27 : nous savions déjà (cf. l. 1 de la même page) que le νοῦς devait être le guide intérieur (ἡγεμονικόν). Ici, l'auteur le désigne comme ἡγούμενος — ce qui, dans le cas présent, revient pratiquement au même. Il ajoute que le Logos est le «maître» : ⲥⲁϩ, de la même racine que ⲥϩⲁⲓ, «écrire», correspond au grec διδάσκαλος. Chez Silv — comme chez saint Jean — le Logos désigne indubitablement le Christ (p. ex. p. 106,24 et 111,5, pour ne citer que les passages les plus clairs). Il est le Verbe (p. 112,32), la Parole du Père (p. 113,13), le Fils, l'image du Père (p. 117,18 s). Dans les évangiles canoniques, le Christ apparaît aussi comme un διδάσκαλος. Mais dans le passage qui nous occupe, il est coordonné au Νοῦς. Il est possible que Λόγος soit à prendre ici dans le sens philosophique : la «Raison», comme chez les Stoïciens entre autres. Zandee note à ce sujet (Mél. Puech, p. 338) : «C'est ainsi que les principes stoïciens (se conduire selon le λόγος) et chrétiens (obéir aux commandements de Jésus) coïncident (cf. p. 91, 24-26)».

On retrouve encore des idées analogues chez Plotin. Citons une fois de plus Zandee (NHS 7, p. 161) : «Selon Plotin l'âme est le λόγος du νοῦς, l'instrument par lequel l'intelligence parvient à s'exprimer elle-même (Enn., V,13). La raison est 'comme un rayon lumineux issu à la fois de l'intelligence (νοῦς) et de l'âme' (Enn., III, 2,16). 'De l'intelligence émane la raison' (Enn., III, 2,2)". Cette position, comme celle de Silv, tente également de concilier la philosophie avec le christianisme, en remplaçant Dieu-Père par le Νοῦς. Dans le christianisme, le Logos-Christ est Fils du Père ; chez Plotin, le Logos-raison émane du Νοῦς.

p. 86

l. 1-11 : l'homme qui se laisse dominer par les passions devient un animal. Car les passions mauvaises sont des bêtes sauvages, qu'il faut combattre. Le νοῦς, principe directeur de l'homme, le distingue de l'animal. Le thème de l'animalité réapparaîtra plusieurs fois dans la suite : cf. p. 87,27 ss ; 89,1-4 ; 93,9-21 ; 94,1-3 et 7-19 ; 105,6 s ; 107,17-25. Dans l'Hypostase des Archontes aussi, les passions sont représentées symboliquement par des animaux (cf. Barc, p. 106).

l. 11-21 : les passions mauvaises sont des ennemis (cf. p. 85,30); Νοῦς et Logos sont au contraire des amis. Apparemment d'abord au sens philosophique. Mais Silv ajoute aussitôt : «Dieu ... et son Esprit» (l. 16 et 18). Et à la ligne 20, le Logos est «saint». L'homme a besoin de la collaboration de Dieu pour lutter contre les passions. Ainsi se trouvent enchevêtrés une fois de plus christianisme et philosophie grecque.

l. 20-23 : à la p. 85,5, *les* logoi étaient comparés à des torches placées aux portes de la ville pour en écarter les brigands. Ici, *le* Logos saint devient la torche qui brûle le péché comme du bois sec.

l. 25 : les «ennemis» continuent vraisemblablement à représenter les passions mauvaises. À moins que la métaphore n'ait insensiblement glissé vers les «puissances du mal», qu'elle représentera régulièrement dans la suite. Cf. spécialement p. 91,19 s où le sens est explicite : «tes ennemis, les Puissances de l'Adversaire». Ils sont d'ailleurs fortement personnifiés dans le passage qui nous occupe. Ajoutons qu'Antoine l'Ermite parle aussi d'ennemis (ϫⲁϫⲉ, dans la version copte) à propos des démons. Cf. p. ex. *Vita Antonii*, ch. 21 et 42.

p. 87

l. 2-4 : ces gardiens de la piété et de la sagesse, que l'homme a en soi, sont évidemment le νοῦς et le λόγος dont il a été question à la p. 86,14-15. Stoïcisme et christianisme se trouvent ainsi combinés ici encore.

l. 5 ss : éducation et sagesse : le livre des *Proverbes* (1,2) se dit, lui aussi, destiné «à faire connaître la sagesse (σοφία) et à donner l'éducation (παιδεία)», ce qui nous engage à prendre ⲥⲃⲱ au sens de σοφία dans ce passage de Silv. Cf. Crum, p. 319b.

l. 11-15 : sur cette couronne et cette robe, cf. *infra*, p. 89,20-24. Par l'éducation qu'il reçoit de l'extérieur, le disciple tressera comme une couronne à l'ἡγεμονικόν qu'il a en lui. Et en revêtant comme une robe la sagesse qu'il a accueillie, il se rendra noble, en la faisant apparaître par sa bonne conduite. (Cf. *Pr*, 1,8 s).

l. 16-18 : l'austérité de la discipline nous ramène au stoïcisme. De même l'idée d'être son propre juge se trouve entre autres chez Sénèque (cité par Zandee, Misc. Verg., 624). Cf. cependant encore *Pr*, 1,8.

l. 20-22 : que l'ignorance soit la cause de tous les malheurs est un thème fréquent dans le gnosticisme.

La conséquence que le maître de sagesse donne ici («que tu n'égares ton peuple») fait supposer que le disciple est peut-être à la tête d'un peuple. À moins que ce «peuple» ne soit une métaphore, comme le «camp» et la «ville» des pages précédentes? Cf. aussi *infra*, p. 88, 1-2.

1. 22 ss : «Celui qui t'instruit» désigne vraisemblablement Silvanos, qui exhorte son disciple à rejeter la nature animale qu'il a en lui. Il devra gouverner son âme avec autant ou même plus de soin qu'il ne gouverne les choses visibles. Faute de quoi, il risque de devenir l'esclave de puissances «tueuses d'âmes». Tout ceci est proche du stoïcisme, mais l'idée de puissances mauvaises qui menacent l'âme est plus particulièrement gnostique.

Quant aux rapports entre l'ignorance et l'animalité, cf. surtout l'AuthLog de Nag Hammadi, p. 24,20-23 : «Lorsque (l'âme) a renoncé à la connaissance, elle est tombée dans l'animalité. Car un insensé est dans l'animalité». Et encore, p. 33,4-9 : «Ceux qui sont ignorants ne cherchent pas Dieu... mais ils marchent dans l'animalité». La «nature animale qui est en toi», c'est la nature charnelle, terrestre. Cf. p. 88, 35-89,4; 93,18-21; 94,2-3.

p. 88

1. 1 : «grand sur», cf. EvTh, log. 12 : «qui deviendra grand sur nous?».

1. 4 : «Un Logos divin» : le principe divin qui habite en l'homme, comme nous venons de le voir à la p. 87 (l. 2 et 22 s). Héracléon qualifie de λογικοί ceux qui ont en eux ce germe divin (fr. 24). Mais cette notion est évidemment très proche des λόγοι σπερματικοί des Stoïciens (cf. G. Verbeke, *op. cit.*, p. 299). Si par ailleurs nous comparons *Ga*, 2,20 : «c'est le Christ qui vit en moi», nous conclurons qu'ici encore Silv combine philosophie grecque et christianisme.

1. 5-6 : «toute puissance tueuse d'âme» peut signifier simplement les passions, mais peut faire allusion aussi aux puissances du mal, ennemies de l'âme (cf. *supra*, p. 85,14 : les «brigands»).

1. 6-11 : pour saint Jean, c'est le péché qui rend esclave. Cf. p. ex. *Jn*, 8,34 : «Celui qui commet le péché est esclave du péché». Il en est de même pour saint Paul : «Vous étiez esclaves du péché» (*Rm*, 6,17 et 20). Pour Silv, d'après le contexte immédiat (l. 8 ss), c'est la crainte.

Celle-ci est aussi un des vices principaux pour les Stoïciens (cf. Zandee, Misc. Verg., 626).

Seule la crainte de Dieu est salutaire (l. 9 à 11). Ici nous rejoignons la Bible : «La crainte du Seigneur est le commencement de la Sagesse» (voir entre autres *Pr*, 1,7 et 9,10). Cf. aussi Antoine (*Vita*, ch. 30). Et au chap. 84, il conseille par-dessus tout aux juges d'observer la justice et de craindre Dieu. Mais quelques lignes plus bas, Silv passe à l'idée d'ignorance (l. 21). L'ignorance rend escalve et la connaissance ou gnose libère : thème largement développé chez les gnostiques, et en particulier dans l'*Évangile selon Philippe* de Nag Hammadi. Ainsi : «Celui qui possède la connaissance de la Vérité est libre» (77, 16) — où l'auteur ajoute cependant : «Celui qui fait le péché est esclave du péché» (77,18) — «celui qui est devenu libre par la connaissance (77,26 s); «ceux qui n'ont pas encore pu s'élever à la liberté de la connaissance» (77,28 s). Et surtout : «L'ignorance est esclave, la connaissance est liberté» (84,10). Sur cette gnose libératrice, cf. aussi *Extraits de Théodote*, 78,2.

À noter encore, l'appellation «le Très-Haut» : le mot copte est l'équivalent du grec ὕψιστος, souvent appliqué à Dieu dans le Nouveau Testament aussi (p. ex. *Lc*, 1,32.35.76, etc.).

l. 12 : la «fourberie du diable» : cf. *infra*, p. 95,17-24.

l. 14-17 : la lumière à recevoir est à mettre en rapport avec le Christ, comme le montrent plus explicitement les lignes 29 à 32. Sur cette opposition lumière-ténèbres et sur l'équation Christ-lumière, cf. le Prologue de Jean, et plus particulièrement les versets 4, 5 et 9. Mais Silv frôle davantage le gnosticisme quand il met les ténèbres en rapport avec l'oubli, c'est-à-dire avec l'ignorance (l. 25 à 27).

«Reçois la lumière dans tes yeux» : cf. *Ep*, 1,18.

«Vis dans le Christ» : cf. *Col*, 2,6 : «Comme vous avez reçu le Christ... cheminez en lui».

Quant au «trésor dans le ciel» (1.17), l'expression revient à plusieurs reprises dans le NT. Cf. p. ex. *Mc*, 10,21.

l. 21-26 : l'ignorance est aveugle. Elle est comparée au sommeil et à l'oubli. Ces métaphores se retrouvent toutes les trois dans l'EvVer. Aux pages 17 et 18, EvVer offre tout un développement sur l'*oubli* (ⲃⲱⲉ). Voir spécialement p. 18,4 ss : «la connaissance... a été manifestée pour que fût aboli l'Oubli et qu'ils connaissent le Père» et aussi, aux 1.17 s. : «ceux qui sont dans l'*obscurité* à cause de l'Oubli». Ou encore p. 21,

34 ss : «Celui qui reste ignorant jusqu'à la fin est façonné par l'oubli, et il sera détruit avec lui». La métaphore du *sommeil* se rencontre p. ex. p. 28,32 à 29,10 : «ils étaient ignorants à l'égard du Père, lui qu'ils ne voyaient pas... ils étaient hantés d'illusions... comme s'ils étaient plongés dans le sommeil». Et à la p. 30,7 ss : «chacun a agi comme s'il était endormi, à l'époque où il était ignorant, et c'est ainsi qu'il se redresse, comme s'il s'éveillait». À la p. 33,7-8 encore, nous lisons : «Éveillez ceux qui sont endormis». Ce qui ne signifie pas autre chose que d'éveiller à la connaissance ceux qui sont plongés dans le sommeil de l'ignorance. Quant à la métaphore de la cécité, si elle ne figure pas aussi explicitement dans l'EvVer, nous croyons cependant qu'elle n'en est pas absente. Ainsi «celui qui a ouvert les yeux des aveugles» (p. 30,14 ss) ne peut désigner que le Sauveur qui a apporté la gnose aux «ignorants». De plus, nous venons de voir ci-dessus que ceux qui étaient ignorants à l'égard du Père «ne le voyaient pas». Enfin, au début de la p. 31, les «étrangers» — c'est-à-dire les hyliques, qui n'ont pas reçu la gnose — «ne voyaient pas» la forme (du Fils) et ne l'avaient pas reconnu.

Zandee relève en outre (*NHS* 7, 162) que dans le *Tractatus Tripartitus* également (p. 105,14-15), l'oubli est un équivalent de l'ignorance.

l. 22 s : «Mon fils, écoute mon enseignement» : cf. *Pr*, p. ex. 3,1; 4,10; 5,1, etc. De même Pachôme, *op. cit.*, p. 3,8.

l. 26 ss : dans le *Tractatus Tripartitus* encore, Zandee note aussi (*NHS* 6, 246) l'équivalence ténèbres-ignorance (p. 89,24-28 et 119, 8-12), comme chez Silv. Ajoutons EvVer, 18,17 s cité ci-dessus, et aussi la *Prôtennoia Trimorphe*, p. 49,35 : «... les ténèbres seront dissipées, et l'ignorance périra». Mais l'opposition lumière-ténèbres est présente également dans le NT, et en particulier dans le Prologue de Jean (cf. *supra*).

l. 32 s : cf. Pachôme, *op. cit.*, p. 12,15 s : «Qu'as-tu à faire avec le chemin de l'Égypte, pour boire de l'eau au Géon, qui est trouble (ⲧⲏϩ)?».

P. 89

l. 3 : sur cette «nature animale», cf. *supra*, p. 86,1-11, et notre commentaire de la p. 87,22 ss. C'est elle qui est cause de la folie, opposée à la Sagesse. L'AuthLog disait de même (texte cité *supra*) que l'insensé (ἀνόητος : celui qui est privé du νοῦς) est dans l'animalité.

l. 5 ss : la Sagesse est personnifiée ici comme dans le livre des *Proverbes* (cf. 9,1-6).

l. 12-14 : l'équivalence mort-ignorance se trouve dans plusieurs textes gnostiques. ZANDEE (*NHS* 6, 245) cite le *Tractatus Tripartitus* : «… ce grand mal qu'est la mort, c'est-à-dire l'ignorance du Tout» (107, 30 s). Et aussi l'ApocAd, 65,9-16 : «Après ces jours-là, la connaissance éternelle du Dieu de la Vérité s'éloigna de moi et de ta mère Ève; depuis ce moment-là, comme nous étions des hommes, on nous enseigna des œuvres mortes». Nous ajouterons un passage de la PrôTri (44, 20-24) où se retrouve aussi la métaphore des ténèbres : «Car l'arbre dont nous avons germé, c'est un fruit d'ignorance qu'il possède, et ses feuilles aussi, c'est la mort qui est en elles, et à l'ombre de ses branches, ce sont des ténèbres».

l. 14-16 : encore les métaphores des ténèbres et de l'oubli. Cf. p. 88.

l. 16 s : citation à peu près textuelle du *Ps* 54,23, du moins dans la version des LXX (le texte hébreu a pour μέριμνα un mot inconnu) : ἐπίρριψον ἐπὶ κύριον τὴν μέριμνάν σου. Pachôme, s'adressant au moine rancunier (*op. cit.*, p. 13,28-29) cite le même texte, mais plus littéralement et en allant jusqu'au bout de la citation : ⲛⲉⲝ ⲡⲉⲕⲣⲟⲟⲩϣ ⲉⲡⲭⲟⲉⲓⲥ, ⲁⲩⲱ ⲛ̄ⲧⲟϥ ϥⲛⲁⲥⲁⲛⲟⲩϣⲕ «Jette ton souci dans le *Seigneur*, et lui-même te nourrira». Il se peut que Silv suive plutôt la citation dans 1 *P*, 5,7. C'est précisément au verset suivant que Pierre parle de «votre adversaire, le diable» (cf. *infra*, commentaire de la p. 91,2 ss). Et au verset 12, il signale qu'il fait écrire cette lettre «par Silvain (διὰ Σιλουανοῦ), le frère fidèle»!

l. 17-19 : Antoine dit de même (*Vita*, ch. 17) : «Que personne d'entre nous ne désire acquérir des biens : quelle utilité y a-t-il en cela?» (version copte : ⲟⲩ ⲡⲉ ⲡϩⲏⲩ ⲛⲛⲁⲓ). Et il ajoutera (ch. 30) que les démons redoutent le mépris de l'argent (ἀφιλάργυρον) et de la vaine gloire (ἀκενόδοξον) des ascètes. Cf. Silv, p. 84,25 s.

l. 20-24 : nous retrouvons les métaphores de la robe et de la couronne : cf. 87,11 ss. Dans le premier passage, la robe se rapportait à la sainte Sagesse (ⲥⲃⲱ ⲉⲧⲟⲩⲁⲁⲃ) et la couronne était celle de l'éducation (παιδεία). En rapprochant les deux textes, on peut établir l'équivalent ⲥⲃⲱ — σοφία; παιδεία — ἐπιστήμη. L'ἐπιστήμη, à la différence de la gnose, est donc la connaissance acquise par l'éducation.

l. 26-34 : Au lieu de revêtir la sagesse comme robe (cf. l. 20 ss), le sot revêt au contraire la sottise ; au lieu de se couronner de science, il se couronne d'ignorance. Ce qu'il prend comme trône a malheureusement disparu dans une lacune. Mais il est vraisemblable que ce soit le contraire de l'αἴσθησις. D'où notre conjecture (voir notes de transcription).

p. 90

Toute cette page est en somme dominée par les méfaits de l'ignorance. C'est elle qui entraîne l'homme vers les passions et les désirs de la vie (βίος, et non ζωή), et qui le fera mourir (l. 11 ss), parce qu'il ne possède pas l'intellect (le νοῦς), qui devrait être son pilote, ni le cocher qu'est la raison (λόγος). L'auteur dira par deux fois (p. 90, 23-25 et 91,10-12) qu'il a pris la mort comme père et l'ignorance comme mère. Et à la p. 91,2-3, il répétera encore que la mort est devenue son père. Privé du νοῦς, il est «insensé» (ⲁⲧϩⲏⲧ correspond sans doute ici au grec ἀνόητος, Crum, Dict., 714b). Qu'il retourne donc bien vite à sa «nature divine», c'est-à-dire à l'élément divin qu'il a en lui (l. 30). Qu'il suive l'enseignement du Christ (p. 90,33 - 91,1).

Nous nous trouvons ici devant un beau syncrétisme du gnosticisme (l'ignorance assimilée à la mort — cf. p. 86, 5-6), de la philosophie grecque (le νοῦς et le λόγος — cf. Plotin, p. ex. *Enn.* III, 2,2) et du christianisme (le Christ, et peut-être aussi le λόγος : nous avons vu dans notre Introduction qu'il n'est pas toujours facile de déterminer si l'auteur prend ce dernier terme dans le sens philosophique ou dans le sens biblique !).

l. 12-19 : l'image du conducteur de char comme principe directeur de l'homme se trouvait déjà chez Platon (*Phèdre*, 253d-254b). Quant à Philon, il emploie les deux métaphores à la fois (le pilote et le cocher), tantôt pour le λόγος (ἡνίοχον καὶ κυβερνήτην ἐπιστὰς τὸν λόγον — *Leg. All.* III, 118), tantôt pour le νοῦς (ὁ τῆς ψυχῆς ἡνίοχος ἢ κυβερνήτης ὁ νοῦς — *Leg. All.* III, 224). Cf. Zandee, Mélanges Puech, 342.

l. 19-27 : dans la ligne de la littérature sapientiale, Silv insiste sur la valeur de l'enseignement. L'insensé «s'est égaré … parce qu'il n'a pas voulu de conseil». Il a seulement suivi les «mauvais conseils», dont il a fait son ami et son frère. Sur cette dernière image, cf. le livre des *Proverbes*, où il est dit dans le même sens (7,4) qu'il faut prendre

(au contraire) la Sagesse comme sœur et l'intelligence comme amie :
εἶπον τὴν σοφίαν σὴν ἀδελφὴν εἶναι, τὴν δὲ φρόνησιν γνώριμον
περιποίησαι σεαυτῷ.

p. 91

l. 1 : «maître» désigne évidemment le Christ ici (90,33); cf. p. 96,
32 et 110,18.

l. 2 ss : «la mort est devenue comme un père» (l. 2-3) : cf. *supra*, p. 90,
23 s, et *infra*, l. 10-12. Le mot copte signifiant «la mort» est du masculin,
comme le grec θάνατος, ce qui justifie mieux qu'en français l'image
du père.

Le vrai Père, c'est Dieu (l. 15), la vraie Mère, c'est la Sagesse (l. 16).
Que Dieu soit Père est une notion biblique. Mais que la Sagesse (σοφία)
soit la Mère n'est pas sans évoquer le gnosticisme. D'autant plus que,
dans le même contexte, l'ignorance est rapprochée de la mort. La notion
de Sagesse-mère existe cependant aussi dans le judaïsme (cf. Introduction).

Qui rejette Dieu, le Père saint, la Vie, prend pour père la mort. Et
qui se détourne de sa vraie Mère, la Sagesse, acquiert dès lors comme
mère l'ignorance. De même que la mort est le contraire de la vie, pour
Silv, l'ignorance est donc le contraire de la Sagesse, qu'il prend ainsi au
sens de connaissance. Il ajoute d'ailleurs (l. 12-13) : «Tu t'es privé
de la connaissance (γνῶσις) véritable».

L'expression «Père saint» (l. 7) est biblique (cf. *Jn*, 17,11) et sera
reprise très tôt dans la liturgie chrétienne (cf. *Didachè*, 10,2). Mais par
ailleurs, s'il est vrai que le Diable est aussi appelé l'Adversaire (ἀντικείμενος — l. 20) dans le Nouveau Testament (peut-être en 1 *Tm*, 5,14,
sûrement en 1 *P*, 5,8, — cf. *supra*, commentaire de la p. 89,16 s —,
mais Pierre emploie le mot grec ἀντίδικος), l'appellation revient
cependant bien plus souvent dans les textes gnostiques. Par exemple
dans l'*Évangile selon Marie* (BG 18,10), dans l'*Apocryphon de Jean*
(BG 55,8), dans l'AuthLog (30,6 et 31,9), dans la PrôTri (41,13) etc.
De plus les «Puissances» de l'Adversaire pourraient être une per-
sonnification des passions et des désirs, mais nous paraissent faire
allusion bien plus clairement que les «brigands» de la p. 85 (cf.
supra) aux puissances mauvaises. Bref, dans l'ensemble, ce passage
semble assez teinté de gnosticisme.

La suite de cette page nous ramène à un christianisme plus traditionnel.

p. 92

Ici encore, l'auteur semble jouer sur deux claviers : celui de la Bible et celui de la philosophie. Il n'est même pas toujours facile de déterminer quel est le point de vue qui prévaut. Le «divin qui est en toi» (l. 1) peut être, comme dans la philosophie grecque, le νοῦς et le λόγος (cf. p. 87, et notre commentaire). D'après les l. 23 ss, c'est le νοῦς qui est né à l'image de Dieu et qui est divin. Mais d'autre part, Silv, comme le livre des *Proverbes* (9,10 p. ex.), fait de la crainte de *Dieu* le don divin qui est à la source de la sagesse (cf. p. 88,9 ss). Or, dans le passage qui nous occupe, il vient de parler (p. 91,25 ss) de l'observation des commandements de Jésus le Christ. Ce «divin qui est en toi» ne serait-il pas dès lors le don divin du Christ lui-même, cette «intimité avec Dieu» dont il sera question à la l. 8? Ce don semble d'ailleurs bien traité comme une personne, à qui on adresse des supplications pour rester «saint» (l. 3 s). Le qualitatif copte ογααβ peut cependant signifier aussi «pur», et la tempérance (ἐγκρατής) qu'il s'agit d'observer également est plus stoïcienne que chrétienne.

l. 7 : ce «trône de la sagesse» n'est pas sans rappeler *Pr*, 12,23 (LXX) : ἀνὴρ συνετὸς θρόνος αἰσθήσεως. Nous songeons quelque peu aussi à l'appellation «Sedes sapientiae», si couramment donnée à la Mère de Jésus (N.-B. : il n'est jamais question d'elle chez Silv.). Dans le NT, le Christ est parfois identifié avec la Sagesse de Dieu. Cf. *Mt*, 11,19 et 1 *Co*, 1,24. Sans doute est-ce le cas ici aussi. Cette hypothèse nous paraît soutenue par le fait que Silv ajoute : Dieu «donnera une grande lumière» par cette Sagesse. Et ici nous retrouvons le rapprochement Christ (ou Logos)-Lumière, dont le Prologue de Jean est un bel exemple.

l. 10-14 : le thème de la connaissance de soi est fréquent dans la gnose. Cf. par exemple les *Extraits de Théodote*, 78,2 : τίνες ἦμεν, τί γεγόναμεν· ποῦ ἦμεν· ποῦ ἐνεβλήθημεν : «Qui étions-nous? Que sommes-nous devenus? — Où étions-nous? Où avons-nous été jetés?». Mais il existait déjà dans la philosophie grecque. Cf. *infra*, commentaire de la p. 117,3-10 — où le même thème réapparaît.

l. 15 ss : les trois «races» (γένος — nous traduisons «origines», vu le contexte) pourraient faire songer à première vue aux trois classes ou races d'hommes (γένος également) des gnostiques valentiniens : hyliques, psychiques et pneumatiques. Mais chez Silv, il ne s'agit pas de trois groupes différents, parmi lesquels les hyliques sont perdus par nature, tandis que les pneumatiques, vu leur essence divine, retourneront à leur origine (cf. Irénée, I,7,5 et *Exc. Theod.*, 56,3). Silv souligne bien que *chaque* homme est composé de ces trois éléments et doit se tourner vers «le divin qui est en lui» (cf. 1.33 ss). Marc Aurèle distingue, lui aussi, trois parties en l'homme : «Il y a trois éléments dont tu es composé : le corps, le souffle, l'intelligence (σωμάτιον, πνευμάτικον, νοῦς)» (*Pensées*, XII,3). Et en III, 16,1, nous retrouvons les termes mêmes de Silv : «Corps, âme, intelligence (σῶμα, ψυχή, νοῦς). Au corps, les sensations; à l'âme, les instincts; à l'intelligence, les principes». Cf. aussi *Pensées*, II, 2,1. Plotin, de son côté, reconnaît en l'homme trois composantes, dont la plus haute, correspondant au νοῦς, n'est pas contaminée par la matière (*Enn.*, IV,8,8; IV,3,17). L'âme doit s'élever au-dessus de la perception sensible en se tournant vers le Noῦς (*Enn.*, I,3,4). Chez Silv, les trois «origines» de l'homme sont la terre, le modelé et le créé. Le corps est né de la terre. L'âme, qui a déjà un caractère divin (la «pensée» du divin) a modelé cette matière (1. 28). Le νοῦς, qui est divin, est créé à l'image de Dieu. L'âme est inférieure au νοῦς, dont elle est «la femme». Chez les gnostiques, la femme est également inférieure à l'homme. Pour entrer dans le royaume des cieux, elle doit se faire mâle (cf. p. ex. EvTh, log. 114 et les *Extraits de Théodote*, 21). Pour Irénée, cf. notre Introduction.

p. 92,33 à 93,5

Le «mélange» de ces trois parties (μέρος) fait tomber l'homme de la vertu au fond de l'infériorité. Le νοῦς est un don divin, qui est donc en l'homme à l'origine. Il suffit de le garder soigneusement pour *rester* «saint» — ou «pur» (cf. p. 92,2 à 4). Il faudra par conséquent vivre selon l'intellect, et non selon la chair ou matière. L'infériorité de la matière est nettement soulignée dans toute cette page. Notre auteur frise ainsi dangereusement le dualisme gnostique. J. ZANDEE note cependant à juste titre (*NHS* 7,166) que cette idée d'un mélange défavorable est clairement exprimée par Plotin aussi : «... la laideur de l'âme vient de ce mélange (μῖξις), de cette fusion et de cette inclination vers le corps et vers la matière» (*Enn.*, I,6-5). Ajoutons encore Irénée V,6,1 : «Quand l'Esprit fait défaut à l'âme, un tel homme, restant en toute vérité psychique et charnel, sera imparfait».

p. 93

1. 5-7 : le même ZANDEE (*ibid.*) cite encore un passage de Plotin qui concerne également la force de l'intelligence (νοῦς) : «... elle est une

et multiple : sa multiplicité, c'est celle de ses puissances (δυνάμεις), puissances merveilleuses et sans faiblesse, puissances très grandes parce qu'elles sont pures, puissances exubérantes et véritables qui n'ont point de bornes, puissances infinies, infinité et grandeur» (*Enn.*, VI,2,21). Remarquons qu'ici encore l'idée de mélange défavorable est sous-jacente, puisque les puissances sont «très grandes parce qu'elles sont pures».

l. 7-21 : Silv distingue trois étapes dans la déchéance. Celui qui se détourne de la force du νοῦς perd sa pureté d'origine : il est «mélangé». Il devient mâle-femelle, puisqu'à l'élément mâle qu'est le νοῦς il a mélangé l'âme qui est la femme (cf. p. 92,30). S'il tombe plus bas et rejette la substance du νοῦς (la νόησις), il retranche l'élément mâle et n'est plus que femme. Enfin, s'il rejette encore un peu de cet élément psychique, il n'est même plus un être humain et prend une nature animale.

On notera la distinction que Silv semble faire entre la force du νοῦς et la substance du νοῦς. Le philosophe Albinus (Platonisme moyen) donne de la νόησις la définition suivante : Νόησίς δ' ἐστι νοῦ ἐνέργεια θεωροῦντος τὰ πρῶτα νοητά, «L'intellection est l'opération de l'intelligence qui contemple les premiers intelligibles» (*Didaskalikos*, IV,6; cf. ZANDEE, *NHS* 7, p. 166). La logique du système fait supposer que, pour Silv, la femme ne possède pas cette «intellection»! Ceci accentue la tendance de Silv vers une théorie gnostique de l'infériorité de la femme. À part les textes cités dans notre commentaire de la page précédente, voir encore *Exc. Theod.*, 2,2 s, et spécialement 68 : «Tant que nous étions enfants de la seule Femelle, nous étions sans raison, sans force, sans forme. Nous avons été formés par le Sauveur. Une semence mâle fut déposée dans l'âme par le Logos». Cf. *infra*, p. 102, 15 s.

Quant à l'animalité de celui qui est devenu purement charnel, cf. ThAthl, p. 139,6 : «Le corps est un animal. De même que le corps des animaux périt, ainsi périront aussi ces formes modelées (πλάσμα)». Cf. aussi le texte de l'AuthLog cité dans notre commentaire de la p. 87,22 ss.

l. 22-30 : la nature animale ne peut s'élever au niveau psychique par ses propres moyens : s'y maintenir est déjà chose difficile. Mais atteindre le niveau spirituel est plus difficile encore. Car Dieu seul est spirituel. C'est donc de la substance de Dieu que l'homme a pris forme, puisque c'est l'Esprit qui donne la forme. Ainsi l'âme «divine» participe partiellement de Dieu.

Nous venons de voir que, chez les gnostiques, la femme seule ne peut produire que des êtres «sans forme» (ἄμορφα — cf. *Extraits de Théodote*, 67, 68 et aussi 79). Le Logos introduit dans la créature psychique un germe «pneumatique» (*Exc. Theod.*, 2) et donne aux hommes une «forme» (*ibid.*, 41). Telle est aussi la position d'Héracléon. Commentant *Jn*, 1,3-4 («Ce qui a été fait en lui était vie»), il dit en effet : «*En lui* : vise les hommes spirituels. Car c'est lui (*sc.* le Logos) qui leur a donné la première formation, celle de la naissance; ce qu'un autre avait semé, il l'a amené à une forme, une illumination et une individuation propres et l'a (ainsi) fait apparaître» (fr. 2). On lit aussi dans l'EvVer, p. 27, 27-28 : «Il fait apparaître qui il veut en lui donnant une forme (μορφή)».

Selon Irénée, I, IV,1, les Valentiniens distinguent une μόρφωσις κατ᾽ οὐσίαν et une μόρφωσις κατὰ γνῶσιν. La première correspondant parfaitement à la μόρφωσις κατὰ γένεσιν d'Héracléon (qui l'appelle d'ailleurs «la première»), il est probable qu'il connaissait, lui aussi, la seconde.

On remarquera que Silv rapproche précisément les termes μορφή et οὐσία (l. 26-27).

l. 28-32 : participant à la fois du divin et de la chair, si l'âme est médiocre, elle penche tantôt d'un côté, tantôt de l'autre. Pour Plotin aussi, l'âme «occupe dans les êtres un rang intermédiaire; elle a une portion d'elle-même qui est divine; mais placée à l'extrémité des êtres intelligibles et aux confins de la nature sensible, elle lui donne quelque chose d'elle-même» (*Enn.*, IV,8,7). Soumise à l'inclination (νεῦσις), elle peut incliner vers le νοῦς ou vers la matière. Ainsi «les âmes ont nécessairement une double vie : elles vivent en partie de la vie de là-bas, et en partie de la vie d'ici» (*Enn.*, IV, 8,4). Cf. ZANDEE, *NHS* 7, p. 167.

On pourrait sans doute rapprocher aussi la doctrine valentinienne telle que la présente Irénée (*Adv. Haer.* I,6,1) : l'élément «psychique ... tenant le milieu entre le pneumatique et l'hylique, ira du côté où il aura penché».

Mais Silv nous paraît ici plus proche encore de Pachôme. Comme Silv, et presque dans les mêmes termes, Pachôme dit au moine rancunier que l'âme en proie aux vices (ψυχὴ ταλαίπωρος) «se débat de côté et d'autre (ⲉⲥⲡⲉⲣⲓⲥⲡⲁ ⲉⲡⲉⲓⲥⲁ ⲙⲛ̄ ⲡⲁⲓ) jusqu'à ce qu'elle aboutisse au gouffre de l'enfer» (*op. cit.*, p. 3,6). Cf. peut-être aussi *Rm*, 8,5 s : «Sous l'empire de la chair, on tend à ce qui est charnel, mais sous l'empire de l'Esprit, on tend à ce qui est spirituel : la chair tend à la mort, mais l'Esprit tend à la vie et à la paix».

p. 94

Revenant sur le caractère animal de la chair privée du νοῦς (cf. entre autres p. 87,27 s et 93,18-21), Silv insiste sur la nécessité de rejeter cette animalité et de tendre résolument vers la nature noétique, qui est la seule vraie nature de la vie. Voir aussi *infra*, commentaire de la p. 105. L'âme s'écartera ainsi de l'ignorance qui enivre (l, 20-22). L'image de l'ivresse comme symbole de l'ignorance est courante dans la gnose. Ainsi, dans l'ApocrJn II, p. 23,8-9, l'Epinoia de la lumière enlève le voile qui couvrait l'esprit d'Adam, «et il fut dégrisé de l'enivrement des ténèbres et connut son image». Dans l'EvVer également (p. 22,16 à 18), celui qui possède la gnose «sait, comme quelqu'un qui, ayant été ivre, s'est détourné de son ivresse...». Et dans l'EvTh, l'image de l'ivresse est liée à celle de l'aveuglement : «... Je les ai trouvés tous ivres ... car ils sont aveugles dans leur cœur et ils ne voient pas» (log. 28).

La nature créée est terrestre (l. 18-19). L'âme est entrée dans une créature corporelle. Si elle ne se dégage pas de ce corps, elle demeure dans la rusticité (-ἄγροικος). La naissance à la vraie vie lui est donnée dans la chambre nuptiale : qu'elle se laisse illuminer par le νοῦς! Le thème de la chambre nuptiale (νυμφών) est indubitablement gnostique, et plus particulièrement valentinien. Le νυμφών est le plérôme tout entier, dans lequel a lieu l'union des anges et des âmes (Irénée, I,7, 1). Cf. peut-être aussi ExAm, p. 132,26 : le fiancé orne la chambre nuptiale, car ce *gamos* n'est pas comme le *gamos* charnel. Mais c'est surtout dans l'EvPhil que le thème est le plus largement développé. Il y est même question d'un νυμφὼν εἰκονικός, qui a fait émettre l'hypothèse d'un rite sacramentel de νυμφών. En réalité, comme le démontre J. M. Sᴇᴠʀɪɴ (art. cité), c'est *tout* le système des sacrements (onction, baptême, Eucharistie) qui constitue le νυμφὼν εἰκονικός. C'est par le baptême, et surtout par l'onction, que l'âme devient enfant de la chambre nuptiale. Comme nous l'avons noté dans notre Introduction, le νυμφών existe cependant aussi dans le NT.

Quant à Silvanos, il semble bien distinguer (l. 25 à 28) la création de l'âme (par son entrée dans une créature corporelle), de sa naissance à la seule vraie vie, dans le νυμφών. Que représente cette chambre nuptiale pour Silvanos? Très vraisemblablement le baptême. Cela nous paraît d'autant plus probable qu'elle est mise en rapport avec l'*illumination*.

Justin (1 *Apol*, 61,12) appelle le baptême une illumination (φωτισμός) «parce que ceux qui reçoivent cette doctrine ont l'esprit illuminé». Dans l'EvPhil l'illumination est attribuée à l'onction et à la chambre nuptiale : «Celui qui a été oint possède... la Lumière (ⲡⲟⲩⲟⲉⲓⲛ) ... Le Père lui a donné cela dans la chambre nuptiale» (p. 74,18-22). Chez Héracléon, c'est le Logos qui amène à l'illumination (φωτισμός) ce qu'un autre a semé (fr. 2). À première vue, Silvanos semble donc se référer au concept philosophique de νοῦς. Mais à la p. 98,26 ss, nous verrons que «le Christ illumine tout intellect». Je crois pouvoir comprendre que, pour lui, le νυμφών-baptême donne en somme une aptitude plus grande à être illuminé par l'intellect qui était déjà présent. Un peu plus haut, Silv vient de parler de «*nature* noétique» (donc possédant le νοῦς — 94,14). À présent, il exhorte l'âme du disciple : «Es-tu née dans la chambre nuptiale? *sois* illuminée par l'intellect», c'est-à-dire suis la capacité que tu as reçue. Silv a dit aussi à son disciple (p. 85,1) de s'armer du νοῦς comme «guide intérieur» (ἡγεμονικόν). Cf. notre Introduction.

1. 32 : l'allusion à «des» gnoses étrangères laisse au moins supposer que l'ouvrage a été composé à une époque où les hérésies n'étaient pas une exception. Cf. *infra*, début de la p. 96, où il sera question de dieux multiples et d'une connaissance (γνῶσις) inexacte jetée dans l'esprit sous forme de paroles secrètes (μυστήριον).

p. 95

1. 1-4 : cette mise en garde contre les inventions (ἐπίνοια) et les tours variés de l'Adversaire (= le Diable : cf. p. 91,20) n'est pas sans rappeler *Ep*, 6,11 s. Là aussi, l'auteur nous exhorte à revêtir «l'armure de Dieu pour être en état de tenir face aux manœuvres (μεθοδείας — ⲕⲟⲧⲥ dans la traduction copte) du diable». Silv n'emploie pas le mot grec μεθοδεία (il emploie ἐπίνοια et le terme plus rare : μάγγανον) mais à la p. 96, il emploiera par trois fois (1. 8,14,22) l'équivalent copte ⲕⲟⲧⲥ. Notons encore qu'Antoine l'Ermite fait souvent allusion également aux multiples machinations et embûches du diable, qu'il appelle aussi l'ennemi (ἐχθρός — ⲝⲁⲝⲉ dans la version copte). Cf. p. ex. *Vita Antonii*, ch. 7, 22, 52, 55, 88.

1. 5.11 : allusion évidente à *Mt*, 10,16 : γίνεσθε οὖν φρόνιμοι ὡς οἱ ὄφεις καὶ ἀκέραιοι ὡς αἱ περιστεραί. Pachôme (*op. cit.*, p. 8,7-8) se réfère au même verset, mais à la différence de Silv, il le cite textuel-

lement. De plus, alors que Pachôme, comme *Mt*, souligne par là le comportement qu'il faut avoir au milieu des hommes, Silv met ainsi en garde contre les manigances du diable. Telle est aussi l'interprétation de l'ermite (femme) Synclétique : «Devenir comme des serpents, cela signifie ne pas ignorer les assauts et les ruses du diable» (*Apophtegmes des Pères du désert*, p. 166). Enfin, l'emploi de ἀνόητος pour désigner l'homme inintelligent semble bien indiquer qu'il s'agit pour Silv de l'homme privé du νοῦς.

l. 13 ss : Antoine souligne également l'hypocrisie et les feintes du diable et des démons. Cf. *Vita Ant.*, ch. 25, 39, 40. À la l. 18, la «fourberie», ⲘⲚⲦⲠⲀⲚⲞⲨⲢⲄⲞⲤ (cf. *supra*, p. 88,12), correspond exactement au vocabulaire d'Antoine : ch. 22 (texte copte, p. 29,1) et 52 (p. 58, 15).

l. 20 ss : cf. EvPhil, p. 54,18-25 : «Les Archontes voulurent tromper l'homme... ils prirent le nom de ce qui est bon, ils le donnèrent à ce qui n'est pas bon».

p. 96

l. 1 à 6 : les termes γνῶσις et μυστήριον, employés à peu près simultanément, semblent bien viser plus particulièrement les gnostiques (cf. p. 94, 32).

Cette connaissance «inexacte» (ⲈⲦⲞⲢⲬ̅ ⲀⲚ), c'est-à-dire fausse, attribuée à celui qui adore «beaucoup de dieux», rappelle aussi les chap. 74 ss de la *Vita Antonii* : réfutant des visiteurs qui, «chez les Hellènes passent pour sages», l'ermite leur reproche également leur polythéisme. Il les persuade que c'est la foi, et non la dialectique, qui donne «la connaissance exacte» (ch. 77) — ⲠⲤⲞⲞⲨⲚ ⲘⲘⲈ ⲈⲦⲞⲢⲬ̅ — la version copte a précisément le qualitatif ⲈⲦⲞⲢⲬ̅ que Silv emploie ici et à la p. 95,24. Dans le même contexte (ch. 78), Antoine dit encore : «Nous avons le mystère (μυστήρισν) non en sagesse de discours helléniques, mais en vertu de la foi».

l. 8 ss : sur ces «manœuvres variées», cf. *supra*, p. 95,1 s. À la ligne 14, «nombreuses sont ses manœuvres» correspond textuellement au ⲚⲀϢⲰⲞⲨ Ⲛ̅ⲔⲞⲦⲤ du chap. 7 de la *Vita Ant.* Mais ce qui est assez curieux, c'est qu'Athanase dit : «Antoine avait appris *par l'Écriture* que les manœuvres de l'ennemi sont nombreuses» (πολλὰς εἶναι τὰς μεθοδείας τοῦ ἐχθροῦ). Or μεθοδεία — qui n'est d'ailleurs pas classique — n'est employé que deux fois dans l'Écriture (dans l'*Épître aux*

Éphésiens), dont une seule fois à propos des manœuvres du diable : « Revêtez la panoplie de Dieu, afin de pouvoir tenir contre les manœuvres du diable » (*Ep.* 6,11). Mais nulle part, nous n'avons trouvé textuellement que ces manœuvres « sont nombreuses ». Antoine est donc plus proche ici de Silv que … de l'Écriture ! Rappelons aussi qu'à la p. 95,1-2, Silv avait déjà dit que « les inventions (ἐπίνοια) de l'Adversaire ne sont *pas peu nombreuses* ».

l. 9 : le « Grand Intellect » : l'Intellect suprême. On pense un peu aux prétentions de Simon le Samaritain, qui se faisait passer pour la « Grande Puissance ». Pour Silv, l'intellect (νοῦς), au sens philosophique, est à prendre comme ἡγεμονικός (85,1) ou ἡγούμενος (85,25 s). En prenant l'Adversaire comme roi, ces hérétiques se laissent guider par un faux Intellect qui ne leur donne qu'une « connaissance inexacte » (l. 3). Cf. p. 117,3 : c'est le Logos qui doit être Roi.

l. 32 : le « maître divin » : cf. p. 90,33 s et 110,18. Toujours dans le chap. 78 de la *Vita Ant.*, cf. encore : « Votre éloquence n'empêche pas l'*enseignement* du Christ ».

p. 97

l. 1 : le Christ est à tout moment un aide (ou un secours : βοηθός). Même terme chez Antoine : « Le Seigneur est mon secours » (*Vita*, fin du chap. 6). Cf. aussi *infra*, p. 98,21 s.

l. 2.3 : Que représente exactement ce « bien qui *est* en toi » avant la venue du Christ, puisque le Christ « vient à la rencontre » de celui qui le possède ? Il a déjà été question de l'élément divin que le disciple *a* en lui (p. 87,22-24 et 91,34 s). Mais ce divin était le νοῦς, que le disciple devait prendre comme guide intérieur (ἡγεμονικόν, p. 85,1). Le Christ ne s'identifie donc pas avec le Νοῦς. C'est le Logos, nettement distingué de l'intellect à la p. 85,25-27 : « le guide, c'est l'intellect, et le maître, c'est le Logos ». Notons toutefois que ce guide, le disciple doit le « faire entrer » en lui (p. 85,24), ce qui suppose un effort. Peut-être peut-on rapprocher, ici encore, un passage de la *Vita Antonii* (chap. 14) : lorsqu'Antoine, purifié par vingt ans de réclusion, apparaît à ses amis, ils le trouvent « toujours égal à lui-même, gouverné par la raison (λόγος), naturel (κατὰ φύσιν ἐστώς) ». Le Logos ne contrarie pas la nature.

p. 97,3 à 98,22

Selon W.P. Funk (*ZÄS*, p. 9), ces lignes constituent un chapitre visiblement détachable, et substantiellement identique à un texte copte figurant au recto d'une feuille de parchemin (palimpseste) Or. 6003 du British Museum (= BM 979 d'après la numérotation de W.E. Crum, *Catalogue of the Coptic manuscripts in the British Museum*, London, 1905, p. 407) — sous le nom d'Antoine l'Ermite (ⲁⲡⲁ ⲁⲛⲁⲱⲛⲓⲟⲥ). Ce palimpseste paraît dater du Xᵉ-XIᵉ siècle. Le même texte apparaît également dans les prétendus *Spiritualia documenta regulis adjuncta* de saint Antoine, qui nous sont parvenus dans un manuscrit arabe du VIIIᵉ ou IXᵉ siècle, et dont une traduction latine du Maronite Abraham Ecchellensis se trouve dans le tome 40 de la Patrologie grecque de Migne, col. 1073-1080.

Il y aurait donc là un témoin important pour la parenté littéraire de Silv avec la littérature monastique (cf. notre Introduction). Nous ne pouvons reprendre ici toute l'argumentation de Funk. Nous nous bornerons à résumer ses conclusions.

Au point de vue du fond, l'accord entre le petit texte (visiblement complet) du palimpseste et le passage correspondant de Silv est frappant. Mais les nombreuses variantes au niveau de la syntaxe et surtout du vocabulaire, jointes à cette identité sémantique presque complète, n'admettent qu'une explication : il s'agit de deux traductions — indépendantes — d'un seul et même texte (probablement grec), ou bien — ce qui revient au même — au cas où l'une des deux versions serait un original copte, l'autre serait une rétroversion indépendante. Il faut observer aussi que, dans les cas où les deux versions coptes présentent des nuances différentes, la version arabe (des *Spiritualia*) suit toujours Antoine. Tandis qu'aucun accord verbal n'existe entre Silv et la version arabe contre le texte copte d'Antoine. On relève de plus d'assez grandes divergences de *fond* du côté des *Spiritualia documenta*. Notons encore que Silv est seul à avoir le début de ce chapitre (p. 97,3-8), ainsi que les lignes 21-30 de la p. 97 et les lignes 97,35 à 98,2.

Pour Funk, le texte de NH VII et celui du palimpseste remonteraient tous deux à un écrit sapiential anonyme qu'il situe vers le IIIᵉ siècle, vu le rattachement à la tradition d'Antoine. Entre cet écrit anonyme et Antoine se placerait un remaniement (perte du début entre autres). Les *Spiritualia* remonteraient à cette version remaniée (d'où les divergences de fond), mais indépendamment d'Antoine (les *Spiritualia* semblent avoir voulu remédier à la perte du début).

Outre l'intérêt de ce document pour les contacts entre Silv et le monachisme (voir notre Introduction), l'existence de trois textes parallèles permet parfois de combler les lacunes de l'un par l'autre. Cf. notes de transcription.

p. 97

l. 3 à 8 : comme nous l'avons noté ci-dessus, ces lignes manquent dans le BM 979 et dans les *Spiritualia*. Le parallélisme des deux antithèses entre l'insensé et le sage fait supposer qu'il devait appartenir au morceau indépendant primitif.

l. 7-10 : antithèse «sage-insensé» comme dans *Pr*, 3,35. Cf. ZANDEE, *Numen*, 209.

l. 21-30 : ces lignes, d'un pessimisme plus accentué, ne figurent ni dans le palimpseste du British Museum, ni dans les *Spiritualia*. Ici, il est plus difficile de déterminer si elles appartenaient ou non à l'original. Selon Funk (*ZÄS*, p. 19), il s'agirait cette fois d'une addition due à Silv. Le passage est en effet un peu hors-cadre au point de vue du style, et de plus, la menace du «Bourbier» (βόρβορος) est un thème cher à Silv (cf. p. 103,19 ss et 104,29 ss). Cf. aussi p. 85,17 ss : le diable «est dans le grand bourbier» — et notre Commentaire.

p. 97,30 à 98,18

Ce dénigrement du monde, qui est tout entier «dans la ruse», fait songer aux théories gnostiques sur la création. Les gnostiques attribuent en effet la création du monde à un démiurge aveugle ou même mauvais. Cf. p. ex. les récits de la création dans l'*Apocryphon de Jean*, dans l'*Écrit sans Titre* ou dans l'*Hypostase des Archontes*. Voir aussi l'*Authentikos Logos*, p. 26 et le commentaire de MÉNARD, p. 51 : «le démiurge croit produire le monde, mais c'est en fait l'Achamoth qui sème ce dernier». Mais Silv ne parle nulle part ailleurs d'une création mauvaise. À la p. 116,7 s, il dit au contraire qu'«il n'est pas juste de jeter le Démiurge de toute créature dans l'ignorance». Il ne faut sans doute pas détacher ces quelques lignes sur le monde, de l'ensemble de ce passage sur l'amitié, teinté entièrement de pessimisme. Dans un pareil contexte, le «monde» ne nous paraît pas avoir un autre sens que celui qu'il a parfois dans l'Écriture même.

Quant au pessimisme de ce passage, Funk et Zandee en relèvent des parallèles dans la littérature sapientiale égyptienne. Par exemple dans la *Sagesse de Ptahotep*, dans la *Sagesse d'Amenemhet*, ou dans la *Sagesse d'Any*. Mais le thème est universel — nous songeons par exemple à certains lyriques grecs (Mimnerme et Théognis entre autres), ou au fameux «Donec eris felix...» d'Ovide, et on en trouverait sûrement de nombreux exemples dans la littérature moderne. Il ne nous paraît donc pas suffisamment spécifique pour pouvoir conclure à un contact littéraire immédiat, bien qu'il soit fort possible.

Il faut remarquer aussi que ce passage sombre est interrompu (l. 8 à 10) par une exhortation bien biblique à la confiance en Dieu seul, considéré comme père et comme ami.

p. 98

l. 18-22 : termine sur une note nettement chrétienne ce chapitre commun à Silv et au Pseudo-Antoine. Il n'est peut-être pas sans intérêt d'observer que l'idée d'«être agréable à Dieu» est exprimée à plusieurs reprises chez saint Paul, et en particulier deux fois dans 1 *Th* (2,15 et 4,1), une épître qui se prétend émaner précisément de Paul, Silvain et Timothée! (1,1). L'expression revient encore deux fois chez Silv (p. 108,34 et 114,24) et figure également dans les paroles qu'Athanase met dans la bouche d'Antoine (*Vita Antonii*, ch. 34).

l. 22ss : ce développement sur le Christ s'enchaîne tout naturellement avec ce qui vient d'être dit : c'est le Christ qui sauve. La suite en est l'explication. «Car c'est lui qui est la vraie lumière» : cf. *Jn*, 1,9. Silv ajoute ici la comparaison au soleil, thème qu'il reprendra plusieurs fois. Mais cette idée-là, nous la retrouvons aussi dans l'Évangile. Ainsi en *Mt*, 13,43 : «les justes resplendiront comme le soleil» et 17,2 où les deux images se rencontrent : «son visage resplendit comme le soleil, ses vêtements devinrent blancs comme la lumière». La comparaison est d'ailleurs toute naturelle : qui dit lumière pense au soleil. Mais cf. notre Introduction.

l. 26s : «le Christ illumine tout intellect (νοῦς)». À la p. 94, 27-29, nous avions vu que l'âme était illuminée par le νοῦς. Le présent passage nous confirme dans l'hypothèse qu'il y aurait une sorte d'illumination à deux degrés, si je puis m'exprimer ainsi. Le νοῦς est le «guide», mais le «maître» est le Logos-Christ (p. 85,1 et 24ss). «C'est lui qui est la lumière véritable» (98,22 s), nécessaire à l'illumination reçue dans la «chambre nuptiale», c'est-à-dire dans le baptême : cf. 94,27ss et notre Commentaire. Au début de la page 99, la possession d'un intellect saint paraît d'ailleurs conditionner la réception du Logos. Il règne toutefois dans tout ceci une certaine confusion, due sans doute à la tentative de concilier les concepts bibliques et philosophiques, ou simplement au manque d'unité de Silv (qui pourrait être une espèce d'anthologie : cf. Introduction).

p. 99

l. 5-7 : les choses visibles sont l'empreinte, l'image (cf. notes de traduction) des choses invisibles. On peut sans doute voir là une conception platonicienne, avec J. ZANDEE, qui cite Plotin, *Enn.*, V, 1,6 et plusieurs passages d'Albinus. Et pour Platon déjà, les choses visibles sont des copies (μιμήματα) du monde invisible. Mais dans la Bible aussi, la création est à l'image de Dieu et garde l'empreinte du Créateur. Dans le passage qui nous occupe, l'affirmation est illustrée par deux ou même trois exemples : l'intellect comparé aux yeux de la chair, et la lumière du Christ comparée à un feu brûlant sur la terre ou au soleil brillant dans le ciel. ZANDEE (*Mél. Puech*, 338 s) cite encore Philon (*Op. Mund.*, 16), selon lequel Dieu forma d'abord le monde intelligible dont le monde corporel serait la réplique.

l. 10 ss : Comme le soleil qui est dans le ciel éclaire par ses rayons tous les lieux qui sont sur la terre, ainsi le Christ n'a qu'une seule substance (ὑπόστασις) et éclaire tout lieu. À la page précédente (98, 22 ss) le Christ était déjà comparé au soleil. L'image réapparaîtra encore à la p. 101,13 ss.

Silv emploie trois fois le mot ὑπόστασις : deux fois dans cette même page 99 (lignes 13 et 23) et une troisième fois à la p. 102,3 (encore dans le même contexte). Il emploie plus fréquemment οὐσία : huit fois (voir index des mots grecs), dont une seule fois dans le présent contexte (p. 101,27), les sept autres emplois se trouvant réunis dans un seul passage, p. 92 et 93. Notre traduction, «substance», a l'inconvénient de ne pas distinguer les deux mots grecs. Mais Silv lui-même fait-il une distinction ? Nous croyons plutôt déceler ici la trace des différentes sources utilisées par notre auteur. La question mériterait sans doute d'être approfondie. Il ne nous paraît pas sans intérêt de souligner aussi que Silv applique (déjà !) par deux fois au Christ ce terme d'ὑπόστασις, qui aura un tel retentissement dans la suite (ceci mériterait peut-être également d'être appronfondi !) : le Christ n'a qu'*une seule* ὑπόστασις (p. 99,13), et selon *son* ὑπόστασις, il est insaisissable (p. 102,3). Aux lignes 23 ss (de notre page 99), l'auteur distingue une localisation du νοῦς «selon la substance» (κατὰ τὴν ὑπόστασιν) et «selon le concept» (κατὰ τὴν ἐπίνοιαν). Selon la substance, le νοῦς «*est* dans un lieu, c'est-à-dire dans le *corps*», tandis que, selon le concept, il n'est *pas* dans un lieu. Nous comprenons par là que le νοῦς est présent dans le corps de chaque individu par son action, mais il ne s'agit pas là d'une présence matérielle. Car le concept de νοῦς dépasse la notion de lieu («il n'y a pas de lieu incorporel» : p. 100,5 s) et le νοῦς n'est donc pas «dans un lieu». Silv veut montrer le caractère spirituel et même transcendant de Dieu. Partant de l'image concrète d'un feu ou d'une lampe qui brûle dans un lieu sans être lié à ce lieu, il s'élève au Christ — ou au νοῦς — dont la présence est plus ou moins tangible par son action, mais dont la substance est insaisissable (cf. p. 102,1 à 4). Mieux encore (p. 99, 29 ss), il nous mène ainsi progressivement à l'idée de la transcendance divine.

Nous ne reviendrons pas ici sur cette théologie «topologique», que SCHOEDEL étudie longuement — et beaucoup mieux que nous ne pourrions le faire — dans son article cité (voir Bibliographie). Soulignons seulement que, pour Schoedel (p. 103 p.ex.), cette argumentation rapproche Silv de Philon et des Pères de l'Église, en particulier d'Irénée.

p. 100

Toute cette page, et encore une partie de la suivante, continue à développer le thème de la transcendance divine et de la sublimité du divin. Dieu n'est pas corporel, car un corps se détériore, et Dieu est incorruptible. Le philosophe Albinus suit le même raisonnement : Dieu est incorporel (ἀσώματος). Car s'il était un corps, il serait corruptible (φθαρτός) : *Didaskalikos* X,8 ; 166,7-13 (cité par ZANDEE, *NHS* 7, p. 172). Il n'est pas difficile de connaître le Créateur, «mais il est impossible de saisir son aspect». Faut-il comprendre, avec Schoedel (p. 103) que le Créateur est ici le Christ? La chose est possible : Silv est particulièrement ambigu dans ce passage. Mais Schoedel reconnaît qu'il y aurait alors contradiction avec la p. 116,5-9, où Dieu lui-même est appelé le «démiurge» (unique emploi du mot grec chez Silv — cf. notre Introduction). Notons cependant qu'à la p. 115,2-9, c'est la «main du Seigneur» qui a tout créé; et cette «main du Père» est le Christ … Silv précise toutefois qu'elle devient ainsi «la mère» (non le Père!) du Tout! (cf. Commentaire 115,2-9 et notre Introduction). On peut comprendre aussi qu'il est possible de connaître Dieu en tant que créateur (à travers ses créatures) mais non directement dans son aspect véritable. Nous venons de voir en effet (p. 99,5 ss) que les choses visibles sont l'image de ce qui est caché — Paul dit de même que les perfections invisibles de Dieu sont visibles dans ses œuvres pour l'intelligence (*Rm*, 1,20) — mais on ne l'atteint pas Lui-même. Et pourtant, il est nécessaire de Le connaître tel qu'Il est : cela n'est possible que par le Christ, qui possède l'image du Père. On songe une fois de plus à saint Paul (cf. 2 *Co*, 4,4 et *Col*, 1,15). Voir notre Introduction.

Silv poursuit alors son argumentation «topologique» (p. 100,31 ss) : Dieu est en tout lieu par sa puissance, mais par la sublimité de sa divinité, Il n'est en rien.

p. 101

1. 11 ss : Retour à la question primordiale : «Qu'est-ce que connaître Dieu?» (cf. p. 100,21 ss). Par sa puissance, Dieu remplit tout lieu. Et tout est en Dieu. Et le Tout qui est dans la Vérité *est* Dieu. Connaître Dieu reviendra donc à connaître ce Tout. Idée analogue dans l'*Évangile de Vérité*, 17,5 ss : «Le Tout a cherché Celui dont il est issu. Et le Tout était en Lui, l'Insaisissable impensable, qui est supérieur à toute pensée».

Nous avons vu à la page précédente (p. 100,23 ss) qu'on ne peut connaître Dieu que par le Christ. Or il est impossible de contempler le Christ en lui-même : sa lumière est trop éclatante, car il est la lumière même du Père, et éclaire tout sans garder jalousement cette lumière qu'il reçoit du Père. Mais le Christ (comme le Père) est le Tout, lui qui a reçu le Tout en héritage de Celui qui est. Si nous avons bien suivi l'argumentation, Silv montre ainsi, une fois de plus, qu'on pourra connaître Dieu à travers le Tout, c'est-à-dire par la création.

En affirmant que le Christ est le Tout (et il y insiste encore à la p. 102,5), Silv frôle dangereusement le gnosticisme. Selon les Valentiniens par exemple, le Christ ou Logos est le Tout (τὰ Πάντα), parce qu'il est le Fruit parfait du Plérôme tout entier des Éons, qu'il procède de tous (Irénée, I,2,6). Dans la PrôTri du Cod. XIII de NH, Prôtennoia, qui est aussi le Logos, déclare également (p. 35,31) : «Je suis le Tout». L'EvVer — qui mentionne fréquemment le Tout — est évidemment plus nuancé en parlant p. ex. du «Père parfait ... en qui est le Tout» (p. 18,33-35), ou en disant que «le tout était caché, tant que le Père du Tout était invisible» (p. 20,18-20); ou même : «il

(= le Verbe) revêt la forme du Tout» (p. 24,4-5). Mais on peut sans doute rapprocher aussi, dans l'AT, *Si*, 43,26 : ἐν λόγῳ αὐτοῦ σύγκειται τὰ πάντα. Et dans le NT, l'idée de l'apôtre Paul que tout doit être récapitulé dans le Christ (*Ep*, 1,10) : on connaît le rôle considérable que ce verset a joué dans la théologie chrétienne depuis Irénée. Silv lui-même n'identifie d'ailleurs pas complètement le Tout au Christ : le Tout n'a pas l'incorruptibilité du Christ (l. 28-29). C'est sans doute cette incorruptibilité qui donne au Christ un éclat tel qu'il est impossible de le contempler (l. 13-14). L'auteur ajoute toutefois que le péché n'est pas une substance. Ce qui permet au Christ d'être dans la déficience (par l'incarnation) sans être atteint lui-même par cette déficience. Tout comme le soleil éclaire tout lieu impur, sans être souillé lui-même. Bien que l'idée ne soit pas tout à fait la même, on songe un peu à *Mt*, 5,45 : τὸν ἥλιον αὐτοῦ ἀνατέλλει ἐπὶ πονηροὺς καὶ ἀγαθούς. Cf. commentaire de la p. 98,22 ss.

Le Christ est la lumière du Père (l. 19). À la p. 88,13-16, Silv disait déjà : «Reçois la lumière dans tes yeux... Vis dans le Christ». Le rapprochement n'était sûrement pas fortuit. L'auteur précisait d'ailleurs, aux l. 29-31 : «Le Christ est venu te donner ce don... la lumière est à ta disposition». À la p. 98,22 ss, Silv dit plus nettement encore : «C'est lui (le Christ) qui est la lumière véritable ... de même que le soleil ... illumine les yeux de la chair, ainsi le Christ illumine tout intellect et le cœur». Et nous avons vu, à la p. 99, que la lumière du Christ (l. 3 s) éclaire tout lieu (l. 15). Mais ce thème du Christ-lumière — si fréquent dans l'*Évangile selon saint Jean*, nous l'avons rappelé déjà — atteint son point culminant dans le passage qui nous occupe : le Christ n'est pas seulement la vraie lumière, il est la lumière même du Père. L'auteur poursuivra longuement ce thème, et le réaffirmera encore à la p. 113 (l. 6-7 surtout).

Enfin, le Christ reçoit et donne «sans être jaloux», éclairant «sans être jaloux». N'y aurait-il pas une intention dans cette insistance sur l'absence de jalousie? L'AT déclare (p.ex. *Ex*, 14,5 et 34,14, ou *Dt*, 5,9) que Dieu est jaloux. Cette affirmation paraît avoir retenu spécialement l'attention des gnostiques. Ainsi, l'ApocrJn la réfute en interprétant cela comme une preuve «qu'il existe un autre Dieu, car s'il n'y en avait pas d'autre, de qui serait-il jaloux?» (BG 44,14-18 et parallèles dans les Cod. II et IV). D'autre part, parlant de la perfection que le Père parfait n'a pas donnée au Tout, l'EvVer ajoute : «Non pas que le Père fût jaloux : quelle jalousie, en effet, y aurait-il entre Lui et ses membres?» (p. 18,36 à 40). Quant à Rheg, plus proche de Silv, il applique plus spécialement l'absence de jalousie (ⲘⲚⲦⲀⲢⲪⲐⲞⲚⲈⲒ) au Christ (p. 49, 38 ss). Et là aussi, il s'agit de dons accordés sans jalousie. Nous ne pouvons élucider cette question ici.

p. 102

Nous venons de voir qu'il est possible d'avoir une certaine connaissance de Dieu — et du Christ — à travers la connaissance du Tout, c'est-à-dire de la création. Mais dans sa substance, le Christ demeure insaisissable. Car même la connaissance du Tout n'est qu'imparfaite. Pour le connaître parfaitement, il faudrait «posséder» le Tout, ce qui n'est possible qu'à Dieu — pour autant que nous suivions bien le raisonnement de Silv ici (l. 4-7). Il serait donc téméraire de vouloir parler de Dieu, en se servant d'images forgées par l'esprit. Les lignes 11 à 13 nous paraissent assez obscures. Qui est «celui qui condamne»? Nous croyons comprendre que Dieu seul peut condamner et par conséquent juger, mais il ne se jugera pas lui-même. Personne ne pourra donc émettre de jugement à son sujet, puisque lui seul pourrait le faire et ne le fait pas. Ou bien, si l'on prend ⲀⲚ pour ⲞⲚ (cf. notes de traduction), on pourrait peut-être comprendre : celui (quel qu'il soit) qui a l'audace de condamner, sera jugé *à son tour* par Celui qui condamne (= Dieu?). De toute manière, étant donné le contexte (difficulté de connaître Dieu), le sens nous paraît bien être qu'il est dangereux d'émettre un jugement sur Dieu (cf. l. 18 à 22).

Il est cependant bon de chercher et de savoir qui est Dieu. Mais il faudra d'abord s'assurer de posséder la lumière tout entière, cette lumière que seul le Christ peut donner. Pourquoi Silv souligne-t-il (l. 16) que le Logos et l'Intellect (ⲛⲟⲩⲥ) sont du masculin? Sans doute rejoint-il ici encore une théorie gnostique. Nous avions rencontré déjà à la p. 93,7-13 (cf. commentaire) une certaine dépréciation du «féminin». Selon Théodote (*Extraits*, 2,2), une semence mâle a été déposée dans l'âme par le Logos (précisément!). Cette semence est un effluve de l'élément mâle et angélique. Les éléments mâles se sont «concentrés» avec le Logos (*ibid.*, 21-22); les mâles sont vivants, eux qui ne participent pas à cette existence d'ici-bas. Héracléon disait aussi (fr. 5) : «La voix, à cause de sa grande affinité avec le Logos, devient Logos, comme la femme se change en homme». Même note également dans l'EvTh : «... toute femme qui se fera mâle entrera dans le Royaume des cieux» (log. 114). Et on pourrait citer d'autres exemples encore. Silv est vraisemblablement à interpréter dans le même sens :

le Logos et le νοῦς confèrent à l'âme (ψυχή, du féminin) l'élément masculin nécessaire pour «connaître le Christ» (l. 7), pour «savoir qui est Dieu» (l. 14 s). Cette insistance sur la nécessité de connaître Dieu suggère également que Silv n'est pas très éloigné du gnosticisme. Mais cf. notre Introduction.

l. 18 : «qu'il cherche sans agitation» : cf. EvVer, 42,23 ss : (ceux qui possèdent quelque chose d'en Haut ... cherchent) «sans peiner ni être embarrassés dans la poursuite de la Vérité». Comme le note MÉNARD dans son commentaire de l'EvVer (*NHS* 2, 189) : «La recherche paisible des pneumatiques rappelle celle des Éons de la Grande Notice d'IRÉNÉE, *Adv. Haer.*, I,2,1... Il n'y a chez les pneumatiques ni passion comme l'envie, qui n'est pas un désir paisible, ni gémissement».

l. 23 ss : celui qui est dans les ténèbres ne pourra rien voir s'il ne reçoit pas la lumière et ne voit pas (cf. notes de traduction) par elle. De même dans l'AuthLog, l'âme reçoit le Logos pour qu'elle voie (ⲚⲀⲨ ⲈⲂⲞⲗ, p. 22,28 et 28,13). Ce Logos est mis «sur ses yeux comme un baume» (AuthLog, p. 22,27 ; 27,31 s et 28,12). Cf. Silv, p. 88,13 s. Il est clair que, chez Silv, c'est le Christ qui donne cette lumière, comme le montre encore la suite du texte. Celui qui ne possède pas le Tout, c'est-à-dire le Christ, n'a pas la lumière à sa disposition.

p. 103

Les premières lignes de cette page rappellent incontestablement *Col*, 3,1 et 2 : τὰ ἄνω ζητεῖτε ... τὰ ἄνω φρονεῖτε, μὴ τὰ ἐπὶ τῆς γῆς. Silv, il est vrai, s'exprime autrement, en faisant intervenir, une fois de plus, le concept philosophique du νοῦς : «Ne permets pas à ton intellect de regarder vers le bas...». Ce qui n'est pourtant pas si éloigné du φρονέω paulinien. Et en disant : «Même s'il est sur terre», il est bien possible qu'il se souvienne aussi du μὴ τὰ ἐπὶ τῆς γῆς. On pourrait peut-être aller plus loin encore : pour Silv, comme pour Paul, c'est le Christ qui ouvre cette voie aux hommes, et c'est en suivant ce «chemin du Christ», en «s'attachant au Christ», qu'il sera possible d'atteindre la lumière et d'échapper aux ténèbres de l'ignorance. Mais chez Silv, l'insistance sur l'opposition lumière-ténèbres, et le rapprochement péché-ignorance (l. 28 et 30) ont un arrière-goût plutôt gnostique (cf. *supra*, p. 88,21 et surtout p. 89,12-14)! À noter cependant que, s'il parle d'«ignorance», il semble éviter de mentionner la «connaissance» : γνῶσις (cf. *Col*, 3,10 qui parle d'ἐπίγνωσις). Sur le thème de la «lumière», cf. *supra*, p. 94, et notre commentaire sur le φωτισμός. Mais l'*Épître aux Colossiens* n'est pas la seule réminiscence scripturaire de cette page (elles vont d'ailleurs se multiplier dans toute cette seconde partie de Silv). Le Christ-Chemin correspond exactement à *Jn*, 14,6 («Je suis le Chemin»), et la porte du Logos rappelle *Jn*, 10,9 («Je suis la porte»). La métaphore de la porte reviendra à la p. 106,26. Mais à la même page 106, l. 30-33, le chemin et la porte désignent la raison humaine. Et à la p. 117,5 ss, la métaphore de la porte est reprise à propos de la raison humaine, mais en même temps, il est question du Logos divin qui «ouvre»! Nous y reviendrons. Nous avons souligné déjà (cf. commentaire de la p. 90) qu'il n'était pas toujours facile de déterminer si Silv prenait le terme λόγος dans le sens philosophique ou dans le sens biblique. C'est le cas aussi dans le passage qui nous occupe.

l. 16 ss : «te reposer de tes labeurs» : cf. *Ap*, 14,13. Mais dans son article de la *RevScRel*, 1977 (p. 71), J. É. MÉNARD note que «la notion de repos, en tant que notion sotériologique et eschatologique, est fréquente dans les textes gnostiques pour y décrire l'absence de mouvement, caractéristique de l'Unité primordiale que le parfait a retrouvée à sa sortie de la multiplicité et des bipolarités dont il était le prisonnier de par sa chute dans la matière». Cependant : «Les spéculations gnostiques sur l'ἀνάπαυσις insistent sur le lien qui unit ce repos à la γνῶσις» (*ibid.*). Tandis que chez Silv le repos est promis à celui qui suit le «chemin étroit» (l. 26) qu'est le Christ. Mais de part et d'autre, il s'agit d'une notion «sotériologique et eschatologique» (ce qui est d'ailleurs le cas dans le judaïsme et le christianisme également) (cf. notre Introduction).

Nouvelle métaphore : celle de la voie large et de la voie étroite. La voie large mène à la perdition, à l'Hadès; le chemin étroit, c'est le Christ. Si ce chemin est pénible, c'est à cause du péché de l'homme. On peut évidemment songer à la parabole de la porte étroite, surtout dans sa forme matthéenne (7,13 s) que Silv suit d'assez près : «Large est la porte et spacieux le chemin qui mène à la perdition». Et chez Matthieu aussi, suivre le chemin étroit du Christ comporte des risques et des souffrances. Mais le thème des deux voies est tout à fait classique et se rencontre déjà dans la plus haute antiquité grecque. Chez Hésiode, par exemple : *Travaux et Jours*, v. 287 ss. Ou encore le mythe de Prodicos de Céos dans les *Mémorables* de Xénophon (II,1). Le thème est traditionnel aussi dans la Bible. Dans l'AT, citons plus spécialement *Pr*, 4,11 et 14, opposant la voie de la sagesse à la piste des méchants. Il est repris encore dans la *Didachè* (I,1 : «Il y a deux voies, l'une de la vie, l'autre de la mort» — longuement développé dans les six premiers chapitres) et au chapitre 18 de la *Lettre de Barnabé* : voie de la lumière et voie des ténèbres (ce qui a même fait penser aux écrits de Qumran). Celui qui choisit la seconde périra : ch. 21,1. Mais à part ce dernier détail, c'est la forme matthéenne qui est la plus proche de Silv. Seuls Matthieu et Silv parlent de voie *large* et de voie *étroite*. Pachôme, dans les premières lignes de la «Catéchèse à propos d'un moine rancunier», dit simplement : «Il y a deux voies» (cf. *Didachè*).

l. 22 : sur la «boue» (βόρβορος) de l'Hadès — image chère à Silv — cf. *supra*, p. 85,20 et 97,30. Elle reviendra encore à la p. 104,31. Dans l'AuthLog (p. 29,16 — cf. commentaire MÉNARD, p. 56), les Puissances de l'Adversaire entraînent également l'âme dans la «fange boueuse».

l. 28 : «âme persistante» : cf. p. 94,19 et 22. Dans les deux cas, ϨⲨⲠⲞⲘⲒⲚⲈ pourrait signifier que l'âme «reste en arrière» et s'attarde dans le mal, ou, au contraire, qu'elle est «persévérante» et donc capable de redressement. La traduction : «persistante» nous paraît conserver l'équivoque.

l. 34 : une dernière réminiscence néo-testamentaire peut-être : «Lui qui était Dieu» rappelle *Ph*, 2,6?

p. 104

l. 4-5 : cette fois, Silv nous dit explicitement qu'il cite l'Écriture! Cf. *Gn*, 3,16 : les douleurs de l'enfantement ont été imposées à la femme à la suite du péché originel.

Quant à la descente «dans l'Hadès», c'est le thème judéo-chrétien courant de la descente du Christ aux enfers pour en libérer ceux qui avaient vécu avant l'incarnation du Verbe — à commencer par Adam et Ève eux-mêmes! (cf. notre Introduction). Les traits qui la caractérisent ici sont proches de ceux que nous dépeignent les *Odes de Salomon* 17,22 et 42 et aussi certains autres textes de Nag Hammadi (voir par ex. la *Prôtennoia Trimorphe*, p. 41 et notre commentaire à ce sujet).

l. 6 : «il l'a scellé (σφραγίζειν) jusqu'au cœur» : littéralement «il a scellé le cœur en lui». Nous comprenons que le Christ (c'est lui qui est le sujet grammatical dans tout le contexte) a scellé l'Hadès (ou l'abîme : l. 12 et 27) comme l'Ange de l'*Apocalypse* (20,3) «précipita (le Diable) dans l'abîme qu'il ferma et scella sur lui (ἐσφράγισεν ἐπάνω αὐτοῦ), pour qu'il n'égare plus les nations».

La traduction de προαίρεσις (l. 18), «choix de préférence», «libre-arbitre» (cf. Justin, *Dial.*, 88,5), «libre adhésion», pose moins de problèmes. L'auteur l'assimile à l'humilité de cœur (l. 20) : il s'agit donc bien d'une adhésion libre au plan du Christ, d'une humble reconnaissance de l'entière dépendance par rapport au Christ. Silv enchaîne aussitôt une citation (libre) du *Ps*, 50,19 : «Le sacrifice voulu par Dieu, c'est un esprit brisé», et de *Lc*, 14,11 (et parallèles) : «Quiconque s'élève sera humilié, et quiconque s'abaisse sera élevé».

Comme réminiscence scripturaire, relevons encore, à la l. 13 : «en rançon de ton péché». Cf. *Mt*, 20,28 et 1 *Tm*, 2,6.

«Mon fils» (l. 24 s) marque le passage à un nouveau sujet. Il s'enchaîne pourtant assez logiquement avec ce qui précède par l'idée de «l'abîme» (ⲚⲞⲨⲚ : l. 12 et 17) : tu as été sauvé de l'abîme par le Christ, ne laisse pas l'Esprit du mal t'y précipiter à nouveau. Il pourrait y avoir ici un vague relent de dualisme, d'autant plus que l'Esprit du mal paraît bien personnifié.

Sur la métaphore du bourbier (βόρβορος), cf. p. 85,20 et 103,22.

l. 31 ss : se laisser entraîner par l'Esprit du mal est comparé à une prostitution, image qui sera développée dans les deux pages suivantes. Elle apparaît dans plusieurs autres textes de NH (EvPhil, AuthLog, et surtout ExAm) et pourrait bien remonter au *Livre d'Enoch*. Nous y reviendrons.

p. 105

La prostitution mène à la mort, ne laissant plus qu'une vie animale, dépourvue de raison. L'auteur nous a dit, à plusieurs reprises déjà, que la vie charnelle, privée de raison, est une vie animale. Cf. spécialement p. 93 et 94. À la p. 107, 17-25 encore, Silv exhortera son disciple à s'en remettre au Logos et à éviter l'animalité démunie de raison. Antoine aussi (*Vita Ant.*, 76) rapproche absence de raison et animalité : «Si vous n'avez été endoctrinés que par des bêtes privées de raison (ⲎⲒⲦⲚ ⲚⲚⲦⲂⲚⲞⲞⲨⲈ ⲚⲚⲀⲖⲞⲄⲞⲚ), que diriez-vous, sinon des choses déraisonnables et sauvages (ⲘⲚⲦⲀⲖⲞⲄⲞⲚ ⲘⲚ ⲞⲨⲘⲚⲦⲀⲄⲢⲒⲞⲤ)?» Dans l'AuthLog également (p. 24,22 s), l'insensé (ἀνόητος — opposé à λογικός dans ce texte : cf. p. 34,3 et 35,1) est dans l'animalité (ⲘⲚⲦⲦⲂⲚⲎ),

ce que l'auteur, comme Silv encore, met en rapport avec la prostitution
(p. 24,5 à 8). Mais dans tout ceci, Silv suit aussi les Stoïciens : de tous les
êtres mortels, l'homme est le seul à posséder la raison. Quelques lignes
plus bas (l. 23 à 26), il cite précisément deux des quatre passions
fondamentales de la Stoa — passions irrationnelles et non naturelles,
dont il faut se débarrasser (Cf. COPLESTON, Hist. de la Philosophie,
p. 422) : le désir (ἐπιθυμία) et le plaisir (ἡδονή). Ajoutons encore que
le désir, et surtout le plaisir, sont souvent mentionnés dans la *Vita
Antonii* (ch. 5, 7, 14, 19 …). Et pour Antoine, comme pour Silv, c'est
le Christ qui est le secours (βοηθός) contre ces embûches du diable
(ch. 6 et 10. Cf. Silv, p. 97,1).

Pour ne pas tomber dans l'animalité, il faudra donc se garder des
feux de la prostitution (l. 9), dépouiller le vieux vêtement de la prostitution (l. 13 à 15). Dans la *Vita Antonii* (ch. 6), le diable se présente à Antoine comme «l'ami de la prostitution», celui qu'on appelle
«l'esprit de la prostitution», et il cite un prophète : «Un esprit de
prostitution vous a égarés» (*Os*, 4,12). On connaît la place de la
prostitution dans ce livre d'Osée. Un des textes de NH, l'*Exégèse de
l'Âme* (NH II,6) en interprète à sa manière une grande partie du ch. 2,
et compare la chute de l'âme à une prostitution. Il nous paraît assez
probable que Silv a trouvé là aussi une source d'inspiration. D'autant
plus que, pour *Osée* également, cette prostitution fait perdre la raison.

En ce qui concerne le «vêtement» (l. 14), on peut évidemment songer
par exemple à l'AuthLog (p. 32,3 ss) ou à d'autres textes gnostiques (cf.
commentaire de MÉNARD, p. 58). Mais une réminiscence biblique telle
que 1 *Co*, 15,53s ou 2 *Co*, 5,3s ne nous paraît pas exclue.

Le bon disciple se débarrassera de tout lien, rejetant au loin le
désir et les péchés du plaisir, qui l'empêchent d'être libre (l. 19 ss).
Dans l'AuthLog (p. 30 — cf. commentaire MÉNARD, p. 55), le désir est
également une des embûches du diable — ou de l'Adversaire — pour
faire perdre la liberté et entraîner dans un esclavage. Ce désir «dont les
tours sont nombreux», dit Silv (l. 23 s). À la p. 95 et surtout à la
p. 96, il nous parlait déjà de ces tours variés ou nombreux de l'Adversaire ou du faux ami. Et à la p. 96,14, il employait exactement la même
expression qu'ici : ⲚⲀϢⲈ ⲚⲈϤⲔⲞⲦⲤ. Cf. *supra*, commentaire de la
p. 96,8 ss.

l. 27 ss : serpents, aspics, lions sont des formes que prennent aussi
les démons assaillant Antoine dans son refuge (*Vita Ant.*, ch. 9).
«Ce sont les puissances de l'Adversaire», dit Silv. Toute cette page

est dans la même ligne que les fameuses tentations d'Apa Antoine. Là aussi, le diable commence ses attaques par l'esprit de fornication. Il lui suggère l'amour de l'argent, les désirs, le plaisir (ch. 5). Ses tours sont nombreux (ch. 7). Il revêt diverses formes d'animaux (ch. 9). Chez Silv, ce sont les passions elles-mêmes (désir, plaisir, fornication) qui font de l'âme un repaire d'animaux. Passions ou animaux sont dans les deux cas les «puissances» du diable : les démons chez Antoine. Il n'est peut-être pas nécessaire de voir autre chose dans les «puissances de l'Adversaire» chez Silv (p. 105,34 s).

p. 106

1. 21 ss : on reconnaîtra sans peine ici une série de réminiscences bibliques. Combinant *Pr*, 3,18 (l'arbre de vie — de *Gn*, 2 et 3 — c'est la Sagesse) et 1 *Co*, 1,24.30 (Christ et sagesse de Dieu s'identifient), l'auteur en déduit tout naturellement que l'arbre de la vie, c'est le Christ. Le même verset 24 d'1 *Co* dit aussi que le Christ est puissance (δύναμις) de Dieu. Il est le Logos du Prologue de *Jn*. Il est la Vie (*Jn*, 11,25 et 14,6), la Porte (*Jn*, 10,9), la Lumière (*Jn*, 1,9 ; 8,12, etc.), le Bon Pasteur (*Jn*, 10,11). L'allusion à l'Ange est peut-être un peu moins évidente. Il faut sans doute entendre par là «l'Ange du Seigneur», désignant l'intervention de Dieu lui-même, comme dans l'AT. Cf. l. 25, où Silv met simplement «la Puissance», alors qu'1 *Co* disait «puissance de Dieu».

1. 30 ss : plus d'une fois déjà, il a été question de l'élément divin que l'homme a en lui («le divin» ou «le λόγος qui est en toi» : p. ex. p. 87,22 ou 91,34). C'est sans doute à cela aussi qu'il est fait allusion ici. L'homme a tout ce qu'il faut en lui pour «marcher droit» — à condition de ne pas se laisser égarer par les passions. Le Logos — ou le Christ — est la Sagesse. Inutile de frapper à d'autres portes. À la p. 117,7 à 9, Silv reprendra encore : «Frappe chez toi-même afin que le Logos t'ouvre».

p. 107

1. 1 à 4 : *Pr*, 2,3-6 parlait déjà des trésors cachés de la Sagesse. Pour Paul (*Col*, 2,3), c'est dans le Christ qu'ils sont cachés (cf. *Es*, 45,3). Silv est dans la même ligne. Le disciple a en lui le Logos, qui est aussi la Sagesse, le Christ (cf. p. 106). En frappant à cette porte (= le Christ et aussi le disciple lui-même — cf. p. 106,26 et 30 ss, et *infra*, p. 117,7-9), c'est donc à ces trésors qu'il frappe.

l. 6-8 : la Sagesse est une robe brillante, comme le vêtement des anges en *Lc*, 24,4. Vêtement céleste, symbole de gloire. L'or abondant est évidemment la richesse spirituelle.

l. 9 ss : en 1 *Co*, 1,24-27, la Sagesse et la puissance de Dieu sont également opposées à la folie et à la faiblesse des hommes. En prenant une forme humaine, le Christ — qui est Sagesse — s'est dépouillé de sa puissance (l. 14) pour rendre sages les hommes insensés. Par sa mort, il leur a donné sa propre vie. C'est la «folie» de la Croix. Cf. 1 *Co*, 1,18 ss.

l. 18 à 25 : nouvelle allusion à l'animalité de l'être dépourvu de raison. Cf. p. 87,22 ss ; 93,18-21 ; 94,12-18.

l. 26 ss : «la vraie vigne» : *Jn*, 15,1. Celui qui boit le vin de cette vigne n'ira pas jusqu'à l'ivresse ni jusqu'à la lie. Pleinement satisfait par l'Esprit de Dieu, qui donne la plénitude de joie à l'âme et à l'intellect, il n'aura pas envie de dépasser la mesure de la raison. L'Esprit de Dieu achève en quelque sorte l'action du νοῦς et du λόγος. Telle est la «vraie» nature de la Vie, opposée à l'animalité (p. 94,10 s).

p. 108

Avant de boire le vrai vin de la vraie vigne, il faut d'abord se nourrir des «raisonnements», c'est-à-dire aller jusqu'au bout des possibilités humaines, ne pas s'exposer au glaive du péché ou au feu du plaisir. Sur le plaisir, une des quatre passions fondamentales de la Stoa, cf. *supra*, commentaire de la p. 105. La métaphore du «feu» y était appliquée en particulier à la prostitution. Mais le «glaive du péché» a davantage une résonance biblique (cf. *Si*, 21,3). Dans le prolongement de la métaphore du glaive, les «barbares» désignent vraisemblablement les puissances de l'Adversaire (= le diable), puissances qui sont sans doute les passions (voir Introduction).

Silv souligne une fois de plus le caractère animal des passions, comparées à des bêtes sauvages qui piétinent celui qui ne leur résiste pas (même image p. 85 et 86). Antoine (*Vita*, ch. 30) exhorte aussi ses disciples à craindre Dieu et à mener une vie droite pour n'être pas «foulés aux pieds». Cf. *Lc*, 10,19 : «Je vous ai donné le pouvoir de marcher sur les serpents...» (mais si vous n'en usez pas, c'est vous qui serez écrasés !). Quant à l'image des lions qui rugissent, elle n'est pas sans évoquer 1 *P*, 5,8 ou peut-être directement le *Ps*, 22,14, que l'apôtre cite lui-même.

La raison (λόγος) fait de l'homme un être raisonnable ou «logique», au sens étymologique. Cf. Héracléon, fr. 24, se référant lui-même à *Rm*, 12,1. Mais celui qui n'en fait pas usage par le raisonnement (λογισμός), qui ne fait aucun effort (l. 17), ne mérite plus le nom d'homme raisonnable ou spirituel. Et Silv enchaîne aussitôt : l'homme raisonnable craint Dieu (cf. *Pr*, 1,7); il ne fait rien de téméraire. Il s'assimile à Dieu. On est un peu étonné de voir la gradation comme interrompue par une nouvelle mention de l'ἡγεμονικόν stoïcien (l. 22 à 24. Cf. p. 85) ... Est-ce, une fois encore, le souci de combiner notions bibliques et philosophiques? C'est fort possible : toute cette page est dans la même ligne. Il me semble cependant que les lignes 25 ss s'enchaînent plus logiquement à la ligne 21 : c'est l'homme qui ne fait rien de téméraire qui s'assimile à Dieu. Il ne fait rien qui soit «digne de Dieu». Nous croyons comprendre qu'il ne va pas au-delà des limites assignées à l'homme. Nous verrons à la p. 111 que c'est «l'humiliation à cause de Dieu» qui «élève fortement». Le Christ — qui est aussi le divin Logos — «a voulu produire l'humilité chez l'orgueilleux». Et c'est ainsi que l'homme «est devenu semblable à Dieu». Sans doute faut-il interpréter dans ce sens l'allusion à un texte de Paul dans le passage qui nous occupe — le seul où l'apôtre est nommé explicitement. La comparaison entre les deux passages (p. 108 et p. 111) permet de voir ici une allusion à *Ph*, 2,6 ss — versets si difficiles à interpréter, eux aussi! On peut songer également à 1 *Co*, 11,1 : «Soyez mes imitateurs, tout comme moi je le suis du Christ». C'est en imitant le Christ — et en particulier son humilité — qu'on s'élève et qu'on devient semblable à Dieu. La témérité (τολμηρία) inciterait à poser des actes qui ne conviennent qu'à Dieu seul («dignes de Dieu»). L'humilité au contraire maintient l'homme à son niveau propre. C'est ainsi qu'il fera «ce qui plaît à Dieu» : expression que nous retrouvons en 1 *Th*, 4,1 (rappelons que cette épître est adresseé aux Thessaloniciens par Paul, *Silvain* et Timothée!) — et aussi dans la *Vita Antonii* (ch. 34). Cf. *supra*, p. 98,18 s : «Sois agréable à Dieu».

p. 109

l. 3 s : «proche de Dieu» : cf. 115,20 et notre Introduction.

Comme saint Paul dans 1 *Co*, 3,16-17 et 6,19, Silv compare l'âme à un temple. Et comme chez saint Paul aussi, ce temple doit être pur, exempt de péché (1 *Co*, 6,12 ss). L'important, c'est de laisser entrer le Christ, de revêtir le Christ : c'est lui qui anéantit le péché. Silv combine ici avec l'épisode des vendeurs chassés du temple : cf. *Mt*, 21,12. Ces marchands représentent allégoriquement pour lui les puissances qui s'abattent sur l'âme (l. 14). Telle paraît bien être aussi la position d'Héracléon (fr. 13), commentant le passage parallèle de *Jn*, 2,14-16. Silv les appelle aussi des «ennemis» (l. 31). Il n'est pas toujours facile de déterminer s'il entend par là les puissances du mal au sens gnostique, ou les passions (cf. Introduction), ou encore les démons dans le sens biblique : Apa Antoine les appelle régulièrement des «ennemis» (*Vita*, ch. 8, 9, 10, 13, 21, 22, etc.), et pour Silv, le diable est presque toujours appelé l'Adversaire (ἀντικείμενος : cf. *supra*, commentaire de la p. 91 — la version copte de la *Vita Antonii* a toujours le mot copte ϫⲁϫⲉ).

«Armés pour t'écraser» (l. 33): cf. *supra*, p. 85,10; 86,5 et 108, 10.14, où Silv avait mis le terme grec καταπατεῖν.

Les l. 25 à 27 citent presque textuellement 1 *Co*, 3,17.

p. 110

l. 13 : il faut sans doute comprendre : «séparé *du Christ*». L'auteur vient de dire : «Si tu le fuis (sc. le Christ), tu deviendras la pâture de tes ennemis». Les ennemis ou les bêtes représentent vraisemblablement ici encore les puissances du mal ou les passions (cf. *supra*, p. 109, 31).

l. 18 ss : le Christ est le «maître», le διδάσκαλος (ⲥⲁϩ), comme dans le NT : par ex. en *Lc*, 22,11 etc. Cf. *supra*, p. 90,33 s et 96,32. Mais il est aussi le sauveur, qui a fait sauter les verrous de l'Hadès, qui a libéré des liens. Cf. PrôTri, p. 41,4 ss. Sur ce thème du «Descensus ad Inferos», voir les articles de Hoffman, de Létourneau, de Ménard et de Peel (cités dans la Bibliographie) et notre Introduction.

Il a renversé les «tyrans superbes» (cf. PrôTri, p. 41,13) : il s'agit toujours des puissances du mal. Il a délivré les pauvres et les affligés, humilié les puissances orgueilleuses : rappelle *Lc*, 1,51 ss (le Magnificat). Cf. aussi *Si* 10,14 et *Ps* 113,7. Au logion 3 de l'EvTh, la pauvreté consiste à être privé de la connaissance de soi (cf. l'art. de Ménard dans *TU* 107). Chez Silv, il s'agit plutôt de la connaissance du Christ (l. 14 ss). Privés de cette connaissance avant la venue du Christ, les «pauvres» sont dans «l'abîme». Mais le terme ne désigne sans doute pas autre chose que les «affligés» qui sont dans «l'enfer» (parallélisme biblique).

Quant aux «serrures de bronze» (l. 21 s), elles justifient peut-être la correction ⲛ̄ϩ⟨ⲟⲙ⟩ⲧ, «quatre clous de bronze», proposée par L. Painchaud dans le *Deuxième Traité du Grand Seth*, p. 58,26. Mais le contexte est différent.

p. 111

En s'abaissant lui-même, le Christ a voulu produire l'humilité chez l'orgueilleux. L'homme ne peut pas s'élever par lui-même : c'est le Christ qui l'élève — en le revêtant — pour qu'il devienne semblable à Dieu (cf. Introduction). Cela n'exclut pourtant pas un certain effort de la part de l'homme. Silv a beaucoup insisté, dans les pages précédentes, sur la nécessité de lutter contre les passions et les puissances du mal pour ne pas tomber dans l'animalité. L'homme doit s'efforcer de garder comme guide intérieur (ἡγεμονικόν) le νοῦς. Mais le maître est le Logos (p. 85,26 s). À la p. 108, il apparaît assez nettement que l'homme spirituel digne de ce nom doit agir, mais en craignant Dieu et en ne faisant rien de téméraire. C'est le Christ qui le rend vraiment semblable à Dieu, Christ qui est aussi «roi de toute vertu» (l. 17). Celui qui est vil dans la vertu et la sagesse fuit d'ailleurs le Christ (p. 110,10-12). On sent dans tout cela l'influence du stoïcisme, qui préparait la voie à la morale chrétienne, comme on l'a dit souvent.

l. 22 ss : cf. 1 *Co*, 1,20 ss : ποῦ σοφός; ποῦ γραμματεύς; Cf. aussi *Qo*, 8,1.

l. 29-32 : cf. *Es*, 29,14 et 1 *Co*, 1,19.

Les treize dernières lignes de cette page, et encore le début de la suivante rappellent fortement 1 *Co*, spécialement le ch. 2 de cette Épître, et ch. 3,18 à 20 : la sagesse de ce monde est folie devant Dieu. Ici, nous sommes loin de la philosophie grecque !

l. 29-30 : Le thème des adversaires ignorants, dupés par le Sauveur, est largement développé dans le *Deuxième Traité du Grand Seth*. Mais le contexte est tout autre.

p. 112

l. 3 ss : Gnosticisme et Platonisme (Plotin aussi bien que Platon : cf. textes cités par ZANDEE, *NHS* 7, p. 177) soulignent à l'envi, le caractère inaccessible et inconnaissable de Dieu. Cf. spécialement l'ApocrJn (BG, p. 22,17 à 26,19, et notre commentaire dans *Le Muséon* 83, p. 162 s). Mais Silv s'inspire directement du livre de la *Sagesse* : «Déjà nous avons peine à nous représenter les réalités terrestres... Mais les réalités célestes, qui les a explorées?».

l. 11 : cf. *Ap*, 21,5 : ἰδοὺ καινὰ ποιῶ πάντα. Voir aussi *infra*, l. 25-27.

l. 13 : «forme noire» : le noir est la couleur du mal et des ténèbres par opposition à la lumière. Cf. ParaSem (NH VII,1) 9, 25-26 : «when the Spirit arose above the water, his black likeness became appearent» (trad. de F. WISSE dans le volume collectif édité par J. M. ROBINSON, p. 312).

l. 18ss : pour Silv, comme pour saint Paul, une couronne impérissable récompense la victoire spirituelle du chrétien, comme une couronne périssable récompensait l'athlète victorieux dans les compétitions sportives chez les Grecs. Cf. 1 Co, 9,25. Pour tous deux aussi, il s'agit d'une ascèse. Une nuance cependant : Paul a en vue le combat de la foi (cf. 1 Tm, 6,12) tandis que Silv semble envisager davantage la lutte contre les passions. L'action du Christ est pourtant fortement marquée ici, et par ailleurs, Paul ne néglige pas non plus l'aspect moral (cf. par ex. ce même chap. de 1 Tm, au verset 5). Voir aussi infra, début de la p. 114. Ajoutons encore qu'à la l. 19, l'adverbe καλῶς, que nous avons bien dû rendre par «noblement» en français, correspond exactement au καλὸν ἀγῶνα de Paul dans 1 Tm, 6,12 et 2 Tm, 4,7.

l. 24 s : le Christ éclaire chacun, car il est la lumière. Cf. supra, p. 98, 22 ss et 25 s : «Le Christ illumine tout intellect». C'est lui qui fait briller chacun d'un grand éclat, dans des vêtements célestes (supra, l. 14 à 17). Ces vêtements célestes sont sans doute à rapprocher de la robe brillante qu'est la Sagesse, p. 107,6 à 8. Peut-être pourrait-on penser aussi à la robe du baptême : cf. notre commentaire de la p. 94, sur le φωτισμός. Au bas de cette p. 112, l. 36s, et encore à la p. 113, Silv continuera à insister sur le fait que le Christ est la Lumière, et même la première Lumière, et la Lumière de la Lumière éternelle. On voit l'importance que notre auteur attache à ce thème.

C'est par l'Esprit Saint et l'Intellect (νοῦς) que tout a été renouvelé (l. 25 à 27). Dans notre commentaire ci-dessus, des l. 10s, nous avons rapproché Ap, 21,5 pour cette idée de renouvellement universel, renouvellement qui sera donc pleinement réalisé à la fin des temps (cf. aussi Es, 43,19). Mais cette nouvelle création se fait dans le Christ et commence dès à présent (2 Co, 5,17 et Rm, 6,4). En ce qui concerne l'action de l'Esprit Saint, la position de Silv est tout à fait orthodoxe. Cf. Rm, 8,10-11. La question est un peu plus délicate pour l'Intellect (νοῦς). S'agit-il du νοῦς humain — et dans ce cas il y aurait un rappel de la collaboration nécessaire de l'intelligence humaine — ou bien est-ce le Νοῦς divin comme à la p. 102,15 ? La même équivoque existe précisément dans *Rm*, 8,10 : pour la plupart des commentateurs, l'Esprit, qui est vie, est l'Esprit Saint. Mais certains — à cause de l'opposition entre le corps et l'Esprit dans ce verset — y voient l'esprit humain. On compare d'ailleurs *Rm*, 8,16 : «L'Esprit lui-même témoigne avec *notre* esprit» (πνεῦμα chaque fois). Pour Silv, le doute subsiste (cf. ZANDEE, *Numen* 219), et nous laisserons la porte ouverte... Nous penchons pourtant pour la première interprétation. Dans tout ce passage, il a été question de l'action du Christ. Les l. 25-27 seraient comme une récapitulation : c'est par l'Esprit Saint et par le Christ que tout a été renouvelé. L'appellation de Noῦς pour le Christ est cependant exceptionnelle chez Silv. Désignant ainsi la deuxième personne de la Sainte Trinité, elle peut être rapprochée (comme le fait ZANDEE p. ex. dans *NHS* 7, p. 164 et 177 s) du Noῦς de Plotin, qui l'appelle un δεύτερος θεός (*Enn.*, V,5,3). Rappelons que le même flottement existe dans plusieurs cas pour l'emploi de λόγος chez Silv (raison humaine ou Logos divin?). Cf. p. ex. p. 86,14 s où les deux termes (λόγος et νοῦς) sont coordonnés! De toute manière, l'intellect (même humain!) est un élément divin : p. 92,23-27. Cf. aussi p. 94,28 s, où le doute est possible.

l. 32 ss : le Christ est le Verbe de Dieu. Il est aussi la Sagesse, la Lumière. Les trois termes se trouvaient déjà réunis à la p. 106,22 ss.

p. 113

l. 2 s : citation textuelle de *Sg*, 7,25 : la Sagesse est «une pure émanation de la gloire du Tout-Puissant», ἀπόρροια τῆς τοῦ παντοκράτορος δόξης εἰλικρινής. Mais, comme le note FUNK (*NHS* 6, p. 287), le traducteur copte, vraisemblablement égaré par la finale de l'adjectif, n'a pas tenu compte de l'accord grammatical d'εἰλικρινής (qu'il a fait porter sur δόξης). Aux lignes suivantes (jusqu'à la l. 7), Silv poursuit encore la citation du verset 26 : «Elle est un reflet de la lumière éternelle, un miroir sans tache de l'activité de Dieu et une image de sa bonté». Étant donné que Silv cite textuellement le livre de la *Sagesse*, nous en conclurons que, s'il y a ici quelque influence ou réminiscence du platonisme (cf. Platon, *Alcibiade*, 132), elle existe aussi dans la Bible. L'*Épître aux Hébreux* (1, 3) semble se référer à *Sg*, 7,25, mais d'une manière beaucoup moins directe que Silv.

l. 6 s : toujours le thème de la lumière. Cf. p. ex. p. 101,19 ss et le commentaire. Étant la Lumière du Père, qui est la Lumière éter-

nelle, il est aussi la Lumière de la Lumière. Cf. d'ailleurs le «reflet
de la lumière éternelle» dans le verset du livre de la *Sagesse* que nous
venons de citer.

l. 8 : «le regard (ὅρασις) qui contemple» : chez Plotin (*Enn.* VI, 7,15,
cité par ZANDEE, *NHS* 7, p. 178), ce rôle est celui du Νοῦς, fils aîné de
l'Un, et δεύτερος θεός. Cf. commentaire de la page précédente.

l. 13 ss : le Christ est une Parole (λόγος), il est la Sagesse : cf. encore
page précédente. Il est la Vie : thème déjà rencontré à la p. 106,22 ss
par ex., mais ici, l'auteur semble vouloir insister davantage sur l'action
vivifiante permanente du Christ : «veillant sur tout et l'entourant»,
il continue à veiller sur ceux qu'il a créés, à les instruire (l. 29 : ce dernier
point est bien dans la ligne de la littérature sapientiale). Il n'est pas
indifférent à leurs progrès, se lamentant sur ceux qui se perdent,
se réjouissant avec les purs, et se donnant du mal pour ceux qu'il mène
à la sagesse. Il est d'ailleurs «le commencement et la fin de toutes
choses» (l. 21 s). Cf. *Ap*, 21,6. À la page précédente (l. 11, cf. commentaire), nous avions déjà entrevu une allusion à *Ap*, 21,5. Je croirais
volontiers que, dans tout ce passage, Silv a un peu en vue ces versets de
l'*Apocalypse* (cf. les versets 3 et 4 : «... Il demeurera avec eux... Il
essuiera toute larme...»).

l. 31 ss : instruit de cette sollicitude constante du Christ, le disciple
se doit d'être vigilant. L'idée sera développée à la page suivante.
Et pour exprimer cette nécessité de la vigilance, Silv cite à peu près
textuellement (l. 34 ss) le livre des *Proverbes* (6,4 s). Dans sa «Catéchèse à propos d'un moine rancunier», Pachôme, exhortant le disciple
à lutter contre les vices («esprit» de lâcheté, «esprit» de mensonge,
etc. — qu'il appelle aussi «ceux qui sont en embuscade contre toi» —
et il vient de parler également du «diable») cite ces mêmes versets
(p. 3, l. 8-10); mais il coupe un peu plus tôt (il ne donne pas la comparaison
de l'oiseau). Et il ajoute ensuite que les «esprits» l'ont assailli bien des
fois et l'ont accablé jusqu'à la défaillance quand il était au désert.
Ce que Silv appelle des «brigands» (cf. *supra*, commentaire de la p. 85,
2) ne désigne sans doute pas autre chose que les «esprits» du mal chez
Pachôme — qui parle d'ailleurs aussi de «l'ennemi» (ϫⲁϫⲉ) et de
ses esprits à la même page, l. 19). Mais tant par le contexte que par le
mot à mot, la citation de Silv est ici plus proche de *Pr* que celle de
Pachôme. Silv paraît plus particulièrement familiarisé avec le livre des
Proverbes.

p. 114

«Combats le grand combat» cite presque textuellement 1 *Tm*, 6,12 : ἀγωνίζου τὸν καλὸν ἀγῶνα, mais Paul précise : τῆς πίστεως. Il s'agit du combat de la foi. L'expression est reprise en 2 *Tm*, 4,7, où Paul, qui vient de faire allusion aux persécutions (*ibid.*, 3,11 s) déclare : «Jusqu'au bout j'ai combattu le beau combat … gardé la foi». À la p. 112,19 ss, Silv avait déjà parlé d'un «beau» combat (καλῶς, cf. commentaire) et semblait avoir surtout en vue la lutte contre les passions. Ici, les «puissances de l'Adversaire» paraissent beaucoup plus concrètes. Et on serait fort tenté d'y voir les puissances personnifiées dont parlent les gnostiques — qui les appellent plus souvent «archontes» (terme que Silv n'emploie jamais), mais aussi «puissances» (δύναμις). Et ce n'est sans doute pas sans raison que Silv parle plutôt de «grand» combat ici, puisque toutes les puissances spirituelles (tant bonnes que mauvaises) y participent. L'AuthLog fait allusion également au «grand combat» (ⲚⲞϬ ⲚⲀⲄⲰⲚ, exactement comme Silv) que le Père a institué en ce monde pour que la connaissance triomphe de l'ignorance (p. 26,11 ss). Ces puissances qui épient le disciple (l. 4 et 8) et qui luttent contre lui (l. 10), comme des ennemis (l. 13), rappellent également l'Adversaire (ἀντικείμενος = le diable, comme chez Silv); dans l'AuthLog (p. 30,6-9), ils nous surveillent, nous guettant comme un pêcheur qui veut nous saisir (le vocabulaire copte est différent, mais le sens est le même). Faut-il voir alors ici, chez Silv, une tendance au dualisme? Tendance peut-être, mais certainement pas plus. Les puissances «saintes» dont il est question (l. 5) ne sont sans doute pas autre chose que les «saints» de la l. 12, ou les anges. Les puissances de l'Adversaire, elles, sont les démons. Ceux qui assaillent Antoine dans son désert (*Vita Antonii*, passim) ne sont pas moins concrets, tant s'en faut! Les réminiscences de 1 et 2 *Tm* que nous avons relevées (et nous n'avons pas épuisé le sujet!) confirment l'opinion que Silv n'est pas plus gnostique que l'apôtre Paul.

Ne perdons pas de vue non plus que ce passage fait suite à un long développement sur l'assistance du Christ et sur la nécessité de lui rester fidèle (dès la p. 109 au moins). L'arbitre qui soutient le disciple dans sa lutte, et qui veut sa victoire (l. 14 s), est évidemment le Christ, comme à la p. 112,19. Mais il s'agit d'un «grand» combat : anges et démons ont les yeux fixés sur la créature, prêts à l'encourager ou à l'enfoncer, selon les cas. La victoire réjouira les anges, et sera un «deuil» (ϨⲎⲂⲈ, l. 13) pour les démons. Vigilance donc! Nouvel appel, aux lignes 15 ss, introduit, comme souvent — et aussi comme dans le livre des *Proverbes* — par l'apostrophe : «Écoute, mon fils». Exhortation qui est en somme une conclusion et qui reprend même l'un ou l'autre terme antérieur. Ainsi : celui «qui ne plaît pas à Dieu» rappelle évidemment la p. 108,34 s.

l. 17-19 : Paul exhorte également les chrétiens à se dépouiller du «vieil homme», qui se corrompt sous l'effet des convoitises, et à être renouvelés par la transformation de l'intelligence : *Ep*, 4,22 s. Cf. aussi *Col*, 3,9-10. Quant à la comparaison de l'aigle, elle se trouve chez *Isaïe* (40,31), mais surtout dans le *Ps*, 103,5 : «tu rajeunis comme l'aigle».

l. 26-30 : cf. 2 *P*, 3,9 : «Le Seigneur … fait preuve de patience envers vous, voulant, non que certains périssent, mais que tous parviennent à la conversion». De même, dans 1 *Tm* (2,4), Paul affirme également que Dieu veut que tous les hommes soient sauvés et viennent à la connaissance de la vérité. Telle n'est pas la position des gnostiques, pour lesquels le salut est le privilège d'un petit nombre d'élus.

l. 32 ss : nouvelles preuves de l'orthodoxie de Silv dans cette affirmation de la toute-puissance de Dieu et dans les citations de l'AT. C'est Dieu qui a créé le monde, par sa main, qui est le Christ (v. p. 115), et non un démiurge inférieur, né d'une chute survenue dans le monde des êtres célestes, comme le prétendent les gnostiques. Les l. 34-36 citent le *Ps*, 104,32 ; p. 114,37 s = *Ps*, 33,7 et p. 115,2 = *Es*, 40,12.

p. 115

l. 2 : paraît bien être une citation textuelle du début du verset d'*Es*, 40,12 : «Qui a jaugé dans sa paume (χειρί) les eaux de la mer …» Silv enchaîne alors tout naturellement : «c'est la *main* seule du Seigneur qui a créé tout cela». Ce n'est qu'à la fin de ce verset d'Isaïe qu'il sera question de balance (ζυγῷ) : «(Qui a pesé) les collines sur une balance?» Cf. notes de Traduction.

l. 3 ss : dans le récit de la *Genèse*, Dieu a «modelé» l'homme avec de là poussière prise du sol (*Gn*, 2,7). De là à parler de la «main» créatrice de Dieu, il n'y a qu'un pas. Et Silv n'est pas le premier à le franchir. Dans la Bible déjà, *Es*, 66,2 : «Tous ces êtres, c'est ma main qui les a faits», et *Sg*, 11,17 : «ta main toute puissante qui a créé le monde». Par ailleurs, Dieu crée par sa Parole : «Dieu dit … et cela fut». (*Gn*, 1,3 etc.). D'où l'identification Parole (Logos)-main, que nous avons ici : le Christ étant le Logos, est aussi la «main» du Père, qui «façonne» tout (l. 5s). Schoedel (*art. cit.*, p. 97s) cite à ce propos Théophile d'Antioche, qui parle également de «création par la main de Dieu» (*Ad Aut.*, 1,5). Pour Irénée (qui s'en inspire peut-être), les «mains» de Dieu sont le Logos et l'Esprit. Rappelons entre autres *Adv. Haer.*, IV, Préf., 4 : «per manus eius ... hoc est per Filium et Spiritum» — et IV, 39,2 : «Si opera Dei es, manum artificis tui exspecta... Fabricavit substantiam in te manus eius». L'image de la «mère du Tout» (l. 8s) est peut-être un peu suspecte : on connaît le rôle de la «Mère» dans le gnosticisme! Cf. par ex. la *Prôtennoia* de NH XIII, 1, qui est à la fois la Mère (p. 42,9) par qui le Tout se tient debout (p. 35,3s et 45,5s) et aussi le Logos (p. 46,14). Silv ne l'ignorait sans doute pas. Peut-être est-ce à dessein qu'il emploie ce terme équivoque, pour montrer qu'on pouvait lui donner un sens plus orthodoxe (on a un peu l'impression d'une polémique anti-gnostique). Quoi qu'il en soit, dans le contexte de Silv, la métaphore était facilement amenée par l'idée que tout est né par la «main» (mot féminin) de Dieu. N'oublions pas non plus que l'Esprit (mot féminin en hébreu) est aussi une «main de Dieu». Cf. Irénée, V, 6,1 : «par les mains du Père, c'est-à-dire par le Fils et l'Esprit» (Rousseau, p. 73). Cf. aussi notre Introduction. Mais le Christ, Lui, est toujours Fils du Père (l. 9s). Sur ce point, Silv reste parfaitement d'accord avec le NT. Cf. par ex. 1 *Co*, 8,6 : «il n'y a qu'un seul Dieu, le Père, de qui tout vient ... et un seul Seigneur, Jésus-Christ, par qui tout existe et par qui nous sommes». Quelques lignes plus bas (l. 17ss), Silv reprendra encore l'idée que tout est né par le Logos, c'est-à-dire par le Fils, qui est aussi l'image du Père (cf. 2 *Co*, 4,4). Le terme «image du Père» associe ainsi l'idée du médiateur de la Révélation (cf. *supra*, p. 100,24-30) à celle du médiateur de la Création. Cf. Introduction.

l. 11ss : si nous comprenons bien, Silv insiste ici à la fois sur la toute-puissance éternelle de Dieu, et sur son immanence (*tout* habite en Lui). Il existe toujours, mais Il ne règne pas toujours, parce qu'il n'a pas voulu être seul : Il voulait avoir un Fils divin (qui règne avec Lui). Ce Fils, image du Père, est le Logos, par qui tout est créé. Cf. Introduction. Ce tout demeure en Dieu, qui reste donc proche. Tout, jusqu'aux dernières traces divines (ⲁⲣⲏⲭϥ̄, l. 21) est de la maison de Dieu. Tout homme a en lui un élément divin, une «trace» de Dieu —

et nous reconnaissons là le «divin» en l'homme, dont il avait déjà été question dès le début de l'ouvrage (cf. *supra*, p. 87,22-24 ; 91,34 ss). C'est ce Divin (qui est aussi le Logos ou le Christ : cf. *supra*, commentaire de la p. 92) qui enseigne le bien aux hommes, et les rend même supérieurs aux anges et aux archanges.

l. 20 : «Dieu est proche» : cf. 109,3.

l. 36 ss : Dieu n'a donc pas besoin d'éprouver les hommes. Puisqu'Il est si proche, Il connaît les secrets de leur cœur (p. 116,3).

p. 116

Silv, comme la Bible, insiste sur l'omniscience de Dieu. Ce n'est sans doute pas par hasard que Silv met ici le mot δημιουργός, cher aux gnostiques. Il ne l'emploie qu'ici, et visiblement dans un but polémique : voir spécialement les lignes 6 à 9. Les gnostiques prétendent, en effet, que le Démiurge est ignorant (cf. p. ex. Irénée, I, 5,3).

l. 13 ss : Dieu est caché, et même fort caché. À la p. 100,16 ss, Silv affirmait déjà qu'il est impossible de connaître Dieu tel qu'Il est (cf. p. 101,15 s : Dieu voit tout le monde, et personne ne Le voit). Mais, disait-il, on peut le connaître comme Créateur, et aussi par le Christ, qui possède l'image du Père. Cf. commentaire de la p. 115 : le Fils, médiateur de la Création et de la Révélation. Or ici (p. 116), le Christ lui-même est difficile à trouver ! Lui aussi est éminemment transcendant : il habite en tout lieu, et pourtant il n'est pas dans un lieu (cf. article de SCHOEDEL). Cf. p. 101,13-15 : «il est impossible de contempler le Christ», et p. 102,4 s : «selon sa substance, (le Christ) est insaisissable». Personne ne peut connaître Dieu tel qu'Il est, ni le Christ, ni l'Esprit, ni les anges, ni mêmes les archanges... (cf. p. 100,18-20). Il règne évidemment dans tout ceci une certaine incohérence. Silv semble éprouver quelque difficulté à affirmer l'infinie transcendance divine sans tomber dans les excès gnostiques, et à la concilier avec la proximité de Dieu (p. 115,20 ss), et avec sa Révélation (p. 116, 14 s). Cf. SCHOEDEL, p. 103 s.

N.-B. : pour les l. 15 s, cf. *Sg*, 7,21 (même vocabulaire).

p. 117

Difficulté de connaître Dieu, difficulté aussi de connaître tout ce qui participe au divin. Il importe avant tout de se connaître soi-même. À la p. 92,10 ss, Silv disait déjà : «Avant toutes choses, connais ta naissance, connais-toi». Et il détaillait ensuite les trois composantes de l'homme : corps, né de la terre, âme, issue du modelage, νοῦς né à l'image de Dieu (nous simplifions !). À plusieurs reprises déjà (p. 87,22 ss; 91,34 s.), il a été question de l'élément divin (νοῦς ou λόγος) que tout homme a en soi. En reconnaissant en lui cet élément divin, l'homme a une possibilité de connaître *le* divin. Cette connaissance de Dieu par la connaissance de soi est un thème fréquent dans la gnose. Cf. Arai, *Christologie des EvVer*, p. 27 : «Gotteserkenntnis als Selbsterkenntnis wird allgemein für das wichtigste Merkmal der Gnosis gehalten». Le thème figure dans plusieurs textes de NH : EvVer (p. 22,13 ss), EvTh (log. 3), EvPhil (p. 76,17-22), ThAthl (p. 138,8-18) ... Voir aussi le texte de Théodote cité *supra*, commentaire de la p. 92,10 ss. Mais dans la philosophie grecque également, la connaissance de soi est une connaissance de Dieu. Le point de vue de Silv nous paraît ici plus proche de celui de Socrate (on sait qu'il avait pris pour devise le fameux γνῶθι σεαυτόν du temple de Delphes). Cf. par ex. Xénophon, *Mémorables*, IV, II, 26 (c'est Socrate qui parle) : «cette connaissance de soi-même est pour l'homme la source d'une infinité de biens ... ceux qui se connaissent savent ce qui leur est utile» (cf. les l. 21-25 de Silv). Ou encore, dans l'*Alcibiade* de Platon : «... en nous connaissant, nous pourrions connaître la manière de prendre soin de nous-mêmes» (129a). Et parlant de la partie de l'âme «où résident la connaissance et la pensée», Socrate dit encore : «Cette partie-là en effet semble toute divine et celui qui la regarde, qui sait y découvrir tout ce qu'il y a en elle de divin ... celui-là a le plus de chance de se connaître lui-même ... Se connaître soi-même, n'est-ce pas ce que nous sommes convenus d'appeler sagesse morale?» (133 c).

l. 3 : «le Grand Intellect» : celui qui ne se connaît pas soi-même ne saura pas non plus reconnaître l'Adversaire, qu'il prendra pour l'Intellect suprême. Cf. p. 96,9. Les «Trônes des Esprits et les Dominations élevées» représentent vraisemblablement aussi les Puissances du mal.

l. 5-8 : à la p. 103,12 s, la porte était celle du Logos. À la p. 106,30-32, Silv disait : «Frappe chez toi-même comme à une porte». Ici : «Frappe chez toi-même, afin que le Logos t'ouvre». Aux lignes 17 ss, la métaphore se poursuit, et le Logos est le Christ. En se connaissant soi-même, l'homme frappe à sa propre porte et découvre en soi l'élément divin, qui est le Logos, mais aussi le Christ. Et par Lui, il pourra connaître «Celui qui est (l. 7)». Cf. AuthLog, p. 26,19.

l. 9 ss : c'est le Logos (la Parole) seul qu'il faut prendre comme roi (cf. p. 96,9 s). Il est aussi le «glaive» aigu. Cf. *Ep*, 6,17 : «le glaive de l'Esprit, c'est-à-dire la Parole de Dieu» (cf. *supra*, commentaire de la p. 84,26 ss). Et *He*, 4,12 : «la parole de Dieu» est «plus tranchante qu'aucun glaive à double tranchant». Le Logos s'est «fait tout à tous». Paul, dont Silv nous a dit (p. 108,30-32) qu'il était «devenu semblable au Christ», dit aussi : «Je me suis fait tout à tous» (1 *Co*, 9,22).

l. 29 ss : Silv termine sur une dernière exhortation à la sagesse du Christ. Pas de fanfaronnade, de vaine rhétorique : la parole de Dieu ne se vend pas. Pas de paroles lancées sans réfléchir, par simple besoin de briller, d'acquérir des gloires sans consistance. La seule voie toujours profitable est celle de Dieu.

p. 118

l. 8 s : ces deux dernières lignes, entièrement en grec et nettement séparées de ce qui précède par des ornements graphiques, sont comme l'explosion d'un émerveillement suscité par le texte de Silv. Elles ont peut-être été ajoutées par l'auteur ou — plus probablement — par l'un ou l'autre copiste ... édifié !

On sait que le symbole du «poisson» — ΙΧΘΥΣ, formé des initiales de ΙΗΣΟΥΣ ΧΡΙΣΤΟΣ ΘΕΟΥ ΥΙΟΣ ΣΩΤΗΡ — était fréquent dans les premiers temps du christianisme.

INDEX

L'ordre de classement retenu dans l'index copte est celui du dictionnaire de Crum. Lorsque la forme type choisie par Crum n'est pas attestée dans le texte, elle est indiquée entre parenthèses.

Les variantes orthographiques ont été relevées systématiquement; lorsque plusieurs variantes orthographiques sont attestées pour un même vocable (dans l'index copte comme dans l'index grec), elles sont identifiées par un chiffre placé en exposant.

Les références correspondant à des reconstitutions sont indiquées entre crochets.

INDEX GREC

(ἀγαθός) ⲘⲚⲦⲀⲄⲀⲐⲞⲤ f. bonté
113,6.

ἄγγελος m. ange
91,29; 100,19; 106,8.27; 115,34;
[116,32].

ἄγριος sauvage
85,17; 108,9.

(ἄγροικος) ⲘⲚⲦⲀⲄⲢⲞⲓⲕⲟⲤ f.
rusticité
94,25.

ἀγών m. combat
114,2bis.9.

ἀγωνοθέτης m. arbitre
112,19; 114,14.

ἀετός m. aigle
114,19.

ἀήρ m. air
117,16.

αἴσθησις f. perception
89,24.

αἰχμάλωτος m. prisonnier
108,7.

(αἰών) ⲉⲱⲚ m. siècle
111,18.

ἀκαθαρσία f. impureté
106,5.

ἀκάθαρτος impur
101,32.

ἀκολουθία f. conséquence
100,8.

ἀκτίς f. rayon
99,10.

(ἀλαζών) ⲘⲚⲦⲀⲖⲀⲌⲱⲚ f. vantardise
95,29.

(ἀλήθεια) ⲀⲖⲎⲐⲓⲀ f. vérité
93,33.

(ἀληθινός) ⲀⲖⲎⲐⲓⲚⲞⲚ, ⲀⲖⲎⲐⲈⲓ-
ⲚⲞⲚ [1] vrai
91,8[1]; 107,28.

ἀλλά mais
[85,31]; 86,2; 87,1.7; 89,3.19;
90,13; 91,5.24; 92,2; 93,18; 97,
14.19; 98,2; 100,18; 103,2; 107,
23; 110,3; 111,12; 114,5.30.

ἄλογος insensé
[89,34]; 105,5.

(ἀμήχανος) ⲀⲘⲎⲬⲀⲚⲞⲚ extra-
ordinaire
118,9.

(ἀνάγκαιος) ⲀⲚⲀⲄⲕⲀⲓⲟⲚ nécessaire
100,21.

(ἀνέχεσθαι) Ⲣ ⲀⲚⲈⲬⲈ supporter
114,27.

(ἀντικείμενος) ⲀⲚⲦⲓⲕⲓⲘⲈⲚⲞⲤ m.
adversaire
91,20; 95,1; 106,1; 114,6.

(ἀποστερεῖν) Ⲣ ⲀⲠⲞⲤⲦⲈⲢⲓ priver
91,12; 95,5.

ἀρετή f. vertu
93,2; 110,10; 111,17.

ἀρχάγγελος m. archange
91,30; 100,20; 115,35; 116,32.

(ἄρχειν) ⲀⲢⲬⲈⲓ gouverner
87,33; 88,1.

ἀρχιερεύς m. grand-prêtre
89,11.

ἄρχων m. chef
84,30.

ἀσκός m outrè
115,1.

βάρβαρος m. barbare
108,7.

βίος m. vie
85,6; 90,6; 94,11.

(βλάπτειν) ⲃⲗⲁⲡⲧⲉⲓ nuire
97,6.

(βοηθεῖν) ⲣ ⲃⲟⲏⲑⲉⲓ aider
114,14.

βοηθός m. aide
97,1.

βόρβορος m. bourbier, boue
85,20; 97,30; 103,22; 104,31.

γάρ car, en effet
85,12; 86,30; 87,24.26.31; 89,26.
34; 90,2.17.19; 91,4; 92,29; 93,
22; 95,7.20; 96,1.14.25.31; 97,
5.7.21.25; 98,10.22.24.29.33;
99,5.7.26.31; 100,4.5.7.9.16.28;
101,3.25.26.28.31; 102,11.19.31;
103,5.23.26.30; 104,28; 105,1. 4.
6.10.34; 106,4.5.15.19.21.23.34;
107, 3.7.19.22.31; 108,32.35;
109,27. 30; 110,4.9.12.16; 111,
28.29; 113, 13.21; 114,32; 115,
5.9.16.20.28.36; 116,7.12.21. 25.
27;117,9. καὶ γάρ et en effet
103,19; 113,6; 116,10.

γένος m. race, origine
92,14.16; 94,13; 115,31.

γνώμη f. jugement
91,23; 97,4.

γνῶσις f. gnose, connaissance
91,13; 94,32; 96,3.

γραφή f. écriture
104,5.

δέ mais etc...
85,7.26; 86,24; 88,29; 91,14.31.
32; 92,10.21.23.28.32; 93,9.24;

94,10.14; 95,17; 97,2.9.10.24;
98,7; 99,25.29; 100,11.15; 101,
2.7.10.11.12.13.17.19.22; 102,4.
23; 104,15.28; 105,2.18; 108,1.
17.20.22.28; 109,1.4.7.10.24.25;
110,10; 112,25.29; 113,24.30;
114,4; 115,27; 116,4.14.15.19;
117,17.

δημιοῦργος m. démiurge
116,8.

διαβολος m. diable
88,12.

(διακονεῖν) ⲣ ⲇⲓⲁⲕⲟⲛⲓ être servi-
teur
113,9.

(δίκαιος) ⲇⲓⲕⲁⲓⲟⲛ juste
100,6; 116,7.

(δοκεῖν) ⲣ ⲇⲟ6ⲓ concevoir
93,33.

(δοκιμάζειν) ⲣ ⲇⲟ6ⲓⲙⲁ⳨ⲉ
éprouver
97,20; 102,26; 115,37; 117,30.

δράκων m. dragon
105,29.

δύναμις f. puissance
88,5; 91,19; 104,8; 105,34; 106,
25; 109,14; 110,30; 114,3.5.10;
117,16.

δυνατός capable
111,23.

δωρεά f. don, présent
88,29; 89,9.

δῶρον m. don
104,19.

ἐγκρατής tempérant
92,5.

(εἰκών) ⳨ⲓⲕⲱⲛ f. image
92,24.31; 100,27bis.31; 113,5;
115,19.

εἰ μήτι excepté, si ce n'est

κακῶς sans raison
88,9.

καλῶς bien
105,19; 111,35; 112,19.

κἄν même si
98,16; 103,6; 116,17.

(καπνός) † καπνοс fumer
114,36.

κατά d'après, selon
92,24.31; 93,3; 99,22.25; 100,
29.[34]; 101,1.5; 102,3; 104,4;
108,30; 113,17.

(κατακρίνειν) κατακρινє condamner
102,11.13.

(καταλύειν) ρ καταλγє renverser
96,24.

(καταπατεῖν) ρ καταπατєι, ρ
καταπατι[1] fouler aux pieds
85,10; 86,5; 108,10[1].14[1].

(καταφρονεῖν) ρ καταφρονι
mépriser
86,30.

(κίνδυνος) бιнагнос m. danger,
risque
85,28; 102,19.

(κληροῦν) ρ κληρογ, κληρογ[1]
hériter, obtenir
91,10; 101,23; 113,26[1].

(κοινωνεῖν) ρ κοινωνι communiquer
93,28.30; 94,10.

κόλασις f. châtiment
113,27.

κοσμοκράτωρ m. dominateur du
monde
117,14.

κόσμος m. monde
97,32; 98,1; 109,12; 112,8; 117,
18.

(κρίνειν) ρ κρινє, κρινє[1] juger
87,17; 102,12[1].

(κωλύειν) ρ κωλγє empêcher
114,30.33.

λαός m. peuple
87,21; 88,2.

(Λευίτης) λєγєιτнс m. Lévite
109,20.

ληστής m. brigand
85,2.14; 113,33.

λογικός raisonnable
108,17.18.

λογισμός m. raisonnement
87,29; 108,1.15.

λόγος m. raison, parole, Logos
84,30; 85,5.27; 86,14.20; 88,4;
90,18; 91,25; 96,5; 99,4; 102,15;
103,12; 106,24; 107,18.21.23;
111,5; 112,32; 113,13; 115,18;
117,8.

λύπη f. chagrin
92,1.

(μάγγανον) мαгανον m. sortilège
95,3.

μάλιστα surtout
95,5.

μᾶλλον plus, plutôt
[85,31]; 87,35; 93,23; 94,9; 98,
30; 103,2.

μέλος m. membre
113,18.

μέν or, s'il est vrai que, etc...
85,26; 90,7; 92,25; 94,12; 97,
23; 100,13.14; 101,1.6; 102,2.
13.17; 113,26.

μέρος m. partie, part
93,1.18.29.31; 99,19.20; 115,24.

μή est-ce que?
88,6; 94,33.

μήποτε de peur que
86,12; 108,13.

μήπως de crainte que
86,4; 87,21; 95,12; 105,8; 113, 32; 115,14.

μόγις difficilement, enfin
104,15; 112,6.

μόνθυλος farci
88,18.

μορφή f. forme
93,26.

μοχλός m. verrou
110,20.

μυστήριον m. secret
96,6; 97,12.

(νήφειν) ρ ΝΗϥε s'abstenir
94,20.

(νοεῖν) ρ ΝΟΕΙ¹, ρΝΟΙ² consi-dérer, comprendre
96,16¹; 100,31¹; 101,26²; 115, 11¹; 116,20².

νοερός noétique
94,14.16.17.

νόησις f. intellection
93,10; 101,28.

νοητός intelligent
95,4.

νοῦς m. intellect
84,18; 85,1.26; 86,15.19.22; 90, 12; 92,23.25; 93,4.7.9; 94,29; 96,9; 98,27.32; 99,2.17.22.25; 102,15; 103,1.9; 107,35; 112, 27; 117,3.

νυμφών m. chambre nuptiale
94,28.

οἰκονομία f. économie
95,26.

(ὅλως) ϩολωc entièrement
102,27.

(ὅπλον) ϩοπλοΝ m. bouclier
84,17.

ὅποτε lorsque
99,27; 107,14.

ὅρασις f. regard
113,7.

(ὁρατός) ϩορατοΝ visible
[87,33].

(ὀργή) ΜΝτοργΗ f. colère
84,25.

ὅταν lorsque
97,25; 109,30.

οὐδέ et ne ... pas
86,27.28; 96,28; 98,3; 105,30; 107,30; 108,8; 113,34; 116,32.

οὐσία f. substance
92,13.20.27.33; 93,9.14.27; 101, 27.

οὔτε ni
91,4; 102,9; 106,16; 116,30bis. 31; 117,34.

πάθος m. passion
84,20; 90,4.

παιδεία, παιΔια¹ f. éducation
87,5¹.6¹.11.

(παιδεύειν) παιΔεγε éduquer
87,9.

πάλιν à son tour, de son côté
93,29; 94,6; 99,21; 100,33; 106, 20; 111,20; 116,23.

(πανοῦργος) ΜΝτπαΝΟγργοc f. fourberie
88,12; 95,17.

παντοκράτωρ m. tout-puissant
111,34; 112,27; 113,3; 115,11.

(παρακαλεῖν) ρ παρακαλει appeler
88,35; 89,5.

παρεμβολή f. camp
84,27; 86,17.

πένθος m. deuil
89,29.

πηγή f. source
91,8.

πίστις f. foi
117,10.

(πλανᾶν) ρ ⲡⲗⲁⲛⲁ se tromper
106,35.

πλάσμα m. modelage
92,18.21; 93,15.

(πλάσσειν) ρ ⲡⲗⲁⲥⲥⲉ façonner
92,28.

(πνεῦμα) ⲡⲛⲁ̅ m. esprit
86,18; 104,26; 107,35; 112,26;
116,31; 117,1.

(πνευματικός) ⲡⲛⲁ̅ⲧⲓⲕⲟⲥ
spirituel
93,25.

πόλεμος m. guerre
84,19; 86,26.

πόλις f. ville
85,9.13.20.

πολιτεία, ⲡⲟⲗⲓⲧⲓⲁ[1] f. pratique
de vie, conduite
87,15; 117,26[1].

(πολιτεύειν) ρ ⲡⲟⲗⲓⲧⲉⲅⲉ,
ⲡⲟⲗⲓⲧⲉⲅⲉ[1] vivre
88,15; 93,3; 94,23[1]; 98,20.

πονηρία f. méchanceté
84,21; 96,15; 97,4; 104,25.26.

πονηρός méchant, mauvais
97,5; 98,28; 115,28.

(πορνεία) ⲡⲟⲣⲛⲓⲁ f. prostitution
104,33; 105,9.14.

(πόσῳ) ⲡⲟⲥⲱ combien?
[87,35]; 93,23; 98,30.

πρᾶξις f. action
114,20.

(προαίρεσις) ⲡⲣⲟⳅⲉⲣⲉⲥⲓⲥ f. adhésion
104,16.18.

πύλη f. porte
85,3.4; 86,18; 96,16.

πῶς comment?
88,8; 99,26.

σαρκικός, ⲥⲁⲣⲕⲓⲕⲏ[1] charnel
93,20; 94,3[1].

σάρξ f. chair
93,5.30; 98,26.

(σέβεσθαι) ρ ⲥⲉⲃⲉⲥⲑⲁⲓ vénérer
108,32.

σοφία f. sagesse
[88,35]; 89,5.12.20; 91,16; 92,7;
106,23bis; 107,3.9; 110,11; 111,
25.26; 112,35; 113,14; 118,3.

σοφός sage
87,18; 97,9.12; 107,4; 111,22.

σπουδή f. zèle
111,21.

στολή f. robe
87,14; 89,21.28; 107,6.

στυφή f. austérité
87,16.26; 95,31.

(συμβουλεύειν) ρ ⲥⲩⲙⲃⲟⲩⲗⲉⲅⲉ
conseiller
95,15.

συμβουλία, ⲥⲩⲙⲃⲟⲩⲗⲉⲓⲁ[1] f.
conseil
85,30; 90,21.25; 91,21; 105,27[1].

(σφραγίζειν) ρ ⲥⲫⲣⲁⲅⲓⳅⲉ sceller
104,6.

σχῆμα m. vêture, forme
89,11; 112,13.

σῶμα m. corps
92,6.19.31; 94,24; 98,29; 99,24;
100,8.10.

ⲁⲧⲥⲱⲙⲁ incorporel
100,6.

σωματικός corporel
94,26.

ταλαίπωρος malheureux, misérable

INDEX DES NOMS PROPRES

INDEX COPTE

(ⲁⲓⲁⲓ) (ⲁⲉⲓⲏⲥ) ⲁⲉⲓⲏ f. grandeur
115,1.

(ⲁⲗⲱ) ⲉⲗⲱ filet
113,37.

ⲁⲙⲟⲩ viens
88,25.

ⲁⲙⲏⲉⲓⲧⲛ venez
89,7.

ⲁⲙⲛⲧⲉ, ⲉⲙⲛⲧⲉ[1] m. enfer
103,22[1]; 104,2[1].14[1]; 110,21.29[1];
114,26.

ⲁⲙⲁϩⲧⲉ saisir
102,2; 110,26; 113,19.

ⲁⲙⲁϩⲧⲉ m. puissance
112,9.

ⲁⲧⲁⲙⲁϩⲧⲉ ⲙⲙⲟ= insaisissable
102,4; 113,13.

ⲁⲛⲁⲓ m. amélioration
100,10.

ⲡ ⲁⲛⲁ=·plaire
98,18; 108,34; 114,23.

(ⲁⲛⲟⲕ) ⲛⲧⲟⲕ, ⲛⲧⲕ=[1] toi
88,8; 90,28; 92,12[1].13[1]; 95,16;
104,10.15; 107,11.16; 110,2.4.6;
112,31.

ⲛⲧⲟϥ lui
87,4; 98,22; 101,18; 106,22.23.
24bis.26; 108,25; 110,3.17; 113,
21; 114,34; 115,9.28; 116,25;
117,9.

ⲛⲧⲟⲥ elle
109,8.

(ⲛⲧⲱⲧⲛ) ⲛⲧⲉⲧⲛ- vous
89,8.

ⲁⲣⲉϩ cf. ϩⲁⲣⲉϩ

ⲁⲣⲏⲭ= m. trace
115,21.

ⲁⲥ vieux
105,13.

ⲡⲙⲛⲁⲥ m. vieillard
114,18.

ⲁⲧⲛⲣⲁⲧ= cf. ⲣⲁⲧ

ⲁⲩⲱ et
84,22.23; 85,5.13.27; 86,5.15.26;
87,8.29; 88,2.3.16.19.24; 89,1.
21.28.30.32; 90,3.6.15.24.25; 91,
11.16.26.28.31; 92,6.7.17.18; 94,
31; 95,2.10.22.24.27.29.31; 96,
3.15.18.30; 97,33; 98,10.19.21.
23.28; 99,14; 100,11.20; 101,
29.32.35; 102,14.32; 103,13.24.
27; 104,5.7.8.23.26.28.29.33;
105,24; 106,25.26.27bis.32; 107,
1.6.13; 109,8.13.19; 110,15:17.
21.28.33; 111,5.7.17.18.20.30;
112,10.13.17.34; 113,1.3.5.10.
14.16.20.21.23.24.25.33.37; 114,
9.12.16.21.35; 115,1.3.6.20; 116,
1.4.14.21.24.26; 117,2.3.15.28;
118,4bis.

ⲁϣ quel?
89,12.14; 92,12.13.14; 93,33;
96,11.16.18; 102,30; 103,29.

ⲁϩⲉ m. (temps de la) vie
98,15.

ⲁϩⲟ, ⲉϩⲱⲣ[1] m. trésor
88,17; 107,2[1].

ⲃⲱ cf. ⲉⲗⲟⲟⲗⲉ

ⲃⲏⲃ m. repaire
105,28.

ⲉϣⲱⲡⲉ cf. ϣⲱⲡⲉ

ⲉϣⲱⲧ cf. ϣⲱⲧ

ⲉϣⲭⲉ si, certes
87,33; 95,18; 98,17; 99,33; 101,
33.35; 102,2.27; 112,1.5; 114,
33.

ⲉ2ⲟⲩⲛ cf. 2ⲟⲩⲛ

ⲉ2ⲱⲣ cf. ⲁ2ⲟ

ⲉ2ⲣⲁⲓ cf. 2ⲣⲁⲓ

ⲉⲭⲛ, ⲉⲭⲱ= cf. ⲭⲱ=

(ⲏⲓ, ⲏⲉⲓ) ⲣⲙ2ⲛⲏⲉⲓ m. intime,
familier
92,8; 109,5; 115,22.

ⲉⲓ aller, venir
86,29; 88,29; 109,14.

ⲉⲓ ⲉⲃⲟⲗ sortirde, échapper à
112,34; 117,14.

ⲉⲓ ⲉ2ⲟⲩⲛ entrer
94,25; 95,12; 109,12,15.

ⲉⲓ ⲉ2ⲣⲁⲓ 2ⲛ monter de
112,34.

(ⲉⲓⲁ) ⲛⲁⲓⲁⲧ= bienheureux
109,22.23.

(ⲉⲓⲉ) 2ⲓⲉ alors
100,1.

(ⲉⲓⲁⲗ) †ⲁⲗ f. le miroir
113,3.

ⲉⲓⲙⲉ, ⲙⲙⲉ[1] savoir, connaître
92,15[1]; 95,17; 102,14[1].17.23[1].
29[1]; 112,3[1]; 115,25[1].

ⲉⲓⲛⲉ, ⲛⲧ=[1], ⲁⲛⲓⲛⲉ[2]

ⲉⲓⲛⲉ ⲉ- mener à
118,1.

ⲉⲓⲛⲉ ⲉⲃⲟⲗ emmener
85,27[1].

ⲉⲓⲛⲉ ⲉⲡⲉⲥⲏⲧ abaisser
111,11.

ⲉⲓⲛⲉ ⲉ2ⲟⲩⲛ faire entrer dans,
amener à
85,24[2]; 113,28.

ⲉⲓⲛⲉ ⲉ2ⲣⲁⲓ faire lever, faire
sortir
104,11; 110,27.

ⲉⲓⲛⲉ, ⲓⲛⲉ[1] m. ressemblance,
aspect, image
93,20[1]; 94,5; 100,16[1].28[1]; 102,
10; 103,32.

ⲉⲓⲣⲉ, ⲣ-[1] ⲁⲁ=[2] faire ⲟ†[3], ⲉ†[4] être
85,9[4].17[3].18[3]; 86,10[2].24[1].26[1];
87,10[1].14[2]; 88,1[3].7[1].21[3].23[3].
28[1]; 89,2.4; 90,3[1].8; 94,8[1];
96,2[4]; 97,1[3]; 98,14[1].32[3].34[3];
100,12[3]; 103,18[2]; 105,10[3].34[2];
106,10[2].11[4]; 107,4.12[2]; 108,
17[1].21[1].28[1].34; 109,4[3].24; 111,
7; 112,11[1].19[3].26[2].31[3]; 114,
31[1]; 115,13[4]; 116,7[4]; 117,29[3].

ⲣ- cf. ⲁⲛⲁ=, ⲃⲟⲗ, ⲙⲉⲉⲩⲉ,
ⲛⲟⲃⲉ, ⲛⲟⲩϥⲣ, ⲣⲣⲟ, ⲥⲟⲃ,
ⲟⲩⲟⲉⲓⲛ, ϣⲧⲁ, 2ⲏⲃⲉ, 2ⲙⲙⲉ,
2ⲟⲧⲉ, ⲭⲣⲟ, ἀνέχεσθαι, ἀποστερεῖν, βοηθεῖν, διακονεῖν, δοκεῖν, δοκιμάζειν, ἐπιθυμεῖν,
θεωρεῖν, θλίβειν, καταλύειν,
καταπατεῖν, καταφρονεῖν, κληροῦν, κοινωνεῖν, κρίνειν, κωλύειν, νήφειν, νοεῖν, παρακαλεῖν, πλανᾶν, πλάσσειν, πολιτεύειν, σέβεσθαι, συμβου-
λεύειν, σφραγίζειν, τηρεῖν,
τολμᾶν, φθονεῖν, χρεία, ὠφε-
λεῖν

ⲉⲓⲱⲣⲙ, ⲉⲓⲟⲣⲙ†[1] regarder

ⲉⲓⲱⲣⲙ ⲉ-
103,1.

ⲉⲓⲱⲣⲙ ⲛⲥⲱ=
114,4[1].

ⲉⲓⲱⲧ, ⲓⲱⲧ[1] m. père
90,24; 91,3.7[1].10.15; 96,30;
98,9; 100,27[1]; 101,19[1]; 112,

16¹; 113,9.11¹.13¹; 115,5¹.10¹.
19¹.

(ⲉⲓⲧⲛ) ⲉⲡⲓⲧⲛ au fond, vers le
bas
93,2; 97,29; 103,21; 104,2.27.
30.
cf. ⲥⲁ

ⲕⲉ- autre
cf. ⲟⲩⲁ, ⲥⲟⲡ
ⲕⲉ- aussi, encore
93,15; 94,5; 114,5.

(ⲕⲟⲩⲓ) ⲕⲟⲩⲉⲓ petit
93,15; 95,1; 101,5.

ⲕⲱ, ⲕⲁ-¹, ⲕⲁⲁ⸗² établir, faire,
acquérir
87,16.30²; 97,18¹; 98,6¹; 99,34;
102,10²; 114,11.12.
ⲕⲱ ⲛⲥⲱ⸗ laisser derrière soi
114,18.
ⲕⲱ ⲉⲃⲟⲗ pardonner
111,20.
ⲕⲏ†¹ ⲉϩⲣⲁⲓ, ⲕⲁⲁⲧ†² ⲉϩⲣⲁⲓ
être à la disposition de
102,34¹; 114,2².
ⲕⲁ- ⲧⲟⲟⲧ se décourager
103,13.

(ⲕⲱⲕ ⲁϩⲏⲩ) ⲕⲁⲁⲕ ⲁϩⲏⲟⲩ dé-
vêtir
105,14.

ⲕⲁⲕⲉ m. ténèbres
88,15.26.31; 89,14; 102,24.32;
103,32; 116,10; 117,15.

(ⲕⲗⲗⲉ) ⲕⲁ m. serrure
110,21.

ⲕⲗⲟⲙ m. couronne
87,11; 89,23; 112,23.
† ⲕⲗⲟⲙ couronner
89,31; 112,18.20.

(ⲕⲙⲟⲙ) ⲕⲁⲙⲉ noir
112,13.

(ⲕⲱⲛⲥ) ⲕⲟⲛⲥ⸗ percer, frapper
108,3.

ⲕⲱⲣϣ flatter
95,13; 97,22.
ⲕⲱⲣϣ ⲉⲣⲟ⸗ supplier
[86,32]; 92,3.

ⲕⲣⲟϥ m. ruse
96,25; 97,28.33; 98,11.
ⲣⲙⲛⲕⲣⲟϥ homme rusé
90,31.

(ⲕⲱⲧⲉ) ⲕⲟⲧ⸗ tourner
93,12; 97,28.
ⲕⲱⲧⲉ ⲉ- entourer
113,23.
ⲕⲟⲧⲥ f. tour, manœuvre
96,8.14.22; 105,24; 111,25.
ⲥⲁⲛⲕⲟⲧⲥ personne rusée
111,30.

ⲕⲁϩ m. terre
91,28; 92,17.20bis.[33]; 94,13.
19; 98,12; 99,12; 103,6; 108,
26; 112,6; 114,34.

ⲕⲱϩ m. jalousie
84,24.

ⲕⲱϩⲧ m. feu
99,7; 108,5.

ⲗⲟ cesser
106,10.

(ⲗⲓⲃⲉ) ⲗⲟⲃⲉ† être fou
104,28.

ⲗⲁⲁⲩ quelqu'un
88,7.
ⲗⲁⲁⲩ + négation : personne,
rien, aucun
86,15; 88,10; 96,27bis; 97,31;
98,3.16.20; 100,25.[33]; 101,2.
8.10.16; 102,24; 106,15; 108,17.
21.23.29; 112,29; 114,30; 115,
27.37; 116,5.12.20.

ⲁⲧⲛⲣⲁⲧ inaccessible
116,21.

ⲣⲟⲟⲩϣ m. souci
89,16.

(ⲣⲁϣ) ⲣⲙⲣⲁϣ m. personne aimable
118,4.

ⲣⲁϣⲉ se réjouir
113,24.30.

ⲣⲁϣⲉ m. joie
87,8; 104,18; 114,11.

(ⲣⲱϩⲉ) ⲣⲁϩⲉ† propre
105,16.

ⲥⲁ m. côté
91,24.

ⲥⲁⲛⲧⲡⲉ m. haut
103,4.5.

ⲥⲁⲛϩⲣⲉ m. haut
89,25.

ⲥⲁⲛⲡⲓⲧⲛ m. bas
103,2.

ⲛⲥⲁⲉⲥⲁ par-ci, par-là
90,15; 93,32.

ⲉⲡⲓⲥⲁⲉⲡⲁⲓ de côté et d'autre
90,21.
cf. ⲃⲱⲗ

ⲥⲁ m. + gén. homme à
cf. ⲕⲱⲧⲉ

ⲥⲱ boire
88,33; 108,2.

ⲥⲱ m. (le) boire
107,32.

ⲥⲁⲃⲉ m. sage
111,31.

ⲥⲃⲱ, ⲥⲃⲟⲩ[1] f. enseignement, leçon, sagesse
84,15[1]; 87,4.5.7.13.19; 88,23; 113,29.

ⲙⲛⲧⲁⲧⲥⲃⲱ f. ignorance
87,20.23.

†ⲥⲃⲱ enseigner, instruire
87,7.32; 115,29.

(ⲥⲟⲃⲧ) ⲥⲟⲃⲉⲧ m. mur
86,20.

(ⲥⲟⲃⲧⲉ) ⲥⲃⲧⲱⲧ⸗ préparer
117,14.

ⲥⲙⲏ f. voix
108,30.

ⲥⲙⲟⲧ m. forme, manière
94,15; 95,13.23.25.28.30; 96,5; 99,17; 116,11.

ⲥⲟⲛ m frère
90,27; 98,3.

ⲥⲱⲛⲧ m. créature
100,13; 116,9.

ⲣⲉϥⲥⲱⲛⲧ m. créateur
100,13.

ⲥⲛⲁⲩ deux
86,14; 95,9.

(ⲥⲁⲁⲛϣ) ⲥⲁⲛϣ nourrir
113,17.

ⲥⲟⲡ m. fois
109,35.

ⲛⲕⲉⲥⲟⲡ encore
89,26.

ⲥⲟⲡⲥⲡ prier
86,33.

ⲥⲟⲣⲙ m. lie (de vin)
107,31.

ⲥⲱⲣⲙ négliger, (s')égarer
87,19,21; 90,1.19.

(ⲥⲓⲧ) ϩⲟϥ ⲛⲥⲓⲧ m. basilic
105,32.

ⲥⲱⲧ (dans prop. négative) ne … plus
93,17.

(ⲥⲁⲧⲉ) ⲥⲟⲧⲉ f. feu
105,9.

(ⲥⲓⲧⲉ) ⲥⲟⲧⲉ f. flèche, cf. ⲭⲱⲗⲕ

ϣⲁ-, ϣⲁⲣⲟ⸗[1] vers, chez
89,7[1]; 95,12[1]; 96,19[1]; 111,11.

ϣⲉ m. bois
86,23.

ϣⲓ mesurer
115,2.

(ϣⲓⲃⲉ) ϣⲟⲃⲉ† changer
95,4; 96,8.

ϣⲃⲏⲣ m. ami
86,14; 90,27.31.[33]; 91,31,32;
95,14.19; 97,18.27.31; 98,⟨3⟩.6.
10; 110,15.16.

ϣⲕⲟⲗ m. trou
105,29.

(ϣⲁⲗⲙⲉⲥ) ϭⲁⲗⲙⲉⲥ f. mou-
cheron
86,31.

ϣⲏⲙ petit
102,19.

ⲙⲛⲧϣⲏⲙ cf. ἡλικία

ϣⲙⲙⲟ étranger
94,32.

(ϣⲟⲙⲛⲧ) ϣⲟⲙⲉⲧ trois
90,22; 92,16; 93,1.

ϣⲙϣⲉ m. culte
109,24.

cf. ⲛⲟⲩⲧⲉ

ϣⲏⲛ m. arbre
106,21.

ϣⲓⲛⲉ chercher
98,4; 102,14.18.29.31; 103,7.

ϣⲱⲛⲧ tresser
87,11.

ϣⲱⲡ contenir
100,3.4; 101,8.

ϣⲏⲡ† acceptable
104,20.

ϣⲓⲡⲉ m. honte
89,30.

† ϣⲓⲡⲉ faire honte
110,31.

ϣⲱⲡⲉ devenir, naître
85,8; 86,1.2.21; 87,10; 88,5.17.
20; 89,17; 91,3.5.17.22.28; 92,
4.6.15.19.21.24.31.32; 93,8.13.
20; 94,8.27.30; 95,8; 97,14.26.
[33]; 98,2.17.18; 105,5.27.33;
106,11.29; 107,10.33; 108,12.31;
109,19; 110,8.18; 111,9.12; 114,
16.29; 115,7.8.15.17.33; 116,2;
117,11.29.

cf. ⲙⲁ

ϣⲟⲟⲡ† être
85,19; 87,23; 89,34; 91,4; 92,
[1].30; 96,8; 99,6.27.32; 100,
22.32; 101,9.24; 103,29.34; 105,
12; 106,6.9; 107,3.5.30; 108,11.
25.36; 109,18; 113,31; 115,10.
12.13; 116,10.29; 117,7.

ⲉϣⲱⲡⲉ si
98,14; 117,17.

ϣⲏⲣⲉ m. fils
85,2.29; 86,24; 87,4; 88,6.9.22;
90,29; 91,14.21; 94,29; 96,11;
98,5; 102,7; 103,1; 104,24; 105,
13; 106,17; 109,34; 114,16.24;
115,10.15.19; 117,13.23.25; 118,
5.

ϣⲟⲣⲡ premier
91,15; 112,36.

ⲛϣⲟⲣⲡ, ϣⲟⲣⲡ[1] d'abord
97,20; 108,1[1]; 112,23; 117,26.
31.

ϫⲓⲛ ⲛϣⲟⲣⲡ depuis le commencement
91,18.

ϣⲟⲣϣⲣ m. ruine
97,8.

ϣⲱⲥ m. pasteur
106,28.

ϣⲱⲥ cf. ⲥⲱϣ

(ϣⲱⲧ) ⲉϣⲱⲧ m. marchand
109,17; 117,29.

(ϣⲱⲱⲧ) ϣⲁⲁⲧ† avoir besoin,
être privé
115,15.36; 116,5.

ϣⲧⲁ m. déficience
101,34.

ⲣ ϣⲧⲁ être privé
90,18.

ⲁⲧϣⲧⲁ sans déficience
101,34.

ϣⲧⲏⲛ f. vêtement
89,29; 105,16.

ϣⲧⲟⲣⲧⲣ troubler
88,8.

(ϣⲟⲩⲟ, ϣⲟⲩⲉⲓⲧ†) ϩⲛ
ⲟⲩⲡⲉⲧϣⲟⲩⲉⲓⲧ en vain
98,2.

ϣⲟⲩϣⲟⲩ m. fanfaronnade
111,27.

ⲙⲛⲧϣⲟⲩϣⲟ f. fanfaronnade
95,30.

ϣϣⲉ il faut
95,7; 100,1.

ϣⲁϫⲉ parler, dire
86,32; 93,24; 94,3; 96,29; 97,
11; 102,20.

ϣⲁϫⲉ m. parole, affaire
92,10; 94,5; 97,13.16.23; 102,
8; 107,25; 111,19; 117,30.31.

† ⲛⲟⲩϣⲁϫⲉ prononcer une
parole
97,3.

ϣⲱϫⲉ combattre
112,18.22bis; 114,1.9.

ϣⲟϫⲛⲉ m. conseil, dessein, plan

84,31; 96,12; 111,29.33; 112,2;
116,23.

ⲣⲙⲛϣⲟϫⲛⲉ m. conseiller
97,19.20.

(ϥⲓ) ϥⲓ ⲙⲛ- s'accorder
115,23.

ϥⲓ ⲉϩⲣⲁⲓ ϩⲁ- supporter
111,6.

cf. ⲙⲕⲁϩ

ϩⲁ-, ϩⲁⲣⲟ⸗[1] dans, sur, pour
85,19; 102,22; 104,12[1]; 113,24.
26.28.30; 114,30.

cf. ⲣⲁ

(ϩⲁⲉ) ϩⲁⲏ f. fin
91,5; 103,21; 107,32; 113,22.

ϩⲉ tomber
93,2.7; 113,32.

ϩⲉ ⲉϩⲣⲁⲓ ⲉ- tomber dans
86,10; 105,3; 110,6.13.

ϩⲉ ⲉⲣⲟ⸗ trouver
105,4.

ϩⲉ f. manière
96,11.17; 98,26; 99,1.10.12.16;
101,21; 102,1.30; 104,4; 113,17.

ⲧⲁⲓ ⲧⲉ ⲑⲉ ainsi
101,33.

ⲛⲑⲉ ⲛ-, ⲛⲑⲉ[1] comme
85,8; 86,31; 87,32.34; 88,27[1];
89,20.22.28.29; 90,15; 95,32; 97,
23; 98,24; 99,7; 100,22; 101,
14; 106,31; 108,7.11; 112,30;
113,36.37; 114,19; 115,1; 116,
29.

ⲛⲧⲉⲓϩⲉ aussi
101,3.

(ϩⲏ) ϩⲁⲑⲏ, ϩⲁⲧⲉϩⲏ[1] avant, avant
que
92,10[1]; 108,2[1]; 116,2; 117,32.

ϩⲁⲧⲏ⸗ devant
116,11.

ⲁⲧϩⲉⲧϩⲱⲧ⸗ insondable
116,22.

ϩⲏⲩ, ϩⲏⲟⲩ[1] m. utilité, profit
88,19; 89,19; 90,8; 98,1[1].13;
103,19; 117,25; 118,6[1].

ϭⲛ ϩⲏⲟⲩ⸗ tirer profit, gagner
90,7[1]; 117,23[1].

ϩⲟⲟⲩ être mauvais
84,21, 85,12; 86,4; 88,33; 89,
13.15; 90,26.31; 95,20; 98,31.

ⲙⲛⲧⲡⲉⲧϩⲟⲟⲩ f. méchanceté
86,8.

(ϩⲓⲟⲩⲉ) ϩⲓ ⲧⲟⲟⲧ attaquer
110,22.

(ϩⲟⲩⲟ) ⲛϩⲟⲩⲟ plutôt, plus
94,2; 104,22; 105,6; 109,24.

(ϩⲟⲩⲉⲓⲧ) ϩⲟⲩⲉⲓⲧⲉ f. commencement
113,21.

ϩⲟⲟⲩⲧ m. mâle
93,12; 102,16.

ϩⲟⲟⲩⲧⲥϩⲓⲙⲉ androgyne
93,8.

(ϩⲱϣϥ) ϩⲟϣϥ⸗ briser
104,8.

ϩⲟϥ, ϩⲃⲱ[1] serpent, aspic
95,7.10; 105,28.30[1].
cf. ⲥⲓⲧ

ϩⲁϩ nombreux, beaucoup
88,18; 96,2; 102,31; 105,10; 107,
7.21; 109,35.

(ϩⲁϩⲧⲛ-) ϩⲁⲧⲉ- cf. ϩⲏⲧ

ϩⲓϫⲛ cf. ϫⲱ⸗

ϫⲉ que, parce que, car
89,7.24; 90,7.12.20; 92,12.15.30;
93,24; [94,33]; 95,15; 96,1.16;
97,26; 99,32; 100,2.6.7.32; 102,
14.21.23.30; 107,22; 111,1; 114,
23; 115,25; 116,6; 118,6.
cf. ⲃⲱⲗ

(ϫⲏ) ⲉⲡϫⲓⲛϫⲏ en vain
[97,35].

ϫⲓ, ϫⲓⲧ⸗[1] prendre, recevoir, acquérir
85,9; 87,5.8; 88,13; 89,8.25; [90,
33]; 91,24; 93,14.18.21.26; 94,
4; 95,19; 96,10.19.22; 101,18;
102,25; 103,16.25.33; 112,23;
118,2.

ϫⲓ ⲉϩⲣⲁⲓ assumer, élever
104,17; 107,12[1].

(ϫⲟⲓ) ϫⲟⲉⲓ m. barque
90,14.

ϫⲱ, ϫⲉ-[1], ϫⲟⲟ⸗[2] dire
88,28[2]; 89,6; 94,5[2]; 95,14[2]; 96,
1[2].29[1]; 99,16.21[1].30; 100,2[2];
102,8[1].22; 104,5[2]; 111,26.34;
116,6[2].18[2].

(ϫⲱ⸗) ⲉϫⲛ-, ⲉϫⲱ⸗[1] sur
88,2.5.25[1]; 89,22[1].31[1]; 91,27;
94,16.

ϩⲓϫⲛ- sur
89,23.33; 99,12; 103,6; 108,26;
112,5.

ϫⲉⲕⲁⲁⲥ afin que
90,27; 96,23; 102,28; 103,10.15;
104,10.17; 105,20; 106,12; 107,
11.15; 109,16; 110,1; 111,2.10;
113,35; 114,32; 115,32; 117,6.8.
27.

(ϫⲱⲗⲕ) ⲣⲉϥϫⲁⲗⲕⲥⲟⲧⲉ m.
archer
105,10.

ϫⲓⲛ cf. ⲟⲩⲛⲟⲩ, ϣⲟⲣⲡ

ϫⲛⲁ éteindre
106,15.

ϫⲡⲓⲟ confondre
116,18.

ϫⲡⲟ, ϫⲡⲉ-[1], ϫⲡⲟ⸗[2] engendrer,
créer, acquérir

ϭⲓⲛⲉ, ϭⲛ-[1], ϭⲙ-[2] trouver
88,29[1]; 90,7[1]; 93,22.23; [103,
34]; 109,22[2]; 111,33; 112,6;
116,25[1]; 117,23[1].

(ϭⲛⲟⲛ) ϭⲟⲛ† être faible
112,13.

ϭⲣⲟⲟⲙⲡⲉ f. colombe
95,11.

(ϭⲟⲧ) ⲛⲧⲉⲓϭⲟⲧ tel
117,16.

ϭⲱϣⲧ, ϭⲁϣⲧ†[1] observer
103,3; 114,8[1].

ϭⲱϣⲧ ⲛⲥⲁ- contempler
113,8.

(ϭⲁⲟⲥ) ϭⲟⲁⲥⲉ f. gazelle
113,36.

ϭⲓϫ f. main
86,11; 104,14; 110,13; 115,3.5.

(ϭⲱⲱϫⲉ) ϭⲱϫⲉ retrancher
93,11.

ϭⲱϫⲃ m. infériorité, diminution
93,3; 100,10.

TABLE DES MATIÈRES

ORIENTALISTE, P.B. 41, B-3000 Leuven